KB268271

생명과 평화를 향한 선교학 개론

생명과 평화를 향한 선교학 개론

생명과 평화를 향한 선교학 개론

2018년 10월 24일 초판 1쇄 인쇄
2018년 10월 31일 초판 1쇄 발행

지은이 | 황홍렬
펴낸이 | 김영호
펴낸곳 | 도서출판 동연
등 록 | 제1-1383호(1992. 6. 12)
주 소 | 서울시 마포구 월드컵로 163-3
전 화 | (02)335-2630
전 송 | (02)335-2640
이메일 | yh4321@gmail.com

ISBN 978-89-6447-431-0 93200

생명과 평화를 향한
선교학 개론

황홍렬 지음

동연

헌정사

이 책을 2016년 10월 8일 하나님의 부르심을 받으신

아버님(황남수 집사)께 바칩니다.

일제 징병에 끌려가셨던 고통과 분단의 아픔을

온 몸으로 겪으시고, 집안의 한 기독교인으로 인한

가정불화로 오랫동안 교회를 등지셨지만

나이 삼십에 과부가 되셔서 5남매를 홀로 키우신

할머니의 눈물의 기도로 믿음을 회복하신 아버님,

아버님의 고단한 삶을 밑거름으로 자라난 저와 4남매 가족들이

아버님의 죽음의 열매가 화해로, 평화로, 통일로, 생명으로

꽃피도록 다짐하며 이 책을 아버님께 바칩니다.

뒤늦게 유학을 다녀온 2000년 이후 한민족평화선교연구소 연구실장, 을지로교회 교육목사, 학교 강의 등 분주한 삶을 살다가 2007년 부산장신대학교에 선교학 교수로 부임했습니다. 학교 부임 후 10년이 지났는데도 변변한 선교학 개론서 한 권을 출판하지 못했습니다. 그러다가 아버님의 소천으로 부족하지만 이 책을 출판할 결심을 했습니다. 작년에는 학교에서 신대원장, 대학원장 보직을 맡아 전혀 시간을 내지 못했습니다. 이번 가을을 넘기면 안 되겠다 싶어 그동안 쓴 논문들과 글을 모아 책을 내게 되었습니다. 책의 구성 상 꼭 필요한 부분(선교와 종교)의 강의록을 수정하느라 출판이 좀 늦어졌습니다.

이 책에 실린 9편의 글 중 두 편은 한국선교신학회가 발간하는 「선교신학」에 실렸고, 한 편은 한국선교신학회가 발간한 『선교학 개론』에 실렸으며, 다른 한 편은 한국선교신학회장을 지낸 서울신대 박영환 교수님이 소장인 한국기독교통일연구소에서 발간한 책에 실린 글입니다. 나머지 두 편은 「부산장신대학교논총」에 실린 글입니다. 그리고 대한예수교장로회총회 교육자원부가 발간하는 책에서 한 편, 평화를만드는사람들(전 한민족평화선교연구소)이 발간한 책에서 한 편씩을 가져왔습니다. 나머지 두 편은 강의록이어서 발표된 글은 아닙니다.

　제가 논문을 가장 많이 발표한 곳은 한국선교신학회가 발간하는 「선교신학」입니다. 학회 임원으로, 학술지 편집위원으로 섬기면서, 학회에 참여하면서 많은 것을 배울 기회가 있었습니다. 바쁜 일정에도 논문 심사를 거르려 하지 않은 것은 편집위원의 의무를 다하려는 것뿐 아니라 새로운 논문을 꼼꼼히 읽으면서 배우는 것이 적지 않기 때문입니다. 선교신학회에 참여해서는 기존 회원들의 논문과 논찬으로 귀하고 새로운 것을 배웠고, 신진학자들의 발표를 통해서는 새로운 전망을 보고, 학회의 미래에 희망을 갖게 되었습니다. 한국선교신학회와 회원들, 특히 헌신하는 회장님을 비롯한 임원과 편집장님과 편집위원들에게 그리고 박영환 교수님께 감사드립니다.

　본인이 섬기는 부산장신대학교는 매년 「부산장신대학교논총」을 발간하는데 교수들이 매년 논문 한 편을 실어야 합니다. 적지 않은 수고를 필요로 하지만 지내놓고 보니 다양한 논문을 쓰는 귀한 기회를 제공받았습니다. 참으로 감사한 일입니다. 동료 교수님들과 교제와 격려는 제게는 큰 복입니다. 〈생명목회와 생명선교〉 과목을 부산장신대 신대원 필수과정으로 만든 모든 교수님과 이 과목을 기획하신 배현주 교수님께 감사드립니다. 이 과목과 〈평화선교〉 과목을 수강한 신대원생들과 석·박사 과정의 대학원생들 덕분에 생명선교, 평화선교를 더 깊이 연구하게 되어 학생들에게도 감사합니다. 종종 좋은 주제로 원고를 청탁하는 총회 교육자원부 김치성 총무님께도 감사드립니다. 제가 연구실장으로 섬겼던 한민족평화연구소는 많은 글을 쓰는 기회를 제공했고, 좋은 주제를 다루는 연구팀들이 배움의 공동체를 이룬 것도 감사드립니다.

아버님 장례식에 조문했던 분들을 일일이 거론하려니 벌써 2년이 지나서 뭉뚱그려 감사하다는 말씀을 드림을 양해해주시기 바랍니다. 어머님께서 2008년(80세)에 작고하셨지만 아버님께서 어머님 유품을 정리하지 못하게 하셨기 때문에 부모님 두 분 유품을 함께 정리하느라 네 남매가 몇 날 며칠 힘들었습니다. 유품을 정리하다가 어렸을 때 얘기를 나누면서 즐거운 추억들이 떠올라 장례 직후라 이래서는 안 된다면서도 '하하', '호호' 웃으면서 모처럼 좋은 시간을 함께 지냈습니다. 감사했던 일은 캐나다 캘거리에 사는 작은 누나가 두 주간 일정으로 나왔는데 그 기간 동안 임종과 장례, 모든 뒷정리를 할 수 있던 일이었습니다. 4남매와 제 아내가 함께 임종을 지키고 마지막 인사와 다짐을 하게 하신 것도 하나님께 감사드립니다.

어렸을 때 외가 식구들이 모여 명절을 함께 보내면 늘 "즐거운 우리집"이라는 노래를 함께 부르면서 모임을 마치곤 했습니다. 증조할아버지(할머니의 친정아버지)께서 사리원에서 성황당을 헐고 종탑을 세우신 이래로 집안이 기독교 신앙을 지켜왔고, 이모할머니께서 전도부인을 하셨고, 집안에 목사도 여러 명 나왔습니다. 저 자신도 할머니의 서원기도로 목사가 되었습니다. 이런 믿음의 유산과 더불어 가족의 화목함을 저희 네 남매는 이어가기로 다짐했습니다. 저희 네 남매가 어머니 돌아가시고 8년 동안 홀로 되신 아버지를 모시는 게 쉽지 않았습니다. 그래도 유종의 미를 거둘 수 있었던 것은 큰 누나가 헌신적으로 수고해주신 덕분이었습니다. 외아들인 저는 목사로, 유학생으로, 지방의 신학대 교수로 집안의 장남 구실을 거의 하지 못했습니다. 그 짐의 많은 부분을 큰 누나가 감당한 것을 평생 잊지 못할 것입니다. 부모님께 늘 듬직한 사위로 힘이 되어주셨던 자형께도 감사드립니다. 큰 누나의 두 자녀는 출가해서 잘 살고 있습니다. 2006

년 간암으로 세상을 떠난 자형으로 인해 많은 고생을 했던 작은 누나
는 "절벽에서 떨어져 봐야 날개가 있다는 것을 알게 되었다"는 신앙
고백으로 어려움을 잘 이겨나갔습니다. 큰 아들은 좋은 직장 다니고,
둘째는 결혼을 했습니다. 여동생은 이혼의 아픔을 신앙으로 이겨내
고 교회에서 치유사역에 헌신하고 있고, 자녀들은 결혼해서 미국과
호주에 살고 있습니다.

아버지께서 돌아가시기 전 3년 동안 여동생은 아버님 댁에 들어
가 살며, 아버지 곁을 지켜 가족들의 마음을 든든하게 해준 것도 잊
을 수 없습니다. 제 아내가 아버님께 때마다 좋아하시는 음식과 말동
무를 해드리고, 명절마다 가족들이 모여서 좋은 시간을 가질 수 있도
록 수고와 사랑을 베풀어준 것에 감사합니다. 이는 평생 제가 갚을
수 없는 사랑의 빚입니다. 결혼 30년을 되돌아보니 "내가 나 된 것은
하나님의 은혜로 된 것이니"(고전 15:10)라는 고백과 더불어 저를 사
람 되게 한 것은 제 아내라는 고백을 하지 않을 수 없습니다. 남은
생애 동안 제 아내에게 사랑의 빚을 조금씩이나마 갚으며 살고자 합
니다.

이 책의 출판비를 전액 지원해준 큰 누나에게 감사드립니다. 이
책의 출판을 기꺼이 맡아주신 도서출판 동연사 김영호 대표님과 폭
염 속에서 책을 만드느라 고생하신 직원 분들께 감사드립니다. 표지
의 그림은 홍종명 화백님의 〈새야새야〉입니다. 홍종명 화백님은 아
버님과 광성고보 동창으로 절친이시며, 미술계의 거목이셨습니다.
이 그림을 표지로 사용하도록 흔쾌히 허락하신 홍 화백님의 자제인
홍순효 선생님께 감사드립니다. 그리고 이 과정에서 도움을 주신 고
기교회 안홍택 목사님과 이섭 집사님께도 감사드립니다.

하나님께서 주신 가장 큰 선물인 사랑하는 세 딸, 민혜, 민희, 민정

에게는 항상 미안한 마음과 고마운 마음이 있습니다. 민혜는 친구교회 시절 어려운 환경 속에서 자랐지만 교인들의 사랑과 기도 속에서 성장하여 이제는 어엿한 직장인이 되었습니다. 우리 부부와 민혜는 모두 '범생이'지만, 해맑고 자신감 있게 살아가는 쌍둥이 민희와 민정이로 인해 때로는 당황하고, 때로는 감동받으며 우리 가족의 삶이 더욱 풍성해짐을 하나님께 감사드립니다.

2018년 8월
경운산에서
황홍렬

이 책은 본래 4부로 구성된 선교학 개론서였지만 분량이 너무 많아 부득이 3부로 줄이고, 일부 논문들을 다시 빼서 지금의 형태를 취하게 되었다. 본래 구상했던 책은 1부 한국교회의 선교에 대한 반성과 선교 전망, 2부 선교의 기본 요소: 성서, 선교 역사, 문화, 종교, 3부 생명과 평화를 향한 선교신학, 4부 생명선교와 평화선교를 실천하는 선교로 구성되었다. 선교학 개론서는 선교에 대한 반성과 전망, 선교학의 기본 요소들(성서, 역사, 문화, 종교 등)을 포함해야 하고, 선교신학의 중요한 내용들을 소개하고, 선교의 실천과 관련한 글들을 포함해야 한다고 생각한다. 그리고 1980년 이후 세계 기독교의 지형이 비서구 지역 기독교인들이 다수가 되는 새로운 시대에 걸맞게 제3세계 선교신학을 반드시 소개해야 한다고 생각했다. 그렇지만 여기서는 4부를 생략했다. 4부에는 이주민 선교, 디아코니아 선교, 장애인 선교, 새터민 선교, 비정규직 선교, 학교 폭력의 대안으로서의 평화로운 학교 만들기를 위한 평화선교의 과제 등이 실릴 예정이었다. 그래서 생략된 내용의 일부나마 보완하기 위해 3부에 "제3세계 선교신학"과 "디아코니아 선교 사례와 신학"을 보완하고, 1부에 "아프간 사태 이후 한국교회의 선교는 달라져야 한다"는 논문을 추가하려 했는데 책의 부피가 너무 커져 세 논문을 모두 생략했다. 4부에 실릴 글들과 3부와 1부에서 생략된 글들은 모두 논문으로 발표한 글들인데 다음 책에 실을 계획이다.

책의 주제와 내용을 소개하기 전에 글의 질에 대해 한 마디를 해야겠다. 이 책에 실린 9편의 글들은 대부분 논문으로 작성되거나 책에 실린 글이지만 2편이 예외다. 2부의 "마태복음에 나타난 선교 이해"는 책(『성경으로 읽는 북한선교』, 2013)에 실린 글("마태복음과 북한선교") 중 마태복음과 관련된 글만 가져왔다. "세계 선교 역사 개요"는 2002년 대한예수교장로회 총회세계선교부가 주관하는 선교사 업무 교육에서 특강한 강의안을 일부 수정한 글로 발표되지 않은 글이다. "다종교 사회에서의 선교와 기독교 종교신학"은 강의록으로만 존재하던 것을 내용을 보완해서 실었다. 네 권 정도의 책에 실린 내용을 요약하여 소개하는 글들로 이 책에 실릴 가치가 없다. 그렇지만 선교학 개론서로서는 〈선교와 종교〉라는 주제를 생략할 수 없어 부득이 이 글을 본서에 포함했다.

책의 각 장의 내용을 소개하기 전에 먼저 주제에 대해서 언급해야겠다. 생명선교는 박사학위 논문을 마칠 때 얻은 영성과 생명이라는 화두 중 하나였다. 민중선교를 생명선교로 외연(실직 노숙인, 이주민, 새터민, 장애인 등)을 확장할 뿐 아니라, 내용도 생명선교(녹색교회, 사회적 경제와 협동조합, 탈핵, 마을목회 등)로 심화하는 것이 요구되었다. 위에서 언급한 영역들에 관해서 논문을 쓰거나 관련 주제를 글로 발표했다. 이러한 글쓰기는 〈감사의 글〉에서 언급한 대로 부산장신대 〈생명목회와 생명선교〉 과목을 통해서도 큰 도움을 받았다. 생명선교와 관련된 글을 요청받거나 생명선교를 지향하는 동료 교수들, 목회자들과의 교제도 큰 배움과 격려의 장이 되었다. 따라서 제1부 새로운 선교 패러다임과 제3부의 생명선교처럼 직접적으로 생명선교를 언급한 글들도 있고, 직접 언급하지 않은 글들 속에서도 생명선교를 찾을 수 있거나 그런 방향을 지향했다고 말할 수 있다.

평화선교에 대해서는 평화와통일신학연구소(2000~2002년) 연구실장, 한민족평화선교연구소(2002~2006년) 연구실장을 맡으면서 지속적으로 연구팀을 만들어 공동연구를 통해 평화통일과 관련 글들을 써왔고 책들을 꾸준히 편집해왔다. 이런 작업들이 밑바탕이 되어 『한반도에서 평화선교의 길과 신학: 화해로써의 선교』(2008)를 출판했다. 이 책에 실린 평화선교 논문은 그 책에 나온 내용을 더 발전시킨 것이다. 그런데 연구 초기의 관심은 남북의 평화와 통일이었는데 공부를 하다 보니 통일에 앞서서 남북의 평화체제를 만드는 것이 남북의 과제요, 한국교회의 과제라는 것을 깨닫게 되었다. 이런 관심사속에서 조선족 이주노동자들과 북한이탈주민들을 만나 심층면접을 하면서 그들의 민중의 사회전기를 작성하고, 그에 기반해서 조선족선교, 북한이탈주민 선교에 대한 논문들을 쓰고, 연구소의 연구원들이 쓴 논문들을 모아 책들을 발간했다. 나중에 보니 이들이 다 이주민들이었다. 그들을 만날 때만 해도 그들이 이주민이라는 그런 의식이 없었다. 2006년에 연구재단이 지원하는 박사후 연구과정으로 전국적인 이주노동자 선교 실태와 선교 현장에 대한 연구를 통해 이주노동자 선교 논문을 작성했다. 그리고 부산장신대에 교수로 부임한 2007년 직후인 2008년부터 2010년까지 결혼이주여성에 대한 연구를 통해 논문을 작성했다. 이런 과정을 통해 남·북 사이의 평화선교로부터 이주민과 선주민 사이의 평화선교로 평화선교의 내용이 확장되기 시작했다.

학교에 임용되기 위한 교수 면접에서 특수교육과 (이경면 교수님께서) 장애인 선교에 대해 질문했는데 답변을 하지 못하고 학교에 들어오게 되면 연구하겠다고 말씀드렸다. 그때 약속을 지키느라 장애인 선교신학을 논문으로 쓰면서 평화선교는 장애인과 비장애인/예비장애인 사이의 평화로도 확장된다는 것을 배웠다. 그리고 2014년 한국선교신학회와 한국복음주의선교신학회와 공동으로 주관하는 선교 세미나의 주제가 "가난과 종교"였는데 이때 비정규직 선교에 대한 논문을 작성해 발표했다. 그리고 2015년부터 1년간 연구재단 지원으로 연구한 결과를 "학교폭력으로부터 평화로운 학교 만들기를 위한 교회의 평화선교 과제"라는 논문으로 발표했다. 이런 논문을 통해 (사)좋은교사운동의 "회복적 생활교육"을 연구하고 그것에서 많은 것을 배우게 되었다. 이런 과정을 통해 평화선교의 범위가 남북관계로부터, 이주민과 원주민 사이로, 장애인과 예비장애인 사이로, 노사관계로, 학교 현장으로 확장되는 것을 배워나갔다. 이런 과정을 통해 평화선교가 21세기 핵심적인 선교 패러다임이라는 것을 배웠다.

평화선교를 위한 또 다른 결정적 계기는 WCC의 '폭력극복10년운동'의 일환으로 2004년 르완다 키갈리에서 열렸던 평화대회에 참여한 경험이었다. 르완다 학살 10주기에 열린 평화대회에 참석해 약 5,000명이 학살되었던 작은 교회를 방문하고, 좁은 공간에 1만 명이 되는 시신을 집단으로 매장한 현장을 방문했다. 대회 참석자들이 르완다 학살 추모관을 방문하여 학살이 일어났던 당시의 기록과 각종 유물들을 목격한 것이 평화대회의 결정적 순간이었다. 나는 추모관에서 한 소녀의 "우리가 이렇게 죽어가는데 바깥세상에서는 아무 일도 일어나지 않는 것처럼 살아간다"라는 절규를 평생 잊을 수 없다. 참석자들은 추모관 방문 이후 큰 충격을 받고 돌아와 저녁 모임에서 자신들이 느낀 것과 생각들을 나눴다. 동족상잔의 비극이 일어났던 한반도에서 온 나는 황석영 작가의 소설『손님』을 소개하면서 북한의 신천 지역에서 일어난 민간인 학살이 실제로는 기독교 우파가 저지른 것이라는 사실을 나눴다. 귀국하는 비행기에서 BBC 뉴스를 통해 콩고민주공화국에서 그동안 내전으로 500만 명이 사망했다는 소식을 듣고도 나는 잘못 들은 것으로 내 귀를 의심했다.

귀국해서 내가 연구실장으로 있던 한민족평화선교연구소를 통해 2005년 1년 동안 평화선교 세미나를 열어 분쟁지역에서 평화선교의 현황(교회의 활동)과 신학을 공부하게 되었다. 대상 지역은 북아일랜드, 남아프리카공화국, 인도네시아. 팔레스타인, 남북한 등이었다. 이 세미나 결과를 책으로 만들려다 2007년에 학교로 부임하는 바람에 마무리 짓지 못했는데 이를 잘 간추려서 책(『다름의 평화 차이의 공존: 분쟁지역에서의 평화 만들기와 선교』, 2009)으로 출판한 박홍순 박사님에게 감사를 드린다. 그리고 키갈리에서 모이는 평화대회에 참석하는 좋은 기회를 주신 WCC의 선교와 전도국 총무 금주섭 박사님에게도 감사를 드린다.

1부에 실린 "21세기 선교의 새로운 패러다임"은 냉전 종식 이후 신자유주의 지구화/세계화 시대, 인종 간·종교 간 갈등으로 크고 작은 테러와 전쟁으로 인한 이주의 시대에, 사회 간, 국가 간 빈부격차 심화와 석유고점 및 기후변화/붕괴 시대 지구생명공동체가 위협받는 시기에, 세계 기독교 지형이 비서구 지역에 다수의 기독교인이 사는 시대에 적합한 새로운 선교 패러다임을 다음과 같이 제시했다. 즉 남반부를 강화하고 남반부 교회를 세계 선교의 공동 주체로 세우는 남반부 중심의 선교, 전 세계 교회 구성원의 2/3를 차지하는 여성을 선교의 공동 주체로 세우는 여성 선교, 이주민을 선교의 대상으로만

이 아니라 선교의 주체로 세우고 이주민과 선주민이 더불어 살게 하는 이주민 선교, 신자유주의적 지구화로 인한 갈등이 폭력으로, 전쟁으로 비화하는 속에서의 평화선교, 전 세계에 흩어진 750만 명의 한인 디아스포라를 현지 교회와 협력하여 세계 선교의 공동 주체로 세우는 한인 디아스포라 선교 그리고 지구생명공동체의 지속가능성이 위협받는 시기에 생명선교 등을 21세기 새로운 선교 패러다임으로 제시했다.

2부에서는 선교의 기본 요소로 성서, 선교 역사, 문화와 종교를 다뤘다. 먼저 "마태복음에 나타난 선교 이해"는『성경으로 읽는 북한선교』(2013)의 "마태복음과 북한선교"에서 마태복음과 관련된 부분만 발췌해서 일부 수정한 글이다. 신·구약 성서 전체 흐름을 통해 선교를 이해하는 것이 바람직하지만 소위 '선교 대위임령'으로 알려진 본문(마 28:18-20)을 전체 마태복음의 흐름 속에서 이해하는 것만으로도 선교 이해의 지평이 넓어질 것을 기대하며 이 부분을 포함시켰다.

"세계 선교 역사 개요"에서는 서구 남성 선교 역사가들의 책을 중심으로 소개하면서도, 그 안에서 하나님의 선교의 역사를, 대안적 선교활동 사례들 그리고 선교 역사에 나타난 공로와 과실을 균형 있게 다루고자 노력했다. 마지막 부분에서는 21세기 기독교 지형의 변화 속에서 이제까지 서구 중심으로 돌아본 세계 선교 역사를 어떻게 비서구 교회들의 시각으로 볼 수 있을지에 대한 앤드류 월즈(Andrew Walls)의 제안들을 소개했다.

"한국 개신교회의 선교 역사"는 한국선교신학회가 편집한『선교학 개론』(2002/2013)에 실린 글로 초판이 나온 뒤 수정하지 못하다가 이번에 선교사 숫자만 최근 통계를 반영했다.

"하나님 나라를 향한 문화선교적 과제"는 총회 교육자원부가 2004년 교육 주제로 정했던 "하나님 나라와 문화"를 선교신학의 주제로 삼아 쓴 글로 총회 교육자원부가 발간한 책에 실린 글이다. 이 글에서 문화 이해는 WCC의 세계선교와 전도위원회(CWME)가 주관한 브라질 살바도르에서 열린 선교대회(1996년)의 주제인 "복음과 문화"에서 가져왔다. 문화를 한 인간의 정체성, 공동체의 정체성을 이해하는 핵심으로 이해하고, 이를 농업사회, 산업사회, 정보화사회에 적용한 글로 각 시대의 문화 차이 속에서 각각 다른 문화선교적 과제가 있음을 보여주려고 했다.

"다종교사회에서의 선교와 기독교 종교신학"은 강의록으로, 기독교 종교신학에 대해서는 배타주의, 포용주의, 다원주의로 분류한 알란 레이스(Allan Race) 책(*Christians and Religious Pluralism*, 1983)의 세 장을 요약하여 소개했다. 기독교 신학자들 중 종교다원주의를 주장한 글들을 존 힉(John Hick)과 폴 니터(Paul F. Knitter)가 편집한 책(*The Myth of Christian Uniqueness*, 1987)의 12개 장 가운데 세 가지 접근방식(역사문화적 다리 – 상대성, 신학적·신비적 다리 – 신비, 윤리적 실천적 다리 – 정의)에서 한 장씩을 선택해 내용을 소개했다. 다종교 사회에서의 선교는 WCC의 "종교 간 대화지침"(Guidelines on Dialogue, 1979)을 소개했고, 2010년 에딘버러 선교 백주년대회에서 다룬 "다른 종교 속에서 기독교 선교"(Christian Mission among Other Faiths, 2010)를 소개했다.

3부는 생명과 평화를 향한 선교신학으로 "WCC의 선교 이해", "한반도에서 남북의 화해와 평화통일을 위한 한국교회의 평화선교 과제", "신자유주의적 지구화 시대의 생명선교"로 구성되었다.

"WCC의 선교 이해"는 세계 선교와 전도위원회(CWME)가 주관한

1963년 멕시코 시 대회부터 1973년 방콕 대회, 1980년 멜버른 대회, 1989년 산 안토니오 대회 등 네 대회를 다루되 각 대회가 주장한 선교 이해, 하나님의 선교 이해, 다종교 사회에서의 선교 이해, 생명선교 이해 등의 관점에서 정리했다. 1996년 살바도르 대회는 "하나님 나라를 향한 문화선교적 과제"에서 어느 정도 다뤘고, 2005년 아테네 대회의 주제였던 "치유와 화해" 중 화해는 평화선교의 논문들에서 로버트 슈라이터(Robert J. Schreiter)를 논의하면서 일정 부분 다뤘다고 생각한다. 그렇지만 WCC의 선교에 대해 제대로 이해하려면 CWME 선교대회뿐 아니라 총회에 상정된 선교 내용도 다뤄야 하기 때문에 이러한 WCC 선교 이해는 불충분할 뿐 아니라 에큐메니칼 진영과 복음주의 진영은 선교신학을 형성하는 데 서로 영향을 주고받았기 때문에 양자 관계를 함께 보지 않으면 온전한 이해라 하기 어렵다. 또 WCC의 선교 문서들인 "선교와 전도: 에큐메니칼 확언"(1982)과 "함께 생명을 향하여"(2012)를 소개하지 않으면 안 된다. 이런 부분은 앞으로의 연구를 통해 보완해야 한다.

"한반도에서 남북의 화해와 평화통일을 위한 한국교회의 평화선교 과제"는『한반도에서 평화선교의 길과 신학: 화해로써의 선교』(2008)의 7장("한반도에서 화해로써의 선교와 신학") 이후에 쓴 논문으로 그 내용을 보완한 글이다. 앞의 글과 함께 보는 것이 도움이 될 것이다. "신자유주의적 지구화 시대의 생명선교"는 21세기 현재의 전 지구적 경제·사회 상황을 다루고 있고, 시대 상황 속에서 생명선교를 제시하고 있어 3부에 실었다. 그렇지만 현재의 전 지구적 경제·사회적 상황을 소개하는 글로 앞부분은 1부에서 제시할 수도 있다. 어쨌든 죽임의 경제와 죽임의 문화를 소개하고 이에 대응하는 생명선교를 살림의 경제와 살림의 문화로 제시했다. 이러한 생명선교 이해는 필자가 쓴 "WCC의 생명선교"라는 다른 논문을 통해 기후정의의 시각을 보완하고, 탈핵에 대한 논문("탈핵 세상을 향한 생명선교의 과제")으로 그 내용을 보완해야 한다.

지면의 한계로 이미 발표된 글이나 논문들을 실지 못한 한계도 있지만 아직도 공부가 부족해서 "에큐메니칼 영성"은 미완성의 글로, "여성과 선교"는 글을 준비하다 다른 급한 일들로 시작도 못한 경험이 있다. 선교와 종교라는 주제는 2016년 연구년 주제로 다루려 했는데 당시에 나가사키 평화선교대회(6월, 한국선교신학회 주최), 인도에서 열렸던 아시아신학자협의회(4월), 서울에서 열렸던 세계선교신학회(IAMS)에서 논문을 발표하고, 태국선교60주년 선교대회(12월)에서도 특강을 하고, 논문 두 편을 작성하는 바람에 연구에 집중할 수 없었다. 부족한 부분을 보완해갈 것을 약속하면서 이 책의 머리글을 마치고자 한다.

2018년 8월

황홍렬

| 차례 |

제1부

21세기 선교 전망

제2부

선교의 기본 요소들: 성서, 선교 역사, 문화, 종교

제3부

생명과 평화를 향한 선교신학

제 1 부

21세기
선교 전망

1 장

21세기 선교의 새로운 패러다임

들어가는 말

선교란 하나님의 뜻을 이 땅에 이루시는 하나님의 선교(*missio Dei*)에 그리스도인과 교회가 참여하는 것이라고 정의하면, 선교는 하나님의 뜻, 하나님의 선교라는 신적인 요소와 이 땅의 상황이라는 인간적 요소로 구성된다. 바꿔 말하면 기독교 선교는 하나님의 주권과 인간의 자유 사이에서 이뤄지며, 신적 요소와 인간적 요소를 모두 포함해야 한다.

21세기 선교를 말할 때에도 마찬가지로 두 가지 요소를 함께 고려해야 한다. 북미교회의 위기 상황에 대처하여 나온 선교적 교회론은 하나님 나라와 종말론을 향한 신학적 회심을 전제로 하고 있다. 이러한 신학적 회심은 21세기의 선교에도 그대로 적용되어야 한다. 그리고 하나님의 선교는 선교의 주체를 삼위일체 하나님으로 보고, 선교의 목적을 하나님의 나라/통치로 이해하며, 선교의 방법을 십자가로 이해하는데 이러한 선교 이해는 21세기에도 그대로 유지되어야 한다. 그런데 21세기 상황은 20세기와 상당히 다르다. 이러한 차이점들을 규명하면서 21세기 선교의 새로운 패러다임을 제시하는 것이 이 글의 목적이다.

이 글에서는 21세기 선교의 패러다임을 제시하기 전에 우선 1장에서 20세기 선교의 패러다임을 간단히 정리하고자 한다. 그리고 21세기 선교의 새로운 패러다임을 제시하기 위해 먼저 21세기에 종교 지형, 교회 지형과 세계의 변화된 상황을 2장에서 정리하고자 한다. 3장에서는 이러한 논의를 바탕으로 21세기 선교의 새로운 패러다임을 제시하고자 한다.

첫째, 비서구 기독교인들이 전 세계 기독교인의 2/3를 차지하기 때문에 21세기 선교는 남반부 중심의 선교, 남반부 교회를 강화하여 북반부 교회를 재복음화하는 남반부 중심의 선교를 해야 한다.

둘째, 세계 기독교인의 2/3가 여성이기 때문에 여성선교를 새로운 패러다임으로 제시하고자 한다.

셋째, 세계화/지구화 시대에 자본이 전 세계를 자유롭게 이동하는 데 반해, 노동력의 이동은 많은 제약을 받는다. 처음에는 다른 나라에 노동자로 갔다가 차츰 이주민으로 정착하거나 가족과의 재결합 등으로 정착하는 것이 일반적 유형이다. 이러한 이주민에 의해 한 국가의 시민권이 문제가 되고 있다. 그런데 기독교적으로는 이주민 기독교인들이나 교회가 현지인 교회에 여러 가지 선교적 과제뿐 아니라 도전을 주기도 한다. 이러한 이주민 선교를 새로운 패러다임으로 제시하고자 한다.

넷째, 20세기를 '전쟁의 세기' '폭력의 세기'라고 한다면 전쟁이나 온갖 폭력에 의해 받은 상처를 치유하고 화해를 이루도록 하는 것이 매우 중요한 선교의 패러다임이라 할 수 있다.

다섯째, 총체적인 생명 위기의 시대에 생명선교를 새로운 패러다임으로 제시하려 한다.

마지막,으로 한민족 디아스포라 선교를 새 패러다임으로 제시하려 한다.

이 글에서 말하는 패러다임은 데이비드 보쉬가 제시했던 동방교회, 중세 로마 가톨릭 교회, 개신교 종교개혁, 계몽주의 시대 교회 등 네 가지 패러다임이 가리키는 각각의 시대에 상응하는 큰 틀로서의 패러다임이 아니라 후기 산업사회에 새롭게 부상하는 13개의 에큐메니칼 선교 패러다임 요소들처럼 21세기 한국교회와 세계교회에 요청되는 선교의 새로운 패러다임이라 하겠다.[1] 그렇지만 여기서 제시하는 여섯 가지 선교 패러다임이 전부라고 할 수 없고, 보완될 필요가 있다. 그리고 필자가 관심 갖고 있는 주요 선교 주제들을 중심으로 다루며 정리하다 보니 불가피하게 필자가 쓴 글들을 많이 인용하게 되어 일정 부분 중복이 불가피함을 밝힌다. 그럼에도 21세기의 새로운 선교 패러다임을 제시하는 것은 의의가 있다고 생각한다.

1. 20세기 선교의 패러다임

20세기 선교의 패러다임으로는 영혼 구원, 교회 개척, 하나님의 선교를 들 수 있다.[2] 18세기에서 19세기 중엽까지는 개인주의적 선

---

1 David J. Bosch, *Transforming Mission: Paradigm Shifts in Theology of Mission* (Maryknoll, New York: Orbis Books, 1991).
2 James A. Scherer, "Church , Kingdom, and *Missio Dei*: Lutheran and Orthodox

교 이해가 지배적이었다. 경건주의와 신앙부흥운동에 기원을 둔 선교의 목표는 회심과 영혼 구원이었다. 이러한 선교 이해는 개인주의라는 서구 문화에 의해 제한된 이해라고 할 수 있다. 19세기 후반에서 20세기 전반까지는 교회 중심적 선교관이 선교 이해의 중심을 이뤘다. 헨리 벤과 루퍼스 앤더슨에 의한 삼자교회(자립, 자전, 자치)는 선교 목표를 교회를 개척하는 것으로 보았다. 선교와 교회 이해에 재정적 부분이 들어간 것은 당시 지배문화인 자본주의(적 가치인 자립)가 영향을 준 것으로 볼 수 있다. 1910년 에딘버러 세계선교대회는 선교 목표를 각 나라에 하나의 연합된 교회를 세우는 것이라고 밝혔다. 1938년 탐바람 국제선교협의회의 선교대회는 세계 복음화의 가장 중요한 도구는 해외선교회가 아니라 지역교회이며, 선교단체들은 '신생교회'의 성장과 자립을 지원해야 한다고 지적했다. 1947년 휘트비 국제선교협의회의 선교대회는 서구 교회와 비서구 교회 사이에 "복종 안에서의 동역자"라는 표어를 통해 교회 중심적 선교관을 지지했다. 20세기 후반기에는 하나님 나라 지향적인 하나님의 선교가 선교의 기본적인 이해가 되었다. 1952년 빌링엔 국제선교협의회의 선교대회에서 호켄다이크는 교회 중심적인 선교관을 비판했다. 빌링엔 선교대회 이후 하나님의 선교는 에큐메니칼 운동의 지배적 선교 패러다임이 되었다. 1963년 세계교회협의회의 첫 세계선교와 전도대회는 "6대륙 안에서의 선교"라는 주제를 통해 교회 중심적 선교관에서 하나님 나라 지향적인 선교로의 전이를 보여줬다.[3]

Correctives to Recent Ecumenical Mission Theology," in Charles Van Engen, Dean S. Gilliland, Paul Pierson (eds.), *The Good News of the Kingdom: Mission Theology for the Third Millennium* (Maryknoll, New York: Orbis Books, 1993), 82-86.

[3] 이 문단은 황홍렬, "아프간 사채 이후의 선교는 달라져야 한다," 한국기독교장로회신학

과거의 선교 패러다임은 회심이나 교회 개척 유형처럼 인간학적 요소를 소홀히 여기거나, 하나님의 선교처럼 인간 개인이나 교회를 소홀히 여기는 경향이 있다. 따라서 과거 선교의 패러다임에 대한 대안은 선교의 신적 요소와 인간적 요소를 모두 고려하면서도 양자 사이에 해석학적 순환을 수용하는 선교의 패러다임을 요청한다고 볼 수 있다. 타자와의 만남의 선교를 그 대안이라고 할 수 있다.[4]

2. 21세기 선교의 지형 변화

1) 종교 지형의 변화

지난 150년 동안 서구 개신교는 기독교화와 문명화를 선교의 이중적 과제로 여겼다. 즉 식민주의와 결합된 개신교 선교는 복음과 선교를 서구 문화에 종속시킴으로써 복음과 선교를 서구 문화의 노예가 되게 했다. 이는 초대교회 예루살렘공의회가 복음과 이방인 선교를 유대교의 문화(율법주의)에서 분리시킨 것과는 대조적이었다. 서구 개신교 선교의 잘못된 가정, 서구 문명의 우월성과 기독교 선교에

연구소, 『말씀과 교회』 제45호(2008 · 1), 78에서 따온 것임을 밝힌다.

4 황홍렬, "타자와의 만남의 선교론," 『한반도에서 평화선교의 길과 신학: 화해로써의 선교』(서울: 예영 B&P, 2008), 19-34. 타자와 만남의 선교론을 실직 · 노숙인 선교("예장 실직 · 노숙인선교 5년의 과제와 전망," 예장총회사회부, 2003), 조선족 선교("사회전기를 통하여 본 조선족 선교의 과제와 전망," 『조선족 선교의 현실과 미래』, 도서출판 평화와선교, 2005), 북한이탈주민선교("사회전기를 통하여 본 북한이탈주민선교의 과제와 전망," 『둘, 다르지 않은 하나: 북한이탈주민선교의 과제와 전망』, 한들출판사, 2007년), 이주노동자 선교("고용허가제 이후 이주노동자 선교의 과제와 전망," 장신대, 『선교와 신학』 제21집(2008)에 적용하였다.

서 서구 문명이 유효하다는 가정은 두 차례의 세계대전과 제2차세계
대전 이후 식민지 국가들의 독립으로 인해 무너졌다. 하나님의 선교
라는 20세기 후반 이후의 새로운 선교신학도 중국에서 서구 선교사
들이 추방되는 사건에 대한 반성 속에서 나왔다. 서구 기독교는 20세
기 초에 '이 세대 안에 전 세계를 복음화'(1910)라는 구호 아래 세계선
교에 매진해왔지만 세계 인구 대비 기독교인의 비율은 20세기 100
년 동안 줄어든 반면에 이슬람 신자와 불가지론자가 약진했고, 힌두
교도가 증가했다(아래 도표 참고).[5]

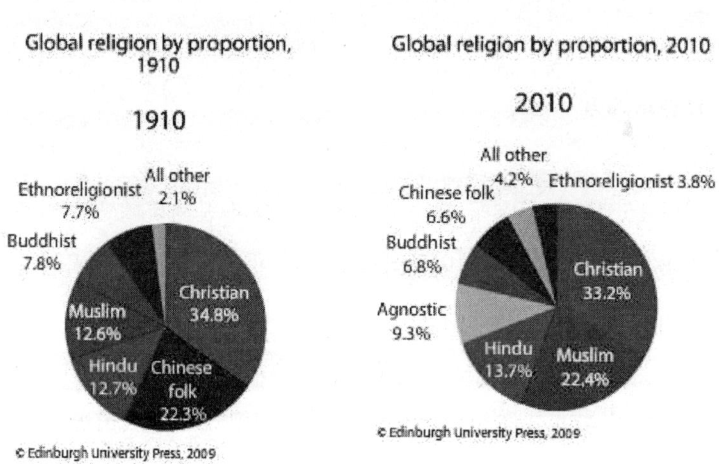

　　서구 개신교 선교에 대한 부정적 흐름 속에서 치유와 갱신을 가져
오는 두 가지 사건으로 제3세계에서 지역교회의 출현과 에큐메니칼
운동이 일어났다. 이런 사건 속에서 복음과 문화의 관계에서 상황화

---

[5] Todd M. Johnson & Kenneth R. Ross (eds.), *Atlas of Global Christianity 1910-2010* (Edinburgh: Edinburgh University Press, 2009), 6.

(contextualization)와 문화화(inculturation)라는 새로운 개념들이 1970
년대에 등장했다.[6] 이러한 개념들의 등장은 선교에서 서구 문화의 지
배라는 옛 패러다임을 문화적 다원주의라는 새로운 패러다임으로
대체하는 것을 의미했다.

2) 기독교 지형의 변화

그런데 21세기 세계 기독교는 어떤 모습일까? '전형적인' 세계 기
독교인이 있다면 어떤 사람일까? 나이지리아의 마을이나 브라질 빈
민가에 사는 여성이라고 한다.[7] 윌버트 쉥크의 도표에 따르면 "위대
한 선교의 세기"라는 19세기에는 전 세계 인구 대비 기독교인의 비율
은 23%에서 34%로 증가했다. 이런 비율은 1950년까지 지속되다가
1970년에는 33%로 감소하고, 2000년에는 32%로 감소했다. 기독
교 인구학적 변화를 살펴보면 서구인이 전 세계 기독교인 가운데 차
지하는 비율이 1800년에는 87%에서 1900년에는 81%로 완만하게
감소하다가 1950년에는 64%, 1970년에는 56%까지 내려갔다가
2000년에는 40%로 급격히 감소하여 제3세계 기독교인에 비해 소수
로 전환됨을 알 수 있다(아래 도표 참조).[8]

---

[6] James A. Scherer & Stephen B. Bevans (eds.), *New Directions in Mission and Evangelization 3: Faith and Culture* (Maryknoll, New York: Orbis Books, 1999), Introduction, 4-13.

[7] Philip Jenkins, *The Next Christendom: The Coming of Global Christianity* (New York: Oxford University Press, 2002), 2.

[8] Wilbert R. Shenk (ed.), *Enlarging the Story: Perspectives on Writing World Christian History* (Maryknoll, New York: Orbis Books, 2002), Introduction, xii. 도표 1 참조.

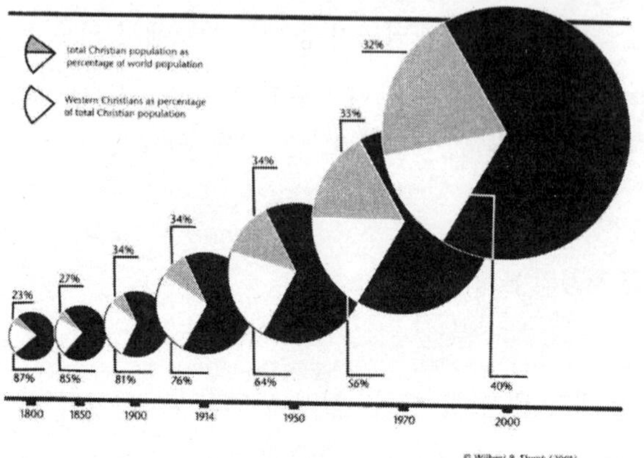

　　한편 1910년 당시 기독교인 최다국가는 미국, 러시아, 독일, 프랑스, 영국, 이태리, 우크라이나, 폴란드, 브라질, 스페인 순이었다. 2010년 기독교인 최다국가는 미국, 브라질, 러시아, 중국, 멕시코, 필리핀, 나이지리아, 콩고민주공화국, 인도, 독일 순이다.[9] 이제 21세기 기독교 선교를 전망하려면 이러한 기독교 인구학적 변화를 전제해야 한다. 21세기 기독교 선교는 비서구 기독교와 여성이 중심이다. 따라서 서구 신학이나 남성 중심의 선교나 선교학은 21세기 기독교를 전망하는 데에는 큰 도움이 되지 않음을 기억해야 한다.

3) 냉전 종식과 신자유주의적 지구화/세계화[10]

　　냉전 종식 이후 대다수의 인류는 평화를 염원했지만 실제로 세계

---

[9] Todd M. Johnson & Kenneth R. Ross (eds.), *Atlas of Global Christianity 1910-2010* (Edinburgh: Edinburgh University Press, 2009), 8.

[10] 3)은 황홍렬, "아프간 사태 이후의 선교는 달라져야 한다," 한국기독교장로회신학연구소,『말씀과 교회』제45호(2008년), 54-61에서 가져온 것임을 밝힌다.

는 갈등과 전쟁으로 치닫고 있다. 그 원인은 두 방향에서 찾을 수 있다. 냉전 종식 이후 세계 유일의 초강대국가 미국의 문제이다. 당시 부시 정권의 특징은 이중적으로—네오콘의 미국 민족주의와 기독교 우파—근본주의적이라는 점이다. 이들의 대외정책과 논리를 네오콘은 자체 싱크 탱크와 네오콘을 지지하는 언론을 통해 전파하거나 여론 조작을 하고 있다.[11] 이러한 견해에서 보면 '테러와의 전쟁'과 같은 군사주의나 이라크 침공은 9·11이 아니어도 부시 정권이 추진했을 정책의 내용이나 방향으로 볼 수 있다.

다른 한 가지는 냉전 종식 이후 세계 자본주의의 전환이다. 미국을 정점으로 하고 서유럽을 하위구조로 하는 서방 블록은 시장 민주주의를 확장하고 세계화/지구화를 방어하는 것을 새로운 세계의 질서로 세웠다. 냉전 반세기 동안 금융자본과 군산 시스템의 연합이 20세기 말 제도적 변화로 일어났다. 세계화/지구화의 방어는 한 마디로 미국 군사 시스템의 강화였다. 바꿔 말하면 세계화/지구화는 군사주의와 밀접한 관계를 갖고 있다.[12] 냉전시대의 군산 복합체(military-industrial complex)는 지구화 시대에는 군사 기업 복합체(military-corporate complex)로 대체되었다. 냉전 경제가 지구화와 방위산업의 초국적화로 대체되었기 때문이다.[13] 이는 시장의 '보이지 않는 손'은 사실 '보이지 않는 주먹'이 없이는 결코 작동하지 않는 것임을 드러내 보여준다.[14] 그러나 냉전시대에는 경쟁 상대가 있었기 때문에

---

[11] 김지석, 『미국을 파국으로 이끄는 세력에 대한 보고서: 부시 정권과 미국 보수파의 모든 것』(서울: 교양인, 2004), 22, 142-143, 156-160.

[12] 클로드 세르파티, "자본의 세계화와 노골화되는 군사화," 『시민과 세계』 창간호, 216-229.

[13] Ninan Koshy, *The War on Terror: Reordering the World* (Hong Kong: DAGA Press, 2002), 155.

'보이지 않는 주먹'은 실제로 노골적으로 자신을 드러낼 수 없었다. 냉전의 종식 이후 각종 내전이나 전쟁이 더 빈번하게 일어난 것은 경쟁 상대가 사라졌기 때문에 '보이지 않는 주먹'이 커밍아웃했다고 해도 좋을 것이다. 그런데 9·11은 군사 기업 복합체의 군사주의를 강화해주었을 뿐 아니라 시애틀에서 일어난 반세계화 시위로 인해 주춤했던 WTO 라운드를 2001년 11월에 출범시키는 데 기여했다.[15] 여기서 부수적으로 생긴 반인권법들(미국의 '애국법')은 "미국의 평범한 보통 사람들이 다른 나라들에 새로운 민주주의를 이식하면서 치르는 대가는 진정한 민주주의가 자국에서 사망해버린" 아이러니를 보여준다.[16]

2001년 9월 11일 미국에서 일어난 비극은 '테러'임이 틀림없다. 나이난 코쉬는 9·11이 부시 대통령의 세 차례의 연설과정에서 '테러와의 전쟁'으로 확대되는 과정을 분석하면서 '테러와의 전쟁'이 냉전을 계승하고 있다고 비판했다.[17] 9·11의 원인은 다양하게 분석할 수 있다. 세계적인 평화전문가 요한 갈퉁은 그 원인을 "지금까지 미국이 전 세계에서 저질러온 범죄행위들에 대한 보복"이라고 해석하면서, "세계무역센터를 공격한 것은 미국의 경제정책에 대한 보복이었고, 국방부청사를 공격한 것은 미국의 군사정책에 대한 보복"이라면서 세계화를 중요한 원인으로 제시했다.[18]

9·11이 '테러와의 전쟁'으로 비약하면서 오사마 빈 라덴을 잡는

---

14 위의 책, 150.

15 정주연, "세계화와 전쟁, 그 소용돌이 속의 여성,"『당대비평』제18호(2002년 봄), 255.

16 아룬다티 로이 지음, 정병선 옮김,『보통 사람을 위한 제국 가이드』(서울: 도서출판 시울, 2005), 68.

17 Ninan Koshy, 위의 책, 7-18.

18 요한 갈퉁, "세계화와 테러,"『시민과 세계』창간호(2002년 상반기), 185.

구실로 미국은 아프간을 침공했고, 대량살상무기를 명분으로 미국은 이라크를 침공했다. 그러나 미국의 주장대로 빈 라덴이 9 · 11에 대해 책임이 있다고 하더라도 아프간을 침공한 것을 합리화할 수 없다. 왜냐하면 살인자를 잡기 위해 그의 동네를 폭격하거나 그가 속한 국가와 전쟁을 일으키는 것은 결코 민주주의 국가의 행위라고 납득할 수 없기 때문이다. 더구나 이라크 침공의 명분은 거짓이라고 미국에서도 밝혀졌다.

국제정치학자 사카모토 요시카쓰는 '테러와의 전쟁'의 문제를 세 가지 관점에서 제기했다.[19] 우선 반테러의 주체의 문제로서 미국의 단독행동주의를 지적했다. 미국은 자신이 규정하는 '자유, 민주주의, 정의'가 그대로 보편성을 갖는다는 전제를 비판하면서, 스스로 정의(定義)한 정의(正義)와 민주주의를 실천하기 위해 혼자서라도 국제사회에 개입하고 있다고 비판했다. 둘째로 테러 개념에 대한 국제적 합의가 없는 상황에서 특정 테러에 대한 반대를 테러 일반에 대한 반대로 대체했다고 비판했다. 테러 개념조차도 미국이 자의적으로 결정한다는 것은 문제이다. 마지막으로 전쟁이라는 수단이 정당한 목적을 달성하기 위해 정당화될 수 있는 수단인가 하는 문제이다. 국제법 위반 여부가 문제가 되고, '테러'와 그보다 더 많은 민간인을 희생시키는 공습과 전쟁이 어떻게 다른가 하는 문제가 제기된다. 즉 민중에 대한 식량 원조를 불가능하게 한 공습이나 전투라는 수단이 민간인을 무차별로 살육하는 테러와 같은 것이 아닌가 하는 물음이다. "'정의'를 보전해온 서구적 문명이 지구적인 억압 · 격차 구조의 수익자 혹은 묵살자인 한, 사실 반문명이 아닌가 하는 물음"을 던지며 그는

---

19 사카모토 요시카쓰, "테러와 '문명'의 정치학,"『시민과 세계』 창간호, 199-215.

"바로 이런 의미에서 테러리즘은 '반문명에 대한 도전'"이요, "'문명' 자신이 내부에서 분열한 것"이라고 비판한다.

경제적 측면에서 볼 때 지구화는 빈곤의 세계화, 빈곤의 여성화, 빈곤으로부터 사회적 배제, 전 지구적 배제 등 사회적/지구적 양극화를 초래했다.[20] 이에 대한 역풍이 테러나 테러리즘이라 할 수 있다. 지구화는 경제적 상호의존의 심화과정과 사회적 균열의 확산 과정으로 구성된다. 지구화가 야기한 경제적 불평등, 사회적 균열, 문화적 획일화에 대한 가장 흔한 대응방식이 종교적 근본주의로 회귀하는 것이다. 1965년~1995년 사이에 종교적 색채를 띤 근본주의 운동은 전 세계적으로 세 배 이상 증가했다. 그런데 현재 활동하고 있는 테러 단체의 1/4 정도가 자신을 종교적 차원에서 정당화한다.[21]

4) 다문화 다종교 사회에서의 선교: 정체성의 전쟁

냉전 종식 이후 변화된 세계의 가장 큰 특징 중 하나는 "이데올로기의 정치"에서 "정체성의 정치"로의 전이다.[22] 1910년부터 1980년대에 이르기까지 에큐메니칼 진영의 선교학이나 선교신학에는 '다양성'의 신학을 포용하지 못했다. 지난 1996년 살바도르 선교대회는 문화에서 정체성과 공동체의 중요성에 주목했다.[23] 에큐메니칼 신학

---

[20] 황홍렬, "지구화 시대 시민·사회운동과 기독교 선교,"한일장신대 기독교종합연구원 외,『지구화 시대 제3세계의 현실과 신학』(서울: 한들출판사/한일장신대출판부, 2004), 215-259.

[21] 구춘권, "메가테러리즘의 등장배경과 원인: 지구화의 충격과 이슬람 근본주의의 부상," 서울대국제학연구소,『국제·지역연구』14권 1호(2005년 봄), 120-123.

[22] S. Wesley Ariarajah, "The Challenge of Building Communities of Peace for All: The Richness and Dilemma of Diversities," in *The Ecumenical Review*, Vol. 57 No. 2(April 2005), 124.

이나 다양한 제3세계 신학은 희생자와의 연대에 주목했지만, 희생자의 정체성이 회복되고 바르게 세워지는 데 큰 관심을 기울이지 못했다. 때로 정체성은 용서를 위해 사용되기보다는 더욱 심화된 배제나 공동체적 분노를 강화하는 데 이용되기도 했다.[24]

볼프가 제시한 포옹이라는 은유의 핵심은 우리 자신을 타자에게 내어주고 타자를 환영하며 타자가 내게 들어올 공간을 만들기 위해 나의 정체성을 제한하려는 의지가 타자에 관한 모든 판단에 앞선다는 점이다.[25] 그러나 자기를 타자에게 내어주고 받아들이는 포옹은 기만, 불의, 폭력에 대한 투쟁과 조화를 이뤄야 한다. 즉 자기를 내어주는 은혜와 진실과 정의에 대한 요구 사이에는 비대칭적 변증법이 있으며, 이것이 정체성의 정치에서 중요한 원리가 되어야 한다. 그리고 내 정체성의 보호를 위해 타자를 배제하려는 유혹은 성령의 은혜로 극복해야 한다. 용서와 화해에서 가해자의 회개뿐 아니라 피해자의 회개가 필요함은 억압받는 자들이 억압자를 모방하거나 증오의 포로가 되는 것을 방지하기 위함이다.[26]

2001년 영국 전체 인구의 8% 정도가 아시아인, 흑인 등 소수인종 이민자들이고, 150만 명이 넘는 무슬림이 살고 있으며, 1,500여 개

---

23 Christopher Duraisinh(ed.), *Called to One Hope: The Gospel in Diverse Cultures* (Geneva: WCC Publications, 1998).

24 Rodney L. Petersen, "A Theology of forgiveness: Terminology, Rhetoric & the dialectic of Interfaith Relationships," in *Forgiveness and Reconciliation: Religion, Public Policy and Conflict Transformation* (Philadelphia: Templeton Foundation Press, 2002), 23.

25 Miroslav Volf, *Exclusion & Embrace: A Theological Exploration of Identity, Otherness, and Reconciliation* (Nashville: Abingdon Press, 1996)

26 이 문단은 황홍렬, "한국교회의 평화선교와 평화통일선교," 예장총회생명살리기운동 10년위원회, 연단협 편, 『하나님 나라와 생명목회』(서울: 한국장로교출판사, 2007), 165-166에서 인용한 것임을 밝힌다.

의 모스크가 있다. 살만 루시디의『악마의 시』라는 소설(1988)이 출판되면서 무함마드를 모욕했다 하여 갈등이 불거지고 영국 사회에서 정체성의 혼란을 겪던 무슬림 이민자 2세들은 이슬람 근본주의에서 자신의 정체성을 찾기 시작했다. 2005년 '런던 테러'는 영국의 주류 사회가 배제했던 무슬림 이민 2세대가 정체성을 이슬람교에서 찾되 근본주의적 성향이 강화되면서 테러리스트 집단과 연루된 영국의 동화주의적 다문화주의 정책의 부메랑이라 할 수 있다.[27] 2005년 프랑스에서 발생한 '소요사태'는 2004년 채택된 정교분리법, 1989년 문화전쟁으로 치달은 '히잡 사건', 종교문화적 요인과 사회경제적 요인, 식민지 경험 및 알제리전쟁(1958년~1962년) 같은 역사적 요인 그리고 프랑스의 통합정책 등이 종합적으로 영향을 주었다. 종교문화적 요인은 무슬림 이민자의 전통문화에 대해 편견을 갖는 프랑스 공화국과 공화국의 정교분리원칙을 이해하지 못하는 무슬림 이민자들의 '무지'를 가리킨다. 사회경제적 요인은 이민 출신 2세대, 3세대 청소년들의 높은 실업률과 프랑스 사회의 이들에 대한 차별이다.[28]

위에서 언급한 대로 다종교, 다문화 사회에서 서구 국가들이 보여준 사회적 차별과 치유되지 않은 역사적 상처들 그리고 국제관계에서 '전쟁'이라는 이름으로 제3세계 약소국가들, 특히 무슬림에게 가해지는 학살들—아프간 침공, 이라크 전쟁, 시리아 내전—의 부메랑이 프랑스에서 발생한 샤를리 엡도의 테러 사건(2015. 1. 7)과 파리의 동시다발 테러(2015. 11. 13)라 할 수 있다.

---

[27] 정희라, "영국: '루시디 사건'," 박단 엮음,『현대 서양사회와 이주민: 갈등과 통합 사이에서』(서울: 한성대학교출판부, 2009), 191-223.
[28] 박단, "프랑스: 공화국 통합모델," 박단 엮음, 위의 책, 347-382.

5) 이주민의 증가

2015년 1월 31일 현재 국내 체류 외국인은 1,774,603명으로 전년 동월 대비 13.2%가 증가했다. 2005년 국내 체류 외국인 747,467명과 비교하면 100만 명이 증가했다. 외국인 체류자 중 이주노동자는 569,081명이고, 결혼이주민은 150,798명이다. 결혼이주민 중 결혼이민여성은 127,953명이다. 다문화가정 자녀는 20만 명을 넘어섰다. 교육부 통계에 따르면 2014년 현재 다문화가정 초등학생은 48,225명, 중학생은 12,506명, 고등학생은 6,734명으로 총 67,465명이다. 현재 만 4세, 5세, 6세 아동이 초등학교에 들어가는 3년 후에는 다문화가정 학생 수가 약 10만 명이 될 전망이다. 다문화가정 학생 수는 2006년 9,389명에 비해 8년 만에 약 7배가 증가했다. 다문화가정 학생 수는 매년 6~7천 명이 증가하는 셈이다. 우리 사회에서 매년 학생 수가 20만 명이 줄어드는 데 반해 다문화가정 학생 수가 계속 증가하는 것은 저출산 고령화사회의 속도를 늦추는 사회적 의의가 있다. 그렇지만 중학생과 고등학생의 진학률이 낮다.

안전행정부가 발표한 2014년 1월 1일 통계에 따르면 다문화가정 자녀 204,204명 중 만 6세 이하가 121,310명(59.4%)이고, 만 7~12세가 49,929명(24.5%), 만 13~15세가 19,499명(9.5%), 만 16~18세가 13,466명(6.6%)이다. 교육부 통계와 1년 차이가 있지만 그대로 대입해보면 초등학교 대상자의 96.6%, 중학생 해당자의 64.1%, 고등학교 대상자의 50.0%가 진학하고 있어 상급학교로 갈수록 진학률이 현저히 줄어들고 있다.

여성가족부가 발표한 2012년 전국다문화가족실태조사에 따르면 다문화가족 자녀의 학업 중단 사유는 친구나 선생님과의 관계 때문

(23.8%), 가정 형편이 어려워서(18.6%), 학교 공부가 어려워서(9.7%), 부모 이혼 등 가족 문제 때문(5.1%), 학교생활, 문화가 달라서(5.1%), 한국어를 몰라서(5.0%) 순이었다. 학교폭력 피해 경험은 말로 하는 협박이나 욕설이 66.5%, 집단 따돌림이 34.7%, 맞거나 갇힘이 16.3%, 돈이나 물건을 빼앗김이 15.3% 순이었다. 이번 조사 결과 긍정적 측면은 결혼 초기 다문화가정의 해체가 감소하고, 결혼이민여성의 한국어 능력이 향상되고, 고용률이 급증하고 빈곤이 완화되었다는 점이다. 반면에 부정적 결과는 2009년 조사결과와 비교해서 사회적 차별 경험이 36.4%에서 41.3%로 오히려 4.9%가 증가했다는 점이다. 차별의 정도가 큰 장소로는 직장, 상점/음식점/은행, 거리/동네, 공공기관, 학교/보육시설 순이었다. 그리고 자신의 문제나 집안의 어려움을 나눌 의논 상대가 없다는 응답자나 외로움을 호소한 사람들이 증가하는 등 사회적 네트워크가 약화되었다는 점이다. 우리나라에도 현재 이주민이 177만 명가량 우리와 함께 살고 있다. 지난 10년 동안 이주민은 100만 명이 증가했다. 앞으로 더 증가할 전망이다. 우리나라는 2000년대 이전까지는 이주노동자들의 인권 문제가 매우 심각한 수준이었다. 2000년대 들어와서는 인권 문제가 어느 정도 개선되어가는 반면에 자녀 양육권, 주민으로서의 권리, 시민권, 참정권 등 새로운 문제들이 부각되고 있다.

6) 기후변화와 지구생명공동체의 위기

유럽인들은 냉전의 종식을 상징하는 베를린 장벽의 붕괴를, 미국인들은 9·11 테러를, 아시아인들은 2004년 약 30만 명의 목숨을 빼앗은 쓰나미를 21세기의 시작으로 볼 수 있다. '냉전 종식'이 21세기의 새로운 정치환경이고, '9·11 테러'가 20세기의 사회적·역사적·경제적·국제적 갈등의 부메랑이라면, '쓰나미'는 21세기가 온전히 직면해야 할 지구생명공동체의 위기를 상징한다고 할 수 있다.

지구생명공동체의 위기는 생태계에 가해지는 불의와 경제적 불의에 기인한다. 온실가스가 현재와 같은 양으로 방출되면 금세기에는 지구 평균기온이 1도~6도 오를 것이고, 해수면도 약 50cm 상승할 것이다. 오존층도 지난 100년 동안 매 10년마다 5%~10% 감소했다. 이런 추세가 계속되면 다음 50년 사이에는 현재 지구상에 존재하는 생물 종의 50%가 소멸될 것이다. 현재 12억 인구가 물 부족으로 고통을 당하고 있다. 아프리카 사막 주위 국가 중 2/5, 아시아 국가의 2/3, 라틴아메리카 국가의 1/5이 장차 사막화할 것으로 예측된다. 세계 인구를 1999년에는 60억이었는데 2050년에는 90억에 이를 것으로 추산하고 있다. 도시화로 인해 도시는 급격히 성장하고 농촌은 급속히 쇠퇴하고 있다. 생태계 위기는 대기권과 생물종 다양성의 위기와 직결되며, 이 둘의 관계에도 의존한다. 지구온난화와 오존층 파괴가 대기권 위기의 주된 원인이다.[29]

한편 대지진도 빈도수가 늘고 피해가 커졌다(2008년 중국 스촨성은 규모 8.0, 2010년 아이티는 규모 7.0, 2011년 동일본은 규모 9.0). 2008년 미국 월가에서 시작된 세계적 경제위기는 전 세계에 경제위기를 초래했다. 2011년 후쿠시마 핵발전소의 폭발로 인류는 다시 핵발전소가 지구의 생명을 위협하는 것에 주목하게 되었다. 냉전 종식, 테러, 전쟁, 쓰나미와 지진, 핵발전소 폭발 참사 등은 서로 직접적으로 연

---

[29] 차명제, "글로벌화한 환경문제의 본질과 대안모색," 조희연 편, 『NGO 가이드: 시민·사회운동과 엔지오 활동』(서울: 한겨레신문사, 2001), 162-174.

계되지 않는 것처럼 보인다. 그렇지만 21세기에 지구생명공동체가 살아남으려면 냉전 종식, 경제 위기, 테러와 전쟁, 생태계 위기, 기후 변화/붕괴, 핵발전소 폭발 참사 등을 통합적으로 이해하고 접근하지 않으면 안 된다. 즉 경제 위기와 생태계 위기는 사회적/국가적/전 지구적 위기와 연계된 것으로 문제의 뿌리를 찾지 않으면 해결하기 어렵다.

3. 21세기 선교의 패러다임

1) 남반부 중심의 선교

남반부 중심의 선교는 기독교의 지형 변화에서 유래하는 것으로 남반부 교회를 강화하여 남반부 지역의 선교를 남반부 교회들이 맡는 것과 북반부 지역의 재복음화/선교를 남반부 교회와 협력하여 이룩하는 것으로 21세기 선교의 주요 내용이 되어야 한다. 그렇지만 남반부 중심의 선교는 남반부 교회와 북반부 교회의 선교 협력을 지향하는 것이지 북반부 교회에서 남반부 교회로 선교 헤게모니를 이동시키자는 것은 아니다. 세계 기독교 인구의 2/3가 남반부에, 비서구 지역에 자리 잡고 있다는 사실은 예전과 신학함과 에큐메니칼 운동 등에서 남반부 교회가 주도한다는 것과는 다른 이야기다. 현실은 여전히 신학함과 에큐메니칼 운동에서 서구 교회가 주도하고 있다. 여기서 문제는 서구 교회의 주도만이 아니라 그것을 통해 남반부 교회들이 자신의 신학적 정체성을 제대로 형성하지 못함으로써 남반부에서의 교회 성장이 신앙 성숙으로 나아가지 못한다는 데 있다.

남반부 교회와 그리스도인들은 자기 대륙과 국가의 문제를 자신의 시각에서 인식하고, 교회의 선교적 과제를 식별함으로써 교회와 그리스도인들이 성숙해져야 한다. 이를 위해서 한국교회는 기독교인 최다국가들인 미국, 브라질, 러시아, 중국, 멕시코, 필리핀, 나이지리아, 콩고민주공화국, 인도, 독일 교회와 양자 간, 다자 간 에큐메니칼 운동을 활발하게 전개해야 한다. 이를 위해서 한국교회는 전 아프리카교회협의회(AACC), 라틴아메리카교회협의회(CELAM), 아시아기독교협의회(CCA) 등 대륙별 교회협의회를 더욱더 활성화하는 데 기여할 방안을 모색하고 실천해야 한다.

최근에 출간된 『에큐메니칼 협력선교: 정책, 사례, 선교신학』은 예장(통합) 총회가 현지 교회와 선교협정을 체결하여 이룬 에큐메니칼 협력선교의 사례 9가지를 제시하고 있다. 그중 위의 국가에 해당하는 사례는 서울북노회와 필리핀그리스도연합교회의 타칼록서남노회, 메콩 강과 인도차이나에서의 에큐메니칼 협력선교(CCA), 영등포노회와 가나장로교회와 독일 팔츠주 교회의 에큐메니칼 협력선교, 멕시코에서의 에큐메니칼 협력선교 등이다.[30]

남반부 교회 중심의 신학함을 위해 제3세계 신학자들이 주도하는 에큐메니칼 신학자 모임인 제3세계신학자에큐메니칼협의회(Ecu-

---

[30] 한경균, "필리핀에서의 에큐메니칼 협력선교," 75-90; 허춘중, "메콩, 인도차이나에서의 에큐메니칼 협력선교," 105-118; 이명석, "영등포노회 · 가나장로교회 · 독일 팔츠주 교회의 에큐메니칼 협력선교," 129-138; 홍인식, "멕시코에서의 에큐메니칼 협력선교," 139-148, 황홍렬 편저, 『에큐메니칼 협력선교: 정책, 사례, 선교신학』(서울: 꿈꾸는 터, 부산장신대 세계선교연구소, 2015). 다른 사례는 이종실, "체코에서의 에큐메니칼 협력선교," 41-52; 홍경환, "태국에서의 에큐메니칼 협력선교," 53-74; 김병호, "재일대한기독교회의 에큐메니칼 선교," 91-104; 이원재, "동아프리카장로교회와의 에큐메니칼 협력선교," 119-128; 김성기, "쿠바에서의 에큐메니칼 협력선교," 149-161, 등이다.

menical Association of Third World Theologians, 이하 EATWOT)가 현실을 분석하고, 그 맥락에서 교회의 선교 과제를 식별하고 그런 흐름 속에서 신학을 재구성하려 한 것을 참고해야 한다. 1976년에 창립된 EATWOT는 1977년에 아프리카, 1979년에 아시아, 1980년에 라틴 아메리카 대륙에서의 현실분석과 교회의 관계와 신학을 재구성하고자 했다. 1981년에 EATWOT는 세 대륙 사이의 신학의 차이점과 공통점을 찾으려 했고, 1983년에는 제1세계 신학과 제3세계 신학 사이의 차이점과 공통점을 찾으려 했다.[31]

상호문화화의 관점에서 볼 때 서구의 전통신학도 지역신학이고, 현대의 모든 신학도 지역신학이다.[32] 지역 상황에 따라 신학이 다르지만 제3세계 신학들은 비슷한 고민을 하고 있다. 문화를 강조하는 문화화와 해방을 강조하는 상황화 사이의 갈등이다. 아프리카 신학은 문화화와 해방 사이에 갈등이 있다.[33] 라틴 아메리카의 해방신학 역시 해방을 강조하다 문화화와 영성의 문제를 긍정하고 있다.[34] 아시아의 신학 중에는 문화화를 강조하는 C. S. 송과 고수케 고야마가 있는 반면에 해방을 강조하는 민중신학과 달릿신학 등이 있다.[35] 그

---

[31] 황홍렬, "제3세계신학자에큐메니칼협의회의 역사와 선교신학의 의의와 과제," 한국선교신학회 편, 「선교신학」 제9집(2004), 287-320.

[32] Robert J. Schreiter, *Constructing Local Theologies*, 황애경 옮김, 『신학의 토착화』(서울: 가톨릭출판사, 1991).

[33] Emmanuel Martey, *African Theology: Inculturation and Liberation* (Maryknoll, New York: Orbis Books, 1993).

[34] Ignacio Ellacuria and Jon Sobrino (eds.), *Mysterium Liberationis: Fundamental Concepts of Liberation Theology* (Maryknoll, New York, Orbis Books, 1993).

[35] 황홍렬, "아시아 선교신학 서설: 고수케 고야마 선교신학의 주요이슈와 과제," 부산장신대학교출판부, 「부산장신논총」 제11집(2011), 258-292; 황홍렬, "송천성(C. S. Song)의 선교신학의 특징과 과제," 「부산장신논총」 제14집(2014), 318-353; 황홍렬, "인도 달릿 신학에 나타난 생명사상," 이남섭 · 강남순 · 차정식 · 황홍렬, 『제3세계 신학에 나타난 생명사상의 비교연구: 한국 · 인도 · 멕시코의 주변부 신학을 중심으로』

리고 한국의 "선교학은 아시아의 문화와 전통, 한국의 문화와 전통을 해체시키는 과정을 연구하는 것이 아니라 오히려 우리 문화와 전통이 얼마나 기독교적일 수 있을지에 대한 논의에서부터 출발해야 할 것이다."[36]

남반부 중심의 에큐메니칼 운동과 신학함을 위해서는 탈식민주의적 신학교육이 중요하다. 서구신학은 서구 지역에서 나온 지역신학이기 때문에 아시아나 다른 모든 지역의 신학적 기준이거나 보편신학이 될 수 없다. 남반부에서의 신학함의 길들이 신학교육에도 적용되어야 한다. 그리고 가장 급성장하는 아프리카 교회와 라틴 아메리카 교회의 신앙적 성숙을 위해서는 기독교 교육을 강화할 필요가 있다.

동아프리카 장로교회 선교동역자인 이원재 선교사에 따르면 케냐뿐 아니라 아프리카 전역에 기독교교육학과를 운영하는 신학교가 거의 없다고 한다. 그래서 케냐의 대학에 기독교교육학과를 세우고 이를 지원하는 기독교교육연구소를 세우되 자료 수집과 교육과정 개발 및 현지 교수진 양성, 현지인 교수들과 연구소를 공동운영하며 인프라를 구축하고, 현지 교단이 주체가 되고 한국교회가 돕는 3단계의 프로젝트를 한국교회(주님의 교회) 지원으로 진행 중에 있다.[37] 신학교육에서 기독교교육의 부재는 아프리카 교회에 국한된 것이 아니라 라틴 아메리카 교회의 문제이기도 하다.[38]

(서울: 생각의 나무, 2002), 170-242; 제3세계 신학에 대해서는 딘 윌리엄 펌 엮음, 강인철 옮김, 『제삼세계의 해방신학』(왜관: 분도출판사, 1993); 서창원, 『제3세계신학 – 현대신학의 새로운 지평』(서울: 대한기독교서회, 1993)을 참조하라.

36 김상근, 『선교학의 구성 요건과 인접학문』(서울: 연세대학교출판부, 2006), 42.

37 이원재, "동아프리카 장로교회와의 에큐메니칼 협력선교," 황홍렬 편저, 『에큐메니칼 협력선교: 정책, 사례, 선교신학』, 124-125.

2) 여성 선교

여성 선교의 성서적 전거는 베다니에서 예수의 머리에 향유를 부은 여인(막 14:3-9)에게서 찾을 수 있다. 선교 역사에서 여성의 등장은 상당한 저항을 받았다. 여성 선교사는 19세기 초엽에는 받아들여지지 않았으나 19세기 중엽부터 받아들여지기 시작한 후 19세기 말에 가서는 남성 선교사를 능가하기 시작했다.[39] 그런데 서구 교회와 비서구 교회 모두 여성이 교회 구성원의 2/3를 차지한다. 왜 교회의 다수를 남성이 아니라 여성이 차지하는가? 여성들은 혼자라도 교회에 출석하지만, 남자들은 가족들과 함께 출석하는 경우가 많다. 미국의 제2차대각성운동 당시 여성들은 남편과 자녀를 교회로 인도했다. 데이나 로버트는 여성이 남성보다 교회에 더 많이 출석하는 이유를 세 가지로 제시했다. 첫째, 여성들은 교회 안에서 여성 사이의 유대를 발견하고, 가족 안에서 자신의 역할에 대해 지지를 받으며, 때로는 가부장적 사회의 압력이 경감됨을 느끼기도 한다. 둘째, 여성들은 교회에서 치유를 기대하고, 복지가 증진되며, 공동체나 가족과 화해가 이뤄지기를 바라기 때문이다. 셋째, 여성들은 사회가 가부장적일지라도 교회 안에서 여성의 지도력을 위한 길을 만들어낼 수 있기 때문이다.[40]

데이나 로버트에 따르면 20세기 여성 선교는 첫 20년 동안 상당한 발전을 했는데 이는 어느 정도 성역할 분담에 기인한다. 즉 "여성

---

38 김성기, "쿠바에서의 에큐메니칼 협력선교," 황홍렬 편저, 위의 책, 160.

39 스티브 니일, 홍치모 역, 『기독교선교사』(서울: 기독교문사, 1998), 316-317.

40 Dana L. Robert, "World Christianity as a Women's Movement," in *International Bulletin of Missionary Research*, vol. 30, no. 4(October, 2006), 185.

을 위한 여성의 사역"이라 하여 서구 여성 선교사는 비서구 지역의 여성들의 가정을 찾아가 전도하거나 학교에서 가르치거나 그들을 대상으로 의료선교를 했다. 1920년부터 1945년 사이에 선교구조에서 독립적이던 여성 선교 조직이 남성 조직과 통합됨으로써 여성 선교가 위축되었을 뿐 아니라 근본주의와 자유주의의 신학적 대립의 영향을 받아 여성 선교는 직접적 전도와 교육선교와 의료선교 중 택일하게 되면서 양극화되기 시작했다. 20세기 후반부에 여성 선교는 복음화를 주된 선교방향으로 이해하지만 중국에서 추방된 가톨릭 수녀들이 선교지를 라틴 아메리카로 옮기며 라틴 아메리카의 현실에 부딪치면서 해방신학을 수용하고 해방을 선교의 중요한 목적으로 이해하게 되었다. 20세기 후반부의 여성 선교는 다종교, 다문화 상황에서의 선교라는 도전을 받고 있다. 데이나 로버트는 여성 선교사가 해방의 복음을 전파하지만 교회와 사회의 가부장 문화가 그러한 복음을 방해하는 역설에 처해 있다고 결론을 내린다.[41]

21세기 세계 기독교는 여성이 다수를 차지하는 종교로서 여성의 문제를 신학이나 선교나 목회에서 중심에 두지 않으면 교회 성장은 커녕 교회 유지도 어려울 전망이다. 비서구 교회에서 교회의 쇠퇴와 성(gender)의 관련성에 대한 연구는 아직 없지만, 서구 교회의 경우 그러한 사례가 보고되었다. 영국 교회에서는 기독교 담론에서 성(gender)의 문제를 다루지 않자 여성들이 여성과 관련된 교회의 기준들을 거부하면서부터 영국 기독교 문화가 임종의 고통으로 들어가기 시작했다고 한다.[42]

---

41 Dana L. Robert (ed.), *Gospel Bearers, Gender Barriers: Missionary Women in the Twentieth Century* (Maryknoll, New York: Orbis Books, 2002), 5-28.
42 Callum G. Brown, *The Death of Christian Britain: Understanding Secularization,*

한국교회는 성추문이 꼬리를 물고 이어지고 있으며, 세계 선교 현장이나 탈북자 선교 현장에서도 성추문이 적지 않게 드러나고 있다. 이는 목회자나 선교사의 권위주의와도 관련된 것이지만, 좀 더 근원적으로는 교회, 선교, 신학에 여성의 종교로서의 기독교라는 자의식이 미약하기 때문이라고 생각한다. 박보경은 여성 선교사의 전망으로 상담과 치유사역, 사회복지 사업, 교육가를 제시했고, 여성 선교 지도력 개발을 위해서 독립적 사역자로서의 자기 정체성의 확립, 재교육의 기회 확대, 여성적 특성을 살리는 리더십 함양, 교회와 선교 문화에서의 가부장적 문화의 변화, 선교신학 영역에서의 여성 리더십의 개발 등을 제시했다.[43] 여성이 선교에 적극적으로 참여할 뿐 아니라 여성적 가치가 선교에 반영될 때 세계 선교의 새로운 장이 열릴 것으로 생각한다.

3) 이주민 선교[44]

이주민 선교의 성서적 전거는 나그네 접대(마 25:35)와 나그네로서의 교회(약 1:1)이다. 이주민 선교가 2002년도 미국선교신학회의 주제로 선정된 것은 이민국가인 미국이라는 시각에서 보면 상당히 뒤늦은 감이 있지만 이주민 선교는 21세기 선교의 패러다임으로 부상하고 있다. 유럽에는 1800만 명의 이주노동자와 260만 명의 미등록 노동자가 있다. 이 중 아프리카 출신 기독교 신자는 300만 명이

1800-2000 (London: Routledge, 2001), 195, Dana L. Robert, "World Christianity," 185-186에서 재인용.

43 박보경, 『선교와 여성』(서울: 장로회신학대학교출판부, 2008), 260-266.

44 3)절의 첫 두 문단은 황홍렬, "고용허가제 이후 이주노동자 선교의 과제와 전망," 장로회신학대학교, 『선교와 신학』 제21집(2008), 221-265를 토대로 쓴 것임을 밝힌다.

넘으며, 영국에만 아프리카 출신 교회가 3,000개에 달한다.[45] 제2차
세계대전 이후 파괴된 유럽을 복구하기 위해 주로 이전의 식민지 사
람들을 노동자로 받아들이고 시민권을 부여했지만, 1970년대 초 오
일 쇼크 후 이주노동자를 받아들이지 않았다. 그러나 10년 이상 서구
에서 살아온 노동자들이 가족과 재결합할 권리를 막을 수는 없었다.
결국 이로 인해 이주민이 계속 증가했다. 유럽의 광범위한 이주민 교
회는 이주민이 속한 소수인종, 소수민족에게 선교하고(internal mis-
sion), 세속화된 유럽인을 향한 역선교(reverse mission)를 하고, 유
럽교회와 공동의 선교(common mission)를 행하며, 유럽에서의 급격
한 이슬람화에 공동으로 대처할 수 있다.[46]

　　한편 세계교회협의회의 세계선교와 전도위원회 주관으로 다문화
사회에서의 목회에 대한 국제포럼을 1999년과 2002년에 개최했다.
세계개혁교회연맹은 존 녹스 센터와 함께 교회 일치를 지향하는 다
양한 모임을 가졌는데 2001년에는 제네바에서 재유럽 한인교회들
과 유럽 교회들의 모임을 개최했다. 세계교회협의회 지원으로 1964
년에 창립된 이주민을 위한 유럽교회위원회는 2001년에 제3차 대회
를 열어 이주민 교회와 유럽 교회와의 연대와 협력을 모색했다. 그러
나 대부분의 소위 주류 교회는 이주민 교회를 무시하거나 제대로 인
식하지 못하고 있다.[47] 베르너 칼은 유럽에서 주류 교회(유럽 교회)와

---

[45] Jehu J. Hanciles, "Migration and Mission: Some Implications for the Twenty-
first-Century Church," in *International Bulletin of Missionary Research*, vol. 27,
no. 4(October 2003), 150.

[46] Jan A. B. Jongeneel, "The Mission of Migrant Churches in Europe," in *Missio-
logy* (January 2003), 31-32.

[47] Jean S. Stromberg, "Responding to the Challenges of Migration: Churches
within the Fellowship of the World Council of Churches," in *Missiology* (January
2003), 46-49.

비주류 교회(이주민 교회)라는 이분법은 교회 안에 퍼져 있는 인종차별과 신학적 교만인데, 신학적 교만은 시대착오적이지만, 인종차별은 반복음적이라고 신랄하게 비판했다. 서구 교회가 타종교와 대화한다고 하면서도 유럽에서 공존하는 이주민 교회와 대화하려 하지 않는 것은 잘못된 것이라고 지적했다. 그는 유럽 안에 아프리카와 아시아 출신 그리스도인들의 존재를 유럽 기독교인들에게 필요한 도전으로, 축복으로 보아야 한다고 역설했다.[48]

우리보다는 상대적으로 인권이나 복지 문제에서 나은 조건에서 일하고 살아왔던 이주민, 이주노동자들이 프랑스와 영국과 호주에서 현지 백인들과 심각한 갈등을 일으키고 있다. 2005년 프랑스의 알제리 출신 이민자들의 소요사태, 영국에서 2005년 '런던 7·7테러' 등이 일어났지만 이주민에 대한 사회적 차별이 해소되지 않고, '아랍의 봄'이 민주화로 이어지지 않고 다른 독재자로 대체되며, 시리아 내전이 복잡하게 진행되어 이슬람 국가(IS)와 연계되면서 2015년 11월 13일 파리에서 동시다발 테러가 일어났다. 테러의 원인이 복합적—역사적 문제와 사회적 문제와 국제관계들이 얽힌—이지만 '테러와의 전쟁'이나 폭격을 통해서는 테러를 해결할 수 없다. 테러의 문제를 근원적으로 해결하기 위해서는 서구 교회들이 이주민 교회들과 연대하여 역사적 상처를 치유하고, 사회적 문제 해결을 위한 중재자 역할을 하며, 종교인 사이, 이주민과 원주민 사이의 대화 모임을 확대하는 양자 사이의 다리 역할을 해야 한다. 여기에 세계교회협의회(WCC), 세계복음주의연맹(WEA), 전 아프리카교회협의회(AACC),

---

48 Werner Kahl, "A Theological Perspective: The Common Missionary Vocation of Mainline and Migrant Churches," in *International Review of Mission* vol. XCI, no. 362(2002), 332-338.

라틴아메리카교회협의회(CELAM), 아시아기독교협의회(CCA), 세계 개혁교회커뮤니온(WCRC) 등이 글로벌 차원에서, 국제적 차원에서 이웃종교와 연대하고 협력하는 체제를 만들어야 할 것이다. 한국교회도 이주민 선교에 참여하는 그룹을 통해서 이웃종교와 대화 모임을 만들고 지속하는 것이 요청된다. 평소에 신뢰관계를 형성하고 교제를 하다가 갈등이나 문제가 생겼을 때 문제 해결이나 치유와 화해자 역할을 하는 것이 필요하다.

한국교회의 이주민 선교를 형태별로 보면 교회 부설, 이주민 기관(법인, 비영리민간단체), 이주민 선교기관/센터, 복합 형태, 이주민 교회 순이다. 이주민 선교의 목적은 통전적, 전도, 세계 선교, 인권 향상 및 삶의 질 개선, 교회 개척 순이다. 이주민 선교를 부문별로 보면 이주노동자, 결혼이민여성, 다문화가정 자녀, 유학생, 난민 순이다. 예산 기준으로 보면 소형(2000만 원 미만)이 48%, 대형(5000만 원 이상)이 29%, 중형(2000~5000만 원 미만)이 23%이다. 이주민 선교의 내용으로는 예배, 상담, 한글교실, 성경공부, 진료/의료지원, 법률지원, 공동체/자조모임, 문화교실, 전국 네트워크, 쉼터 순이다.[49]

이주민에 대한 편견을 극복하기 위해서는 '우리 안의 서구 중심주의'를 극복할 뿐 아니라 어린 시절의 가족 의례, 사회적 구조와 문화적 상징에 은폐된 차별과 편견의 구조 등을 식별하고 극복해야 한다. 그리고 이주민, 특히 결혼이민여성은 사회/국가/세계 구조 속에서의 강요와 개인적 선택 사이의 딜레마 상황에 있음, '국가 없음'과 '문화적 응시' 사이에 있는 존재, 혼종적 정체성, 보이지 않는 존재지만

---

[49] 황홍렬·노일경·정노화·박홍순·한진상, 『이주민선교 기초조사보고서』(서울: KD한국교회희망봉사단, 2013).

저출산 고령화 사회의 대안으로 국가에 의해 선택적으로 포섭되는 존재라는 것을 이해해야 한다. 이주민 선교의 유형으로는 개종 유형, 회심 유형, 환대 유형, 역전된 선교 유형, 소수자 선교 유형 등이 있다. 이주민/다문화가정 선교의 과제는 하나님의 사랑으로 돌보면서 신뢰 관계를 형성하기, 가부장제를 극복하고 문화 차이를 이해하는 가정 만들기, 이주민에 대한 편견을 극복하는 교회 교육, 자녀 교육 프로그램과 부부 프로그램, 아버지 학교 등 필요한 프로그램 개발, 결혼이민여성 교육 및 취업 지원, 이주민의 다양한 문화 이해 및 만민이 기도하는 집으로서의 교회 이해 및 형성, 지역 단위로 이주민 선교 네트워크 형성, 정부의 적절한 지원요청 등이다.[50] 4개 대륙 5개국(가나, 독일, 미국, 인도, 한국) 신학생들의 '문화 간 성서읽기' 같은 신학교육은 다문화 사회를 이해하고, 이주민 선교를 하기 위해서는 아주 소중한 사례이다.[51] 다문화, 이주민을 지역교회가 품으려면 이주노동자와 결혼이주여성의 벗, 이주민의 벗이 되어야 하고, 교육의 초점을 소수자에서 다수자인 한국인, 한국 교인으로 전환해야 한다.[52]

이주민 선교를 세계 선교와 연계한 사례로는 대구 외국인노동자인권센터(소장 김경태)와 사천다문화통합지원센터(소장 이정기)를 들 수 있다. 대구 외국인노동자인권센터는 2006년 스리랑카에 대구랑카 센터를 건립하여 지역 주민을 대상으로 컴퓨터 교육, 영어교육, 봉제교육, 어린이집, 의료센터 등을 운영하고 있다. 한국에 있는 스리랑카 이주노동자들이 재정을 지원하고, 귀환한 이주노동자들이 운

<hr>

[50] 황홍렬, "부산·경남지역 이주민 현황과 이주민선교의 과제 – 결혼이주여성/다문화가족을 중심으로," 한국선교신학회 편, 「선교신학」 제29집(2012), 232-253.

[51] 오현선, "하나의 신학교육 사례로서의 '문화 간 성서읽기'," 강성열·박흥순·오현선·황홍열, 『다문화사회와 한국교회』(서울: 한들출판사, 2010), 109-133.

[52] 박흥순, 『지역교회 다문화를 품다』(서울: 꿈꾸는 터, 2013), 125-135.

영을 주도하고 있다. 2009년에는 인도네시아에 교육센터를 세워 비슷한 활동을 하고 있다. 필리핀에는 농아인 센터를 건축 중에 있다.

사천다문화통합지원센터(소장 이정기)는 이주민의 가족들에게 영상 편지를 전달하는 사랑의 배달부 프로젝트를 현지 선교사와 연계하여 실시하고 있고, 청소년들이 인도네시아 고등학교를 방문하여 그곳 학생들 대상으로 문화박람회를 개최하는 외교부 공공외교관 프로젝트도 실시하고 있다. 공공외교관 프로젝트가 세계 선교와 연계되는 것은 청소년들이 인도네시아 학생들과 관계 맺기를 하는 것 외에 공정여행(현지인과 관계 맺기), 생명선교(태양광 설치 지원, 현지 환경 문제 조사 파악)를 통합적으로 실시하기 때문이다.

4) 화해로써의 선교(치유, 평화공동체)[53]

호세 콤블린에 따르면 로마서와 고린도후서, 골로새서, 에베소서 등에 나타난 화해는 기독론적, 교회론적, 우주적 차원 등 세 가지 화해가 있다고 한다.[54] 기독론적 차원은 하나님께서 세상을 자신과 화해시키는데 그 중개자가 그리스도라는 것이다. 교회론적 차원은 그리스도께서 유대인과 이방인을 화해시켜 새 백성, 공동체(교회)를 만드셨다는 것이다(엡 2:14). 우주론적 차원은 그리스도께서 땅 위에 있는 것과 하늘에 있는 것들 사이에 화해를 이루셨다는 것이다(골 1:20).

---

53 황홍렬, 『한반도에서 평화선교의 길과 신학: 화해로써의 선교』(서울: 예영 B&P, 2008), 7장과 8장을 토대로 쓴 글임을 밝힌다.

54 Jose Comblin, "O tema de reconciliacao e a teologia na America Latina," *Revista Eclesiastica Beasileira* 46, no. 182(1986), 272-314; Robert J. Schreiter, *Reconciliation: Mission & Ministry in A Changing Social Order* (Maryknoll, New York: Orbis Books, 1992), 42ff.

로버트 슈라이터는 화해에 사회적 측면과 영성적 측면이 있음을 구별하고, 화해 사역의 4단계로 동반, 환대, 연결 짓기, 위임을 제시하며, 화해를 위한 교회의 역할로 과거의 폭력에 대한 직·간접적인 지지를 참회하고, 교회 안에서의 화해를 먼저 이루며, 피해자들이 요청할 때만이 교회가 그들의 화해 과정에 참여할 수 있다고 했다.[55]

미라슬로프 볼프는 화해를 배제로부터 포용으로 나아가는 것으로 여긴다.[56] 그는 포용의 은유를 통해 삼위일체 하나님의 자기를 내어주는 사랑의 상호성(신론), 하나님 없는 사람들을 위해 십자가에서 팔을 벌리신 그리스도(기독론), 탕자를 받아들이고 포용하는 아버지의 열린 팔(구원론) 등 세 가지 주제를 연결했다. 배제에는 제외, 동화, 포기 등 세 가지 형태가 있다. 그는 화해의 네 단계로, 죄 고백, 용서, 타자를 위한 공간 만들기, 기억의 치유를 들었다. 그레고리 존스는 용서의 신학적 기초를 삼위일체 신론으로 제시하고, 용서의 자원으로 세례, 성만찬, 기도와 치유를 들었다.[57] 도날드 슈라이버는 용서의 네 가지 요소로 과거 잘못된 행위에 대한 도덕적 판단, 보복에 대한 억제, 원수의 인간성에 대한 공감, 깨어진 인간관계에 대한 회복 등이다.[58]

화해론의 요점을 정리하면 우선 슈라이터는 가해자의 죄 고백을

---

[55] Robert J. Schreiter, *The Ministry of Reconciliation: Spirituality & Strategies* (Maryknoll, New York: Orbis Books, 1998), 4, 88ff.

[56] Miroslav Wolf, *Exclusion & Embrace: A Theological Exploration of Identity, Otherness, and Reconciliation* (Nashville: Abingdon Press, 1996).

[57] L. Gregory Jones, *Embodying Forgiveness: A Theological Analysis* (Grand Rapids: William B. Eerdmans Publishing Company, 1995), 133-134, 163-204.

[58] Donald W. Shriver Jr., *An Ethic for Enemies: Forgiveness in Politics* (New York, Oxford: Oxford University Press, 1995), Introduction, 7-9. 그는 미국과 독일 사이의 화해를 보복 절제의 시각에서, 미국과 일본 사이의 화해를 공감의 시각에서, 백인과 흑인 사이의 화해를 정의와 용서의 시각에서 분석했다.

듣기 전에라도 피해자가 용서를 해야 한다고 본 반면, 볼프는 자기를 내어주는 사랑과 동시에 불의와 억압에 저항해야 한다고 했다. 그런데 슈라이터도 정권이 교체된다는 전제조건이 있기 때문에 큰 차이가 없다고 할 수 있다. 그런데 무조건적인 용서는 하나님의 용서를 닮았고, 조건적인 용서는 인간의 용서와 같다. 용서와 치유는 화해와 평화라는 큰 틀 안에서 바라보아야 한다.[59] 용서와 화해는 인간에게서 시작한 것이 아니라 하나님의 선물이다. 그러나 그 선물은 하나님으로부터 인간에게 덤으로 주어지는 것이 아니라 삼위일체 하나님 자신의 본질로부터 주어진다. 화해가 하나님의 역사이기 때문에 화해는 인간의 전략이라기보다는 영성이다. 영성은 이 세상에서 하나님의 화해시키는 행동을 인식하고, 그에 대응하는 세계관이며 그런 삶의 방식이다. 용서나 화해는 갈등이나 분쟁의 상황에서 행하는 일회적 행동이 아니라 용서받고 하나님과 화해한 하나님의 자녀로서 용서를 하고 화해를 실천하는 것을 본질로 하는 치유공동체, 화해공동체의 식구이기 때문에 훈련을 통해 몸에 밴 습관이 되어야 한다.

이러한 화해론은 남아프리카공화국처럼 흑백 차별 정권이나 군부독재 정권, 북아일랜드나 인도네시아처럼 종교 간 갈등, 팔레스타인과 이스라엘의 갈등, 혹은 냉전 종식 이후의 소위 '인종청소'나 인종 간 갈등에서 빚어진 대학살로 받은 고통을 치유하고 화해를 이루기 위한 국가에 적용된다.[60] 우리나라는 남북으로 분단된 지 70년이

---

59 Gerladine Smyth, O. P. "Brokenness, Forgiveness, Healing, and Peace in Ireland," in Raymond G. Helmick, & Rodney L. Petersen (eds.), *Forgiveness and Reconciliation: Religion, Public Policy and Conflict Transformation* (Radnor: Templeton Foundation Press, 2002), 332.

60 참된평화를만드는사람들 편저,『다름의 평화 차이의 공존: 분쟁지역에서의 평화 만들기와 선교』(서울: 동연, 2009), 이 책은 인도네시아와 팔레스타인, 동티모르, 남아공,

되었고, 한국전쟁이 끝난 지 65년이 되었지만 아직도 남북 사이에 화해가 이뤄지지 않고 지구상에 유일한 분단국가로서 21세기를 맞이했다. 한반도에서 화해론은 21세기 선교론의 패러다임으로 유용하며 민족의 화해가 이뤄질 때 한반도의 평화, 동북아의 평화, 세계평화가 달성될 것으로 보고 한국교회가 남북의 화해를 위해 노력해야 한다.

그런데 화해로부터 평화로 나아가려면 평화에 대한 소극적 이해로부터 적극적 이해로 전환해야 한다. 요한 갈퉁은 적극적인 평화를 이해하기 위해서는 문화적·경제적·군사적·정치적 폭력에 대한 이해뿐 아니라 네 가지 힘에 대한 이해가 필수적이라 말한다. 즉 위의 네 가지 분야에서 각각 소극적 평화뿐 아니라 적극적 평화를 실현할 때 평화가 정착될 수 있다고 한다.[61] 이와 같이 적극적 평화의 시각에서 볼 때 한반도의 평화를 위해서는 비폭력 대화, 평화를 위해 일하는 사람들(주도권 전환), 평화교육, 폭력 희생자에 대한 돌봄과 폭력예방 프로그램, 평화의 메시지 전달자로서의 미디어, 공적 영역에서의 평화선교, 갈등/분쟁 지역에서의 평화선교 전략 등이 필요하다.[62]

예장(통합) 총회의 치유와 화해의 생명공동체운동10년(2012~2022년)은 '생명살리기운동10년(2002~2012년)을 잇고, WCC 제10차 부산총회의 주제인 생명, 정의, 평화를 수용하여, 생명세계의 두 기둥인 정의와 평화가 입 맞추는 과정을 치유와 화해로 이해하고, 생명살림을 목적으로 치유와 화해를 영적, 사회적, 생태적 차원에서 이루는 운동이다.

북아일랜드, 한반도에서의 분쟁이나 갈등 현황과 평화선교 현황과 과제를 다루고 있다.
[61] 요한 갈퉁, 강종일 외 4인 옮김, 『평화적 수단에 의한 평화』(서울: 들녘, 2000).
[62] 황홍렬, "한반도에서 남북의 화해와 평화통일을 위한 한국교회의 평화선교 과제," 한국선교신학회 편, 「선교신학」 제32집(2013), 342-352.

5) 생명선교[63]

생명선교의 성서적 전거는 양들에게 생명을 얻게 하되 풍성히 얻게 하신다는 말씀이다(요 10:10). 생명선교는 하나님의 선교와 떼려야 뗄 수 없는 관계다. 즉 생명선교의 주체는 삼위일체 하나님이시다. 교회는 하나님의 선교에 참여하는 한 교회가 된다. 한편으로 신앙공동체는 하나님과의 내밀한 관계 속에서 하나님에게서 생명을 부단히 얻고 풍성한 생명을 누리게 된다. 다른 한편으로 신앙공동체는 피조물의 생명을 살리고 풍성하게 하는 하나님의 선교에 동참한다. 그런데 후자는 전자에 의존한다. 그래서 선교는 항상 영적 각성에서 비롯된다. 생명선교도 영적 갱신에서 시작해야 한다. 그리고 하나님의 선교에서 중요한 것은 피조물의 생명을 도적질하려는 강도와 절도를 식별하는 일이다.

21세기 생명의 위기를 초래하는 죽임의 문화와 경제는 영적 위기, 성장 중심의 개발논리, 맘몬 숭배, 세계화, 종교의 오용, 분단체제,[64] 신자유주의적 지구자본주의, 가부장제, 인종차별, 성차별, 다양한 사회적 차별, 인간 중심주의, 개교회주의, 교회 중심주의 등이다. 지구 자본주의의 가장 큰 특징은 "시장의 초국적화"(transnationalization)[65]이다. 그리고 "새로운 제국주의 시대에서" "사실상의 세계 정부"[66]는 브레튼우즈 기구들(IMF, 세계은행), 세계무역기구(WTO), 선

---

[63] 4)절은 황홍렬, "신자유주의적 지구화 시대의 생명선교," 참된평화를만드는사람들 편저, 『신자유주의 시대, 평화와 생명선교』(서울: 동연, 2009), 74-117을 토대로 쓴 글임을 밝힌다.

[64] 대한예수교장로회총회, 「생명살리기운동10년 시행핸드북」(미간행 자료집), 1.

[65] Ulrich Duchrow, *Alternatives to Global Capitalism: Drawn from Biblical History, Designed for Political Action* (Utrecht: International Books, 1995), 69-75.

진서방 7개국(G7)으로 구성되며, 그들의 목적은 상업은행, 보험회사, 초국적 기업의 이익을 보호하는 것이다. 세계 정부의 세 가지 주요 원리는 "금융 시장의 탈규제화, 신자유주의적 통화주의와 안보 전략(중강도 전쟁 전략)"[67]이다. 신자유주의적 지구화 시대 빈곤의 특징은 빈곤의 세계화, 빈곤의 여성화, 빈곤으로부터 사회적/전 지구적 배제 등이다.

생명선교가 이전의 어떤 선교론이나 선교신학과도 다른 점은 인식론에서 남녀, 빈부, 생사 등 이분법을 넘어서고, 지배/피지배 또는 주인과 노예라는 도식도 넘어서며, 모든 존재가 상호 연결되어 있으며 상호의존한다고 보고, 이익이 아니라 생명을 중시하는 경제관·세계관을 지니고 있기 때문이다. 세계관의 변화는 첫째, 서구의 기계적 세계관을 넘어서서 아프리카의 생명 관점을 수용하는 생명 중심적 세계관이다.[68] 둘째, 아메리카 인디언들은 지구생명공동체의 생존을 위해서는 서구의 시간 중심 세계관에서 자신들의 공간 중심 세계관으로의 변화를 요청한다.[69] 셋째, 여성생태학적 관점이다.[70]

---

[66] N. Chomsky, *World Orders, Old and New*, 178; U. Duchrow, *Alternatives to Global Capitalism*, 118-119의 도표 참조.

[67] U. Duchrow, *op. cit.*, 107.

[68] Harvey Sindima, "Community of Life: Ecological Theology in African Perspective," in Charles Birch, William Eakin, Jay B. McDaniel (eds.), *Liberating Life: Contemporary Approaches to Ecological Theology* (Maryknoll, New York: Orbis Books, 1991), 142-146.

[69] George Tinker, "The Full Circle of Liberation: An American Indian Theology of Place," in David G. Hallman (ed.), *Ecotheology: Voices from South and North* (Geneva, Maryknoll, New York: WCC Publications, Orbis Books, 1995), 218-224.

[70] Aruna Gnanadason, "Women, Economy and Ecology," 170-84, Rosemary R. Ruether, "Eco-feminism and Theology," in David G. Hallman (ed.), *Ecotheology: Voices from South and North*, 199-204.

생명선교에서는 생태계 선교도 중요하지만 경제학이 생태계 선교와 함께 가야 하고, 인간 구원이나 역사 중심이 아니라 인간 구원과 피조물 구원이 함께 가는 것이 생명선교의 핵심이라고 생각한다. 신자유주의적 지구화는 생명을 위협하는 가장 심각한 도전의 하나다. 이에 대항하기 위해서 교회는 이웃종교뿐 아니라 전 지구적 차원의 시민사회·사회단체들과의 연대가 필요하다.[71]

생명선교는 피조물의 생명을 살리시고 풍성하게 하시는 하나님의 선교다. 생명선교의 주체는 삼위일체 하나님이시고, 목표는 피조물의 생명의 구원과 풍요로움(하나님 나라)이며, 교회는 그 동역자가 되어야 한다. 교회는 이러한 선교에 참여하기에 앞서서 먼저 하나님과의 올바른 관계를 형성하여 영적 쇄신을 이뤄야 한다. 그리고 교회는 피조물의 생명을 도둑질하는 강도나 절도에 대해 제대로 식별해 물리쳐야 한다. 피조물의 생명을 얻고 풍성하게 하기 위해 필요한 것은 치유와 화해와 통일, 봉사, 대안 경제체제 수립, 생명문화 건설, 올바른 교육 등이다. 피조물의 삶은 또한 경제, 살림살이와 밀접한 관련이 있다. 라틴어 경제(*oikonomia*)는 집(*oikos*)과 법(*nomos*)의 합성어다. 경제는 집안 살림살이를 잘 관리하는 것이다. 결국 피조물의 생명을 회복하고 풍요롭게 하는 것은 경제를, 피조물의 살림살이를 하나님의 뜻대로 펼치는 것이다. 양식은 생명의 기초이고, 인간 존엄성은 생명의 선물이며, 정의는 생명의 규칙이고, 샬롬은 생명의 목표다.[72] 경제(economy)를 바르게 하는 것은 생태계의 보존(ecology)과

---

71 황홍렬, "지구화 시대 시민사회운동과 기독교선교," 『지구화 시대 제3세계의 현실과 신학』(전북: 한일장신대, 2004), 234-259.

72 S. Wesley Ariarajah, "Time for Fullness of Life for All," in *CTC Bulletin*, Vol. XVII, No. 1, January 2001. 7-10.

밀접한 관련이 있고, 이 모든 것이 교회 일치와 연합(ecumenism)의 과제다. 이를 위해서는『오래된 미래』와 같은 비서구 세계의 문명관, 원주민의 세계관을 배울 필요가 있다.[73]

지구화 시대 기독교 선교 과제는 세 가지 차원에서 제시할 수 있다. 첫째, 국제적 또는 지구적 차원에서 초국적 금융투기자본을 규제하고 국제금융기구들을 개혁하며 빈국의 외채를 탕감하고, 생물종 다양성을 지키고 생태계를 보존하는 데 협력하며, 전 지구적 차원에서 민주주의를 정착시키는 일이다. 둘째, 국가적 차원에서 지구화의 거센 파도를 막아 희생자들을 돌보고, 생태계를 보존하며, 대안적 경제를 만들어가며, 거기에 적합한 민주제도를 정착시키는 일이다. 셋째, 지역사회에서 지역사회의 가난한 자들을 돌보고, 지역문화를 살리고 지역공동체의 자립적이며 민주적인 살림살이를 만들어내며, 지역의 생태계를 보존하는 일이다. 이 세 가지 과제는 교회들이 이웃 종교와 지구적, 또는 국제적, 국가적, 지역 단위의 시민·사회운동 단체들과 연대하고 협력할 때만이 이룰 수 있는 일이다.

위의 세 과제는 얼마나 여성과 가난한 자들이 이와 같은 과제의 주체가 되는가, 이들에게 공감하는 그리스도인들과 이웃종교인들과 시민·사회 단체들이 세 과제를 시행하는 과정에서 얼마나 상호 배움과 상호변형을 이루는가 그리고 지역의 살림의 문화와 살림의 경제에 적합한 문화와 전통을 되살릴 수 있는가에 달려 있다. 이 과정에서 교회는 성서의 안식일, 안식년, 희년 전통을 이어 지역사회와 국가와 지구의 대안 경제 수립과 생태계 보존을 하는 데 기여해야 하고,

---

73 생명선교를 통전적 선교의 관점에서 제시한 것으로는 임희모,『생명봉사적 통전선교: 동·동남아시아 중심』(서울: 도서출판 케노시스, 2011); 임희모,『한국교회 생명선교 신학과 통전선교전략』(서울: 도서출판 케노시스, 2013)을 보시오.

다른 문화와 종교 전통으로부터 성서와 교회를 어떻게 새롭게 볼 수 있는가를 배울 수 있어야 한다.

하나님 나라는 먼저가 된 자가 나중 되고, 나중 된 자가 먼저 되는 나라이기 때문에 현재 세계 질서에서 가장 나중 된 자와 같은 농민들이 생명선교에 앞장서고 있다. 그래서 많은 농민선교 현장이 생명선교 현장의 모범으로 부상하고 있다.[74] 그 외에도 농민선교 현장을 포함한 다양한 지역사회 선교현장이 생명목회 현장으로 제시되고 있다.[75]

기독교환경운동연대는 환경학교, 환경통신강좌, 생명길 좁은문 운동 십계명, 환경목회 지침서 제작, 2000년 기독교환경선언, 새만금살리기운동과 반핵평화운동, 빈그릇 생명밥상운동 등 다양한 실천운동을 전개해왔다.[76] 그리고『녹색의 눈으로 읽는 성서』,『자연과 인간의 아름다운 만남』,『기후붕괴 시대, 아주 불편한 진실 조금 불편한 삶』 등을 출판했다. 기독교환경운동연대는 녹색교회[77]를 선정함으로써 환경보전을 실천하는 교회를 격려하고 확대하고자 했다. 한편 후쿠시마 핵발전소가 2011년에 4기가 폭발한 것을 계기로 탈핵

---

74 대한예수교장로회총회 농어촌부 농어촌선교연구소,『생명을 살리는 농어촌선교』(서울: 대한예수교장로회총회 농어촌부, 2003); 한경호 엮음,『생명의 영성이 약동하는 농촌교회 현장이야기』(서울: 미션아카데미, 2008); 예장농민목회자협의회 편,『농민과 함께 농촌교회와 함께: 예장 농목 20년의 발자취』(서울: 한국장로교출판사, 2008); 강성열 엮음,『농어촌 선교현장과 생명목회』(서울: 한들출판사, 2009).
75 최병성 · 남상도 · 정원범 외,『생명운동과 생명목회』(서울: 동연, 2014); 한국기독교장로회목회와신학연구소,『말씀과 교회』제48호(2010)는 생명목회를 특집호로 제작되었다. 101-155.
76 성백걸,『하나님 자연 사람 그 창조의 숨결: 기독교환경운동연대 25년사』(서울: 기독교환경운동연대, 한들출판사, 2008).
77 예장녹색교회협의회, (사)한국교회환경연구소 함께 엮음,『녹색교회와 생명목회』(서울: 동연, 2013).

에 대한 관심이 높아져 가고 있다.[78] 〈핵없는 세상을 위한 그리스도 인연대〉 등과 부산YWCA를 비롯한 수많은 시민단체들이 참여하여 고리 원전 1호기의 재연장을 저지했다.

6) 한민족 디아스포라 선교

한국교회의 세계 선교는 유형별로 보면 크게 세 가지로 나뉜다. 첫째, 1980년대 중반까지의 이민교회 목회 유형이다. 소수의 예외를 제외하면 이 시기까지 한국교회의 선교는 대체로 이민교회 목회를 중심으로 하고 있었다. 둘째, 타문화권 선교가 1980년대 후반부터 본격적으로 전개되기 시작했다. 셋째, 1980년대 중반부터 교단 간 선교협력을 맺으며 시작되는 에큐메니칼 선교동역 유형(missionary co-worker)이다. 그런데 일부 교회나 선교단체는 타문화권 선교만을 참 선교로 이해한다. 그러나 세 가지 선교 유형은 나름대로의 장단점이 있다. 이민교회 목회는 한인 목회자가 아니면 감당할 수 없는 부분이 있다. 타문화권 선교를 통해 현지인들의 문화를 존중하는 선교활동을 통해 현지 교회의 성장과 성숙에 기여할 수 있다. 에큐메니칼 선교동역을 통해 현지 교회 안에 지닌 자원을 선교 동역자의 시각을 통해 새롭게 배울 수 있고, 한국교회 안에 있는 문제를 새롭게 깨달을 수 있다. 반면에 이민교회 목회는 현지교회와 협력이 안 될 경우에는 그리스도 안에서의 일치를 이루지 못하고 물과 기름처럼 겉돌 수 있다.

---

[78] 황홍렬, "탈핵 세상을 향한 생명선교의 과제," 부산장신대학교출판부, 「부산장신논총」 제13집(2013), 257-305.

타문화권 선교는 서구 선교사처럼 온정주의적으로 접근하는 경우 실패하거나 경쟁과 중복 사업 등 많은 문제를 일으킬 수 있다. 에큐메니칼 선교동역은 교단 간에 협조가 이뤄지지 않거나 양 교단 가운데 역량이나 여러 면에서 비대칭적인 경우 문제가 생길 수 있다. 이를 보완하고 장점을 극대화하기 위해서는 세 유형을 통합하는 것도 바람직하다. 특히 우리나라와 같이 전 세계적으로 700만 명이 디아스포라로 흩어진 경우 그 시너지 효과는 좋은 열매를 맺을 수 있다. 즉 통합형은 한국교회와 현지 교회, 이민 교회가 협력하되 선교사를 이민 교회 2세 가운데 선발함으로써 언어와 문화의 문제를 해결하고, 현지의 문제를 선교적 과제로 수용하되 세 교회가 협력하는 새로운 패러다임이다. 1992년 소위 'LA 폭동'을 예로 들면 한국교회와 미주한인교회, 미국장로교회가 한인교회 2세 가운데 선교사를 선발해 흑인이나 히스패닉을 위한 선교활동을 하도록 세 교회가 협력할 수 있다. 이 때 흑인 교회나 히스패닉 교회와 협력할 수 있다.

나가는 말

이제까지 21세기 세계 기독교의 변화를 수용하는 새로운 선교 패러다임을 제시하려 했다.

첫째, 과거의 패러다임으로 제시된 영혼 구원, 교회 개척, 하나님의 선교를 제시했다.

둘째, 종교의 변화된 지형, 기독교의 변화된 지형, 냉전 종식과 신자유주의적 지구화, 다문화·다종교 사회에서의 선교, 이주민의 증가, 기후변화와 지구생명공동체의 위기 등을 21세기 선교의 지형변화로 제시했다.

셋째, 21세기 선교의 새로운 패러다임으로는 남반부 중심의 선교, 여성 선교, 이주민 선교, 화해로써의 선교, 생명선교, 한민족 디아스포라 선교 등을 제시했다. 서구에서 비서구로 일방적 선교로부터 남반부 교회를 강화하는 남반부 중심의 선교, 교회 구성원의 다수가 여성이기에 여성을 하나님 나라의 일꾼으로, 예수 그리스도의 제자로 강화하는 여성 선교, 전 세계 2억 1천만 명의 이주민 속에서 선교의 주체를 세우려는 이주민 선교, 남과 북, 가해자와 피해자 사이의 화해를 이룸으로써 새로운 미래로 나아가게 하는 화해로써의 선교, 폭력의 문화와 죽임의 경제 속에서 평화의 문화와 생명의 경제를 통해 인류와 피조물의 구원을 이루려는 생명선교 그리고 한국교회의 기존 세 선교 유형을 통합하는 한민족디아스포라 선교를 새로운 패러다임으로 제시했다.

물론 이외에도 다른 선교 패러다임이 가능할 것이다. 그러나 21세기 세계 기독교의 달라진 모습과 변화된 세계의 모습을 반영하는 선교학의 새로운 패러다임으로 이 여섯 가지 모델은 나름대로 의의가 크다. 이런 패러다임을 잘 개발하여 한국교회의 세계 선교에 적용하면 한국교회는 질적 도약뿐 아니라 세계 기독교를 위해 큰 기여를 하게 될 것이다.

참고문헌

강성열 · 박흥순 · 오현선 · 황홍렬.『다문화사회와 한국교회』. 서울: 한들출판사,
        2010.
기독교종합연구원 외 편.『지구화 시대 제3세계의 현실과 신학』. 서울: 한들출판사,
        한일장신대출판부, 2004.
J. A. B. 용어네일. 김경재 · 백종구 · 안재웅 편집.『선교와 선교학』. 서울: 한들출판
        사, 2005.
레슬리 뉴비긴. 최성일 옮김.『선교신학개요』. 서울: 한국신학연구소, 1995.
로버트 J. 슈라이터. 임상필 옮김.『세계화 시대의 교회와 신학』. 페스터스하우스,
        2007.
______. 황애경 옮김.『신학의 토착화』. 서울: 가톨릭출판사, 1991.
박단 엮음.『현대 서양사회와 이주민: 갈등과 통합 사이에서』. 서울: 한성대학교출
        판부, 2009.
임희모.『생명봉사적 통전선교: 동 · 동남아시아 중심』. 서울: 도서출판 케노시스,
        2011.
______.『한국교회 생명선교신학과 통전선교전략』. 서울: 도서출판 케노시스,
        2013.
참된평화를만드는사람들 편저.『다름의 평화 차이의 공존: 분쟁지역에서의 평화
        만들기와 선교』. 서울: 동연, 2009.
______.『신자유주의 시대, 평화와 생명선교』. 서울: 동연, 2009.
테오 순더마이어. 채수일 엮어옮김.『선교신학의 유형과 과제』. 서울: 대한기독교
        서회, 1999.
한경호 엮음.『생명의 영성이 약동하는 농촌교회 현장이야기』. 서울: 미션아카데미,
        2008.
황홍렬.『한반도에서 평화선교의 길과 신학 – 화해로써의 선교』. 서울: 예영 B&P,
        2008.
______. "아프간 사태 이후의 선교는 달라져야 한다." 한국기독교장로회신학연구
        소.『말씀과 교회』 제45호(2008년), 46-87

______. "고용허가제 이후 이주노동자 선교의 과제와 전망." 장로회신학대학교. 『선교와 신학』 제21집(2008), 221-265.

______ 편저. 『에큐메니칼 협력선교: 정책, 사례, 선교신학』. 서울: 꿈꾸는 터, 부산장신대 세계선교연구소, 2015.

Bosch, David J. *Transforming Mission: Paradigm Shifts in Theology of Mission*. Maryknoll, New York: Orbis Books, 1991.

Daryl, Balia & Kirsteen Kim (eds.). *Edinburgh 2010 Witnessing to Christ Today*. Eugene: Wipf & Stock Publishers, 2010.

Duraisingh, Christopher (ed.). *Called to One Hope: The Gospel in Diverse Cultures*. Geneva: WCC Publications, 1998.

Jenkins, Philip. *The Next Christendom: The Coming of Global Christianity*. Revised and Expanded Edition. Oxford: Oxford University Press, 2007.

Johnson, Todd M. & Kenneth R. Ross (eds.) *Atlas of Global Christianity, 1910-2010*. Edinburgh: Edinburgh University Press, 2009.

Kerr, David A. & Kenneth R. Ross (eds.) *Edinburgh 2010: Mission Then and Now*. Eugene: Wipf & Stock Publishers, 2009.

Kim, Kirsteen & Andrew Anderson (eds.) *Edinburgh 2010: Mission Today and Tomorrow*. Oxford: Regnum Books International, 2011.

Robert, Dana L. (ed.) *Gospel Bearers, Gender Barriers: Missionary Women in the Twentieth Century*. Maryknoll, New York: Orbis Books, 2002.

Schreiter, Robert J. *The Ministry of Reconciliation: Spirituality & Strategies*. Maryknoll, New York: Orbis Books, 1998.

Shenk, Wilbert R. (ed.) *Enlarging the Story: Perspectives on Writing World Christian History*. Maryknoll, New York: Orbis Books, 2002.

Walls, Andrew and Cathy Ross (eds.) *Mission in the Twenty-first Century*. Maryknoll, New York: Orbis Books, 2008.

Wolf, Miroslav. *Exclusion & Embrace: A Theological Exploration of Identity, Otherness, and Reconciliation*. Nashville: Abingdon Press, 1996.

선교의 기본 요소들:

성서, 선교 역사, 문화, 종교

2 장

마태복음에 나타난 선교

들어가는 말

'위대한 선교의 세기'라는 19세기에 세계선교는 소위 선교 '대위임령'(마 28:19-20)에 의거해 이뤄졌다. 이후에도 많은 기독교인들은 마태복음의 이 본문을 선교 이해에서 핵심적인 것으로 보았다. 그렇지만 이 본문은 19세기 이전에는 선교의 측면에서 거의 주목을 받지 못했다.

이 글은 "마태의 풍부한 메시지 전체를 재검토하려는 것이 아니라 기독교 선포의 보편적 지평에 직접적으로 관련된 관점들을 분리하"여 살펴보려는 것이다.[1] 즉 마태 기자의 저술동기를 기술하고, 그의 구속사 이해, 그의 교회관 그리고 그의 선교적 교회론과 선교적 제자

---

[1] 도날드 시니어 · 케롤 슈툴뮐러, 최성일 옮김, 『선교의 성서적 기초』(서울: 다산글방, 2003), 404.

도를 소개함으로써 마태복음에 나타난 그의 선교 이해의 큰 흐름을 제시하고자 한다.

1. 전제

선교에서 소위 '대위임령'이 중요하지만 성서 전체와 마태복음의 맥락에서 분리된 선교 이해는 선교에 대한 성서 본문의 이해를 왜곡하거나 선교를 단순한 구호로 전락하게 만들었다.[2] 따라서 '대위임령'을 통한 선교 이해는 마태복음 전체 맥락에서 이해되어야 한다. 즉 필자는 마태복음의 구속사와 기독론, 교회론에 대한 이해가 전제되어야 마태복음에 나타난 선교에 대한 올바른 이해가 나온다고 생각한다. 그리고 마태복음의 선교를 이해하는 데 필요한 구속사와 기독론, 교회론에 대한 이해는 마태복음 기자의 저술 동기와 밀접한 관련이 있다.

둘째, 예수의 공생애 사역은 핵심이 선교적이며, 선교의 내용과 맥락은 하나님 나라, 하나님의 통치라는 전제다.[3] 하나님 나라는 모든 종류의 악에 대해 전면적 공격을 가하되 예수의 치유 이적과 귀신 축출을 통해 나타난다. 예수가 하나님의 사랑에 기초해서 새로운 삶의 가능성을 제공한 대상은 소외된 사람들이다. 예수의 사역은 죄에서의 구원과 질병으로부터의 구원, 영적 구원과 사회적 구원을 구별하지 않고 모두를 포함한다. 용서는 노예 해방과 빚의 탕감을 모두

---

2 데이비드 J. 보쉬, 김병길 · 장훈태 공역, 『변화하고 있는 선교 – 선교신학의 패러다임 변천』(서울: 기독교문서선교회, 2000), 100-103.
3 데이비드 J. 보쉬, 위의 책, 65-70.

포함한다. 예수의 하나님 나라를 위한 사역의 목표는 모든 형태의 소외를 해소하고, 적대와 배제의 벽을 허무는 것이다. 예수는 로마 제국의 통치자들을 직접적으로 비판하지는 않았지만 하나님 나라라는 표현은 정치적이다. 예수는 '나라가 임하옵시며'라는 기도를 통해 세상의 통치를 전복하는 활동을 했다. 이렇게 정치적으로 해석된 사역때문에 예수는 십자가 처형을 당했다.

2. 마태 기자의 삶의 자리와 저술 동기

마태 기자는 마가복음에서 복음서라는 형식뿐 아니라 하나님 나라라는 주요 내용을 빌려왔다.[4] 그런데 복음서의 초점은 예수의 생애가 아니다. 그는 "위기에 처한 (마태) 공동체가 그의 소명과 선교를 어떻게 이해해야 하는지에 대해 그 공동체에게 지침을 제공하기 위한, 주로 그의 선교적인 비전 때문"[5]에 복음서를 저술했다. 바꿔 말하면 마태가 속한 신앙공동체가 어떠한 공동체이고, 어떤 위기에 처해 있으며, 거기에 대해 마태가 어떻게 대답하려 했는지를 이해할 때 비로소 우리는 마태복음의 선교 이해를 바르게 할 수 있게 된다.

마태공동체를 이해하는 것은 마태복음에 나타난 많은 모순들을 해결하기 위해서도 반드시 필요하다. 즉 마태복음이 가장 유대적이라는 학자가 있는 반면, 마태복음의 저자가 이방인일 때만 자연스럽게 생각되는 본문들이 많아 마태복음이 이방인의 특성을 보여준다

---

4 도날드 시니어 · 케롤 슈툴밀러, 위의 책, 409-410.
5 데이비드 J. 보쉬, 위의 책, 103.

는 학자에 이르기까지 마태복음 저자에 대한 상반된 이해가 있다. 선교가 이스라엘에게만 제한되어야 한다는 배타주의적, 특수주의적 입장(10:5-6)과 모든 민족을 대상으로 해야 한다는 보편주의적 입장(28:19)이 마태복음 안에는 다 있다.[6] 선교가 유대인 지향적인지 이방인 지향적인지 견해가 다른 것은 마태공동체의 구성과 관련이 있다. 대부분의 성서학자는 마태공동체를 유대기독교인과 이방기독교인으로 구성된 신앙공동체로 본다. 마태공동체 구성원의 대부분은 유대인 출신 기독교인이었고, 여기에 이교도 출신 기독교인들이 합류하고 있었다.[7] 전자는 유대교에 대해 호의적이고 유대인 선교를 지향한 데 반해 후자는 유대교에 대해 부정적이고 보편적 선교, 이방인 선교를 지향했다.

마태공동체의 이중적 구성원들로 인해 바리새적 유대교에 호의적인 집단과 열광주의적 헬라의 유대기독교의 율법폐기론 사이에 갈등이 있었다. 그렇지만 이런 갈등을 더 복잡하게 만든 것은 역사적 상황이었다. 70년 유대 독립운동의 패배는 마태공동체에 근본적 변화를 초래했다. 예루살렘 성전이 파괴되고, 바리새파 중 엄격한 정통파가 출현하면서 유대기독교인들은 회당에서 축출되었고, 유대기독교인들로 구성된 교회와 유대교와의 관계는 점차 적대적이 되었다. 이런 역사적 격변 속에서 유대기독교인들은 정체성의 위기를 겪었고, 유대기독교인으로부터 이방기독교인으로 교권 이동이 촉진되었다. 마태 기자는 이런 과도기에 유대교와의 연속성을 유지하면서도, 미래를 위해 새로운 길을 여는 작업을 선교 문제의 중심성과 기독론

---

6 데이비드 J. 보쉬, 위의 책, 106-107.
7 클로드 타셍, 백운철·김남철 옮김,『마태오복음서』(서울: 성서와함께, 2001), 21-22.

으로의 집중을 통해 해결하고자 했다.[8] 마태 기자는 이런 갈등 상황 속에 있는 공동체를 향해 탁월한 목회방식과 변증법적 접근을 취했다. 즉 그는 어느 한 집단을 일방적으로 편들지 않는 목회적 방식을 택했고, 유대인 선교와 이방인 선교의 차이를 얼버무리지 않고 신학적으로 상호관련성이 있음을 설명하는 변증법적 접근방식을 취하면서, 유대교와의 연속성과 변화된 상황에 적합한 새 길을 제시했다.[9] 마가와 누가는 "처음에는 유대인 선교로, 나중에는 이방인 선교로"라는 도식을 사용했다. 그러나 마태는 유대인 선교와 이방인 선교를 서로가 겹치는 두 개의 동심원으로 보았다. 이스라엘을 향한 선교가 우선성을 지니지만 동시에 보편적 선교가 열방을 향해 수행되는 한에서 이스라엘을 향한 선교가 올바르게 진행될 수 있다.[10] 마태는 두 선교 사이에 대립적 상호의존성이 있음을 지적하고, 본문(그의 언약 백성에 대한 구약의 약속들)과 상황(이방인 선교에 대한 하나님의 명백한 승인)을 모두 다 수용하며, 마태공동체의 정체성을 선교하는 존재로 제시했고, 예수를 하늘과 땅의 모든 권세를 지닌 분으로 세상 끝 날까지 항상 함께 하는 분으로 제시했다.[11]

3. 마태의 구속사 이해

마태는 율법과 선교에 대해 상이한 이해를 갖고 있으며 새로운 상

---

[8] 도날드 시니어 · 케롤 슈툴뮐러, 위의 책, 405-407.

[9] 데이비드 J. 보쉬, 위의 책, 104-107.

[10] Ferdinand Hahn, *Mission in the New Testament* (London: SCM Press Ltd., 1965), 127.

[11] 데이비드 J. 보쉬, 위의 책, 113, 135-136.

황으로 인해 위기에 처한 공동체 구성원들에게 구속사를 제시함으
로써 이스라엘과의 연속성을 살리면서도 새로운 시대에 적합한 새
로운 비전을 제시했다.[12] 그의 구속사의 중심에는 예수 그리스도가
있다. 예수는 구속사에서 근본적인 전환점이다. 그는 이스라엘 역사
의 절정이며, 새로운 역사의 참된 시작이다. 특히 예수의 죽음과 부
활은 선교적 의미를 상징화하며, 새 시대의 전조가 되는 전형적 사건
이다. 이스라엘에게만 제한되었던 선교활동은 예수의 십자가 죽음
이전의 일이다. 낡은 제한을 넘어선 사건이 예수의 십자가 죽음과 부
활이다. 이 사건들은 새 시대의 전조가 되어 하나님의 은총이 모든
민족에게로 제공된다. 이방인 선교는 역사의 우연이 아니라 역사의
결과이다. 이처럼 유대교의 뿌리와도 연결되면서도 새 시대에 적합
한 새 길을 제시한 구속사관을 뒷받침하는 것은 마태의 기독론이다.
그리고 이러한 구속사관은 자연스럽게 마태공동체로 하여금 이방
선교와 보편 선교로 나아가게 만든다.

4. 마태의 기독론[13]

마태가 제시한 구속사관의 기초는 기독론이다. 그의 기독론은 첫
째, 예수가 이스라엘에 대한 약속의 성취자라는 것이다. 예수는 율법
과 예언을 완성하고 성취한 분이다. 예수의 족보와 탄생과 산상수훈
은 예수를 새로운 모세로 그린다. 구약의 메시아 칭호들이 예수에게

---

[12] 도날드 시니어 · 케롤 슈툴뮐러, 위의 책, 414-418.
[13] 도날드 시니어 · 케롤 슈툴뮐러, 위의 책, 419-429.

적용된다. 예수는 이스라엘과의 계약의 약속들을 완성하고, 이스라엘 역사를 계획된 절정으로 인도한다. 둘째, 예수는 현재의 마태공동체의 삶에 생기를 부여하는 분이고, 그 공동체의 미래의 희망이다. 신앙공동체의 현재와 미래의 희망으로서의 예수는 이를 자신의 현존을 통해 이룬다. 즉 예수는 마태공동체 안에 현존하고, 마태공동체의 선교 속에 현존한다. 공동체 안에 현존하는 예수는 그 안에서 공동체로 하여금 치유와 해방과 용서를 일으키며, 사랑의 계명을 실천하게 하며, 화해와 긍휼의 사역을 계속 이어가게 한다. 공동체의 선교 속에 현존하는 예수는 선교사들이 경험하는 거절과 박해를 통해 예수 자신의 사역과 경험에 동참하게 한다.

특히 선교활동 속에서 겪는 거절을 통해 공동체는 새 시대의 선교 과제를 바르게 이해하고 실천하게 된다. 유대교 지도자들과 백성들이 예수를 거절한 반면에 제자들, 버림받은 자들, 일부 이방인들이 예수 그리스도에 대해 신앙과 회심의 반응을 보였다. 이스라엘 백성은 예수만 거절한 것이 아니라 초대교회의 선교도 거절했다. 그런데 예수와 초대교회의 선교만 거절당한 것이 아니었다. 마태공동체 내부에서조차도 이방인 선교를, 보편 선교를 거절하는 자들이 있었다. 마태공동체는 특수주의적 역사관을 갖고 이스라엘에게만 선교해야 한다는 교인들과 보편주의적 전망에 개방적인 이방인 선교를 하는 교인들로 분열되어 있었다. 분열된 교회에 기독론이 갖는 의미는 예수의 죽음으로부터 부활공동체의 탄생이 나오며, 이스라엘에 대한 선교의 실패로부터 이방인 선교가 나온다는 깨달음이었다. 즉 마태공동체는 예수에 대한 이스라엘 백성의 거절을 통해 이스라엘 백성을 향한 초대교회 선교의 실패가 이방인 선교로 이끈다는 것을 배우게 되었다.

마태는 안팎의 위기에 처한 공동체에게 구속사와 기독론의 제시를 통해 해법을 제시했다. 즉 "유대교 뿌리에 관심을 가지고 있고, 이스라엘에 대한 선교의 실패 때문에 상심한 그리고 여전히 무르익은 이방인 선교의 결과에 관해 근심하는 기독교 공동체에게 그와 같은 기독론적인 역사관은 좋은 소식"임을 부각시켰다.[14]

5. 마태의 선교적 교회론

마태복음에서 예수의 사역의 핵심이 선교적이라면 마찬가지로 마태복음의 교회론은 선교적 교회론이다. 선교적 교회론의 핵심 본문은 28장 18-20절과 10장 그리고 5장 13-16절이다. 5장에 근거한 교회론은 세상에서 소금과 빛 된 교회이다.[15] 즉 교회는 복음을 선포할 뿐 아니라 복음을 실천하며 복음대로 산다는 의미에서 선교의 주체이다. 그렇지만 교회는 완전한 공동체가 아니라 알곡과 가라지가 공존하는 연약한 공동체이다. 이런 연약한 집단을 하나님께서 사용하신 것은 기적과 같다. 교회의 선교 과제는 구심적 방식과 원심적 방식 모두에 의해 수행되어야 한다. 즉 교인들의 착한 행실을 보고 그리스도에게로 오도록 해야 하며, 다른 사람들을 찾아가서 선교를 펼침으로써 그들을 그리스도에게로 인도해야 한다.

10장에 근거한 선교적 교회의 노력은 하나님의 능력과 부름에 뿌리를 두며, 그 범위와 내용은 예수의 선교 범위와 내용을 따라 하나

---

14 도날드 시니어 · 케롤 슈툴뮐러, 위의 책, 430.

15 요하네스 니센, 최동규 옮김, 『신약성경과 선교: 역사적 · 해석학적 관점들』(서울: 기독교문서선교회, 2005), 45-48.

님 나라의 도래 선포, 치유와 해방이다. 교회의 선교는 마지막 시대에 펼쳐지는데 이 시기는 위기와 분열의 시간이다. 선교적 교회는 반대와 박해를 예상해야 하며, 성령의 능력과 생명을 주는 하나님 아버지의 섭리에 의지해야 한다. 선교적 교회의 기초는 마지막까지 함께 하는 부활하신 예수의 정체성이다.[16]

28장에 근거한 선교적 교회는 예수의 권위에 뿌리를 두며, 제자를 삼는 것을 목적으로 한다. 곧 예수에 대한 믿음과 그 기초 위에서 삶의 변화를 촉진해야 한다. 선교적 교회는 보편적이어야 하며, 자비와 긍휼과 화해라는 하나님 나라의 가치가 명백해지는 장소여야 한다. 부활하신 그리스도가 약속하신 그리스도의 현존이 하나님 나라의 완전한 승리에 이르기까지 교회를 유지하고 교회에 생명을 불러일으킨다.[17]

6. 마태의 선교 이해

마태복음의 선교 이해에서 가장 중요한 본문은 '대위임령'이다. 그렇지만 이 본문이 명령인가 아니면 다른 무엇인가? 그리고 초점이 장소인가 아니면 임무를 가리키는 것인가? "가라"는 것이 강조되는가 아니면 "제자 삼으라"는 것이 강조되는가 등에 따라 두 가지 서로 다른 선교 개념이 나온다. 서구의 주요 번역본은 '포류텐테스'(πορευθ εντες)를 "Go ye!"(therefore)〈(그러므로) 너희는 가서〉로 번역함으

---

16 도날드 시니어 · 케롤 슈툴뮐러, 위의 책, 437-438.
17 도날드 시니어 · 케롤 슈툴뮐러, 위의 책, 439-441.

로써 "제자를 삼는 일"보다 "가는 행위"를 더 강조하는 선교 이해가 나타났다. "임무가 아닌 장소가 선교사를 가늠하는 기준이 되어버렸다." 그러나 "제자를 삼는 일"을 강조하면 선교는 "사람들이 어디에 있든지 간에 그들을 주님이신 예수께로 인도하는 것을 의미한다."[18] 희랍어 본문에서 '포류텐테스'(πορευθεντες)는 분사이지 명령형 동사가 아니다. 이를 명령형 동사로 번역하는 것은 본문의 의미를 왜곡할 위험이 있다. "제자 삼으라"는 것이 명령법 동사이고, 본문에서 가장 강조되고 있다. '대위임령'은 선교의 출발이 아니라 제자의 형성과 관련이 있다.[19]

'대위임령'의 세 가지 용어(제자 삼다, 세례 주다, 가르치다)는 마태 선교의 본질을 요약한다. 왜 '대위임령'에는 '전파하다'(9번 사용)라는 동사나 '천국복음을 전파하다'(4번 사용)라는 단어를 사용하지 않는가? '전파하다'와 '가르치다'를 동의어로 여긴 마가와 달리 마태는 '전파하다'는 외부인에게, '가르치다'는 제자들에게 적용했다. 그런데 '가르치다'는 의미는 비인격적 계명에 순종한다는 것이 아니라 그리스도와의 인격적 관계 속에서 예수를 따르고 하나님의 뜻에 복종하는 구체적 결단을 요구한다. 마태는 복음서 전체를 통해 바른 교리를 재는 척도가 바른 행동임을 강조한다. 예수의 참된 제자들은 열매를 맺도록 도전받는다. 이렇게 열매를 맺는 자들이 의로운 자들이고, 열매를 맺지 못하는 자들이 악을 행하는 자들, 외식하는 자들이다. 그런데 마태가 바른 행동과 열매 맺음을 강조하는 것은 마태공동체 안의 두 상반된 집단, 성령을 강조하는 열광주의자들과 율법을 중시하

---

[18] 요하네스 니쎈, 위의 책, 34-36.

[19] Lucien Legrand, *Unity and Plurality: Mission in the Bible* (Maryknoll, New York: Orbis Books, 1990), 79.

는 율법주의자들 모두가 행동보다는 말을 선호하는 경향이 있기 때문에 이에 대한 대응으로 제시했다.[20]

마가복음에서 선포는 복음의 즉각적인 충격에 의존하고 있다. 반면에 마태복음에서 선교는 성례전, 지속적인 제자 형성, 새로운 의에 적합한 윤리 등 장기적인 프로그램이다. 이는 오랜 선교적 경험과 교회가 제자화를 실천하면서 발전시킨 결과이다. 선포만으로는 충분하지 않다. 제자로의 입문과 제자로의 형성이 필요하다. 사도 바울은 이것을 자신의 선교 속에서 파악했다. 마태공동체 역시 이것의 중요성을 이해했다.[21] 마태가 '죄사함'을 강조했지만 '대위임령'에 나오지 않는 것은 제자가 된다는 것은 죄가 용서되는 세례를 통해 제자가 되기 때문이다.[22]

'제자 삼음'은 마태의 교회 이해와 선교 이해에서 중심적이다. 제자는 교회론적 개념이다. '세례 주고'와 '가르치고'는 '제자 삼으라'는 말에 예속된다. 선교의 목적은 모든 사람을 참된 그리스도인이 되는 그런 수준으로 올려놓는 것이다. 제자들은 하나님의 통치를 기대하는 자들이고, 세상의 소금과 빛인 자들이며, 복 있는 사람들이다. 제자들은 고난과 선교적 권위를 예수와 공유한다. 그러나 제자들이 지닌 부정적 측면도 있다. 믿음이 적고, 두려워하며, 부활한 주님을 경배하는 자들도 있지만 의심하는 자들도 있다. 즉 제자는 완전한 상태에 도달한 자들이 아니라 마지막 순간까지 깨어 있어야 하는 자들이다. 구원받는 자와 잃어버린 자의 분리는 심판 날까지 유보된다. 지속적으로 깨어 있으라는 요청은 자기만족에 대한 경고와 열정적 선

---

20 데이비드 J. 보쉬, 위의 책, 115-118.
21 Lucien Legrand, *Unity and Plurality*, 78.
22 데이비드 J. 보쉬, 위의 책, 134.

교 사역을 위한 동기부여가 된다. 그러므로 선교는 자신감으로 하는 것이 아니라 위험과 기회가 공존하는 위기의 순간에 우리 자신의 연약함에 대한 인식으로 하는 것이다. 즉 제자들은 경배와 의심, 믿음과 두려움 사이의 변증법적 긴장 속에 서 있다.[23]

선교의 동기는 부활한 예수가 지닌 하늘과 땅의 모든 권세이다. 예수가 마귀에게 시험을 받을 때 갈등하는 두 선교전략이 나타난다. 임마누엘 하나님의 선교전략과 위로부터의 지배라는 특징을 지닌 마귀의 선교전략이다. 첫째 유혹을 거부함을 통해 예수는 굶주린 자들과 연대를 하지만 스스로 가난하게 산다. 둘째와 셋째 유혹을 거부함을 통해 예수는 고통당하는 자들과 연대하며 자신의 고통 속에서 하나님 나라를 이루고자 한다. 예수는 자신의 힘, 은사, 하나님과의 관계를 남용하라는 유혹을 받았다. 이는 그로 하여금 십자가를 망각하고 승리주의를 취하라는 유혹이었다. 오히려 예수는 가난한 자들을 목자 없는 양 같이 불쌍히 여겼다. 즉 그의 현존은 연민의 형태를 취한다. 연민은 감상의 차원을 넘어 가난한 자들을 해방하는 선교를 지향한다. 이러한 선교는 최후 심판 비유와 조화를 이룬다.[24] 우리가 예수께서 시험을 받으신 본문(4:1-11)의 관점에서 선교의 '대위임령'을 읽으면 '대위임령'을 '명령'이라기보다는 일종의 '초대'로 이해해야 한다.[25]

선교의 내용은 하나님 나라와 그의 정의이다. 예수 그리스도의 제자는 하나님 나라와 그 의를 구하는 자이다. 여기서 의(δικαιοσυνη)를 번역하는 데 문제가 있다. 영어는 거의 의(righteousness)로 번역

---

23 데이비드 J. 보쉬, 위의 책, 125-130.
24 요하네스 니센, 위의 책, 37-41.
25 요하네스 니센, 위의 책, 55.

하는데 보쉬는 이를 "정의-의"(justice-righteousness)로 번역해야 한다고 했다. '정의-의'의 구성적 차원은 하나님이 우리를 의롭다 하시고 우리를 거룩하게 하시는 차원이다. 규범적 차원은 우리가 하나님으로부터 경험한 정의를 다른 사람에게 베풀어야 한다. 하나님의 정의는 그의 백성을 위하는 하나님의 구원활동이다. 이에 반해 인간의 정의는 하나님의 뜻을 행함으로 하나님의 인자하심에 반응하려는 노력이다. '정의-의'는 하나님의 뜻을 행하는 것으로 먼저는 하나님의 선물이지만, 그 다음에는 인간의 의무이다.[26]

7. 제자 만들기(제자됨)로서의 선교: 선교적 제자도

첫째, 제자공동체는 자신의 정체성을 선교하는 존재로 이해하지만 선교를 기독교 교육과 분리시키는 것은 '대위임령'의 관점에서 인정될 수 없다. 즉 제자들은 태어나는 것이 아니라 생애 전 과정을 통해 만들어진다.[27]

둘째, 선교는 조작이 아니라 사랑과 자유에 기초해야 한다. 나쁜 스승은 제자를 스승의 복제품으로 만들어내려 하고, 제자를 조종하려 한다. 좋은 스승은 제자들로 하여금 자신의 삶에서 진정한 해방을 경험하며 자유롭게 성장하도록 격려한다.[28]

셋째, 참된 선교에 필요한 사랑과 자유는 하늘과 땅의 모든 권세를 지니고 세상 끝 날까지 항상 함께 계신다고 약속하신 유일한 스승

---

26 데이비드 J. 보쉬, 위의 책, 122-124.
27 요하네스 니센, 위의 책, 50; 데이비드 J. 보쉬, 위의 책, 135.
28 요하네스 니센, 위의 책, 50-51.

예수 그리스도로부터 온다. 세 가지 유혹을 거부하신 예수 그리스도로부터 제자들은 자신의 선교에 일정한 한계가 있음을 받아들여야 한다. 즉 선교에서 제자들이 지닌 힘(권력)은 하나님 사랑과 이웃사랑에 종속되어야 한다. 따라서 선교는 하나님께 의지할 수밖에 없기 때문에 가난과 무력함, 갈등과 핍박, 십자가와 신비 속에서 행해지는 사랑과 봉사의 행위이다.[29] 바꿔 말하면 열방을 향해 제자를 만드는 선교는 인간의 능력에 달린 것이 아니라 부활하신 주님의 권능에 달린 것이다. 선교는 부활하신 주님의 현존과 능력의 실현 이외의 아무 것도 아니다.[30]

넷째, 제자도는 하나님 나라/통치에, 정의와 사랑에, 하나님의 뜻에 순종하며 실천하며 사는 것이다. 제자들은 회개에 합당한 열매를 맺는 자들이며, 제자공동체인 교회는 세상의 소금과 빛이 되어야 하고, 하나님 나라/통치를 가시적으로 만드는 언덕 위에 세워진 도성 같아야 한다.[31]

다섯째, 제자들은 작은 자들 가운데 현존하시는 그리스도에 민감해야 한다. 마태 기독론에서 강조되는 우리와 함께하시는 하나님은 약한 자와 함께하신다. 가난한 자들은 그리스도의 현존의 담지자들이다. 이는 최후 심판의 비유(25장)에 잘 나타난다.[32]

끝으로 교회와 제자도 사이에는 긴장이 있으며, 값비싼 제자도가 요구된다. 하나님의 나라/통치는 종말론적 실재이기 때문에 교회는 종말의 기대 속에서 고찰되어야 한다. 그리스도인들은 하나님 나라에

---

[29] 요하네스 니센, 위의 책, 52-55; 데이비드 J. 보쉬, 위의 책, 136.
[30] Lucien Legrand, *Unity and Plurality*, 80-81.
[31] 요하네스 니센, 위의 책, 56; 데이비드 J. 보쉬, 위의 책, 137.
[32] 요하네스 니센, 위의 책, 57-58.

속하는 해방과 구원을 위해 헌신하고 참여할 때 참된 제자가 된다.[33]

나가는 말

이상에서 언급한 주요 주장을 정리하면 다음과 같다. 소위 선교 '대위임령'에서 '가라'가 강조되면 선교에서 중요한 것은 '장소'이고, 이것은 '명령'으로 이해된다. 그렇지만 '제자를 삼다'가 강조되면 선교에서 중요한 것은 하나님께서 우리에게 주신 '임무'이고, '대위임령'은 초대로 이해될 수 있다. 즉 두 가지 서로 다른 선교 이해가 '대위임령'에 대한 해석에서 나온다. 이 글은 후자의 견해를 중시한다. 선교와 기독교 교육은 분리할 수 없고, 선교의 기초는 자유와 사랑이며, 이는 임마누엘 주님의 현존에서 비롯한다. 그리고 제자도는 하나님 나라, 정의와 사랑, 하나님 뜻에 순종하며 살아야 하고, 교회는 세상의 소금과 빛이 되어야 한다. 제자들은 작은 자 가운데 현존하시는 주님께 민감해야 하고, 이는 값비싼 제자도로 성취된다.

---

[33] 데이비드 J. 보쉬, 위의 책, 139.

참고문헌

보쉬, 데이비드 J. 김병길·장훈태 공역.『변화하고 있는 선교 – 선교신학의 패러다임 변천』. 서울: 기독교문서선교회, 2000.

니센, 요하네스. 최동규 옮김.『신약성경과 선교: 역사적·해석학적 관점들』. 서울: 기독교문서선교회, 2005.

시니어, 도날드·슈툴뮐러, 케롤. 최성일 옮김.『선교의 성서적 기초』. 서울: 다산글방, 2003.

타셍, 클로드 지음. 백운철·김남철 옮김.『마태오복음서』. 서울: 성서와함께, 2001.

Hahn, Ferdinand. *Mission in the New Testament*. London: SCM Press Ltd., 1965.

Legrand, Lucien. *Unity and Plurality: Mission in the Bible*. Maryknoll, New York: Orbis Books, 1990.

3장

세계 선교 역사

들어가는 말

짧은 시간에 세계 선교의 역사를 개관한다는 것은 결코 쉬운 일이 아니다. 우선 이 장에서는 세계 선교 역사를 개관하되 다른 장과의 역할 분담을 고려해 20세기의 선교와 에큐메니칼 운동 부분은 간단히 언급하겠다. 서론에서 역사를 개관하면서 던진 질문에 대해 본론에서 대답하겠다. 그 과정에서 교회와 선교의 관계, 선교의 주체, 동기나 목적 등이 드러날 것이다. 시대구분과 관련해서는 라투렛, 니일, 장 콩비 등의 의견을 적절히 응용했다.

1) 500년까지의 로마 세계의 복음화기, 2) 1000년까지의 서구 기독교의 탄생기, 3) 1500년까지의 기독교 세계의 복음화기, 4) 16세기에서 18세기까지 식민주의의 선교기, 4) 19세기 선교의 세기, 5) 그리고 현대의 선교로 구분해보았다. 큰 흐름을 잡아가면서도 선교 방법이나 목적 등과 관련해 중요한 문제 등을 다루고자 했으나, 동방

교회나 개신교, 가톨릭의 선교를 균형 있게 다루기에는 시간과 지면이 제한되어 어려웠다. 자세한 내용들은 참고문헌에 나온 자료를 참고하여 보충하기 바란다.

1. 역사적 개관

우리는 초대교회가 서쪽으로, 로마를 거쳐 서유럽으로 전파된 것은 잘 알고 있지만, 동쪽으로 뻗쳐나간 선교 역사를 간과해왔다. 안디옥에서 희랍어를 사용하는 서쪽 세계뿐 아니라 지중해 세계와 중앙아시아, 인도, 중국을 연결하는 고대의 무역 루트를 따라 동쪽으로 복음이 전해진 것을 무시해왔다. 225년경에 현재의 이라크에 20명 이상의 기독교 주교가 있었다. 아르메니아는 3세기 말경에 기독교 국가가 되었다. 에티오피아는 4세기 중엽에 복음을 받아들였다. 5세기까지 주교들이 아시아 깊숙이 들어갔다. 상당수의 아랍 족속들은 2세기에 이미 기독교도들이었다. 서구 교회는 동방교회의 한복판에서 회교가 발생했다는 것을 자주 잊는다. 이슬람은 아라비아의 반쯤 기독교화된 족속들을 회교 전사로 변형시켰고, 무함마드 사후 1세기(7세기 중엽~8세기 중엽) 이내에 페르시아 제국, 시리아, 이집트, 지중해 남부 해안을 정복했다. 얼마 뒤에 이슬람 군대가 스페인, 프랑스 남부, 시실리, 이태리 남부를 점령하고 로마로 진군하여 로마 주교로 하여금 회교 왕에게 조공을 바치게 했다.

한편 북쪽으로부터 이교도들이 북유럽과 서유럽을 침공해서 기독교 문화를 파괴했다. 그래서 9세기 말경에 서구 기독교는 이슬람교에 거의 패배한 것처럼 보였다. 서구 교회는 이슬람의 우세한 문화와 군사력에 의해 지배되고 포위된 게토처럼 되었고, 서구 기독교도는 적극적인 복음전도가 금지된 이류 시민처럼 되었다. 서구 기독교 전통(예전, 신학, 교회 직제)의 본질적인 부분들이 서구 기독교가 이처럼 오랜 시간 선교적 진출이 불가능한 게토처럼 되어버린 이 기간에 형성되었음을 유의해야 한다. 즉 이러한 상황 속에 있는 교회가 자신을 모든 민족에게 선교하도록 보냄 받은 공동체로 이해할 가능성은 거의 없었다.

중세 이후 서구 기독교 세계의 재부흥은 그리스의 과학과 철학을 빌려 전개했던 이슬람 학문에 크게 빚을 졌다. 바꿔 말하면 르네상스 시대 서구인들은 이슬람을 통해 그리스의 학문을 새롭게 발견했다. 그리고 이러한 발견의 이면에는 이슬람 초창기에 아랍의 반(半)야만족들에게 그리스 문화유산을 전해준 네스토리우스파 교회와 동방교회가 있었다.

서구 기독교가 이슬람의 지배에서 벗어나려는 투쟁은 이베리아 반도에서 집중적으로 일어났다. 수 세기 간의 투쟁 끝에 이베리아 반도를 해방시킨 후 스페인과 포르투갈은 동방과의 무역루트를 장악한 이슬람을 우회해서 인도로 가는 대담한 항로를 통해 동아시아 향료를 획득하는 길을 찾았다.

이슬람은 종교적 신앙과 정치권력이 강하게 결합된 신정체제였다. 이슬람에 대항했던 서구 기독교도들은 종교적 신앙과 정치적·군사적 권력과 상업을 결합시킨 틀을 만들어냈다. 결국 16세기 서구 선교가 보여준 종교와 정치·군사와 상업의 결합은 이슬람의 영향과도 밀접한 관련이 있는 것으로 보아야 한다.

2. 로마 세계의 복음화(1세기~500년)

1) 초대교회로부터 콘스탄틴 대제의 기독교 공인 전까지

초대교회의 성격과 관련하여 중대한 사건이 세 가지 있었다. 첫째는 기대되던 임박한 재림이 발생하지 않자 초대교인들은 역사를 중시하게 되었고, 일반 역사와 구원 역사가 관련을 맺어야 한다는 것을 깨달았다. 둘째, 초대교인들은 교회의 임무가 이방으로, 세계로 꾸준히 복음을 전파하는 것임을 깨달았다. 셋째, 예루살렘의 멸망으로 초대교인들은 어떤 특정한 지역이 선교의 본부가 될 수 없음을, 교회는 하나님의 방랑하는 백성임을 깨달았다. 이렇게 해서 초대교회는 선교하는 교회가 되었다. 사도 바울은 로마 제국의 대도시들에 체류하면서 조력자들을 통해 복음을 주변 도시에 전하게 했고, 도시 주변의 농촌에도 점진적으로 복음을 전하게 했다. 로마는 예루살렘과 안디옥 다음 가는 기독교 제3의 도시였다. 로마교회의 초기 구성원은 빈민층이었다. 초대교인들은 상류층이 사용하던 라틴어 대신에 희랍어를 사용했기 때문이다. 2세기까지 기독교는 안디옥을 통해 시리아와 소아시아, 그리스와 마케도니아에 전해졌다. 3세기 초에 에데사왕이 개종했고, 에데사를 통해 페르시아 제국의 일부인 메소포타미아에 복음이 전해졌다. 고울과 스페인의 복음화는 느리게 진행되었지만 3세기 말에 이르러 스페인에 많은 교회와 감독교구들이 등장했다.

알렉산드리아에는 일찍부터 복음이 전파되었다. 이집트 교회는 3세기 중반에 콥트어로 성서를 번역했다. 그 뒤에 수도자들과 은자들이 사막에 모여들기 시작했다. 북아프리카 교회는 주교들 중심의 교회였다. 3세기 중엽 카르타고의 키프리아누스가 소집한 회의에는

80명의 주교가 참석한 것으로 추측된다. 그런데 당시 북아프리카 교회의 교인들은 주로 상류층이었다고 한다. 3세기 말까지 보면 로마 제국의 도시에 복음이 들어가지 않은 곳은 없었지만 지역마다 차이가 있었다. 시리아와 소아시아, 이집트, 북아프리카, 로마 및 남부 프랑스에서는 교회가 크게 발전하고 있었고, 다른 도시와 시골에서는 교회가 미약하거나 복음이 전해지지 않았다. 짧은 기간에 복음이 로마 제국 전체를 향해 전파될 수 있었던 이유는 초대교회 교인들의 확신과 모범적인 삶, 핍박에서 보여준 교인들의 태도였다. 순교는 핍박의 시기에 세상 속에 현존하는 기독교인의 삶의 양식으로서 선포에 반대되는 것이 아니라 선포의 다른 형태였다.

2) 기독교 공인 이후

콘스탄티누스 대제가 313년에 기독교를 종교로 공인하고 테오도시우스 황제가 392년에 기독교를 국교로 선포하자 상황이 바뀌었다. 5세기에 기독교 인구는 네 배나 증가했다. 여기에는 중대한 위험들이 있었다. 신앙은 피상적이 되었고, 한 인간의 급격한 변화보다는 몇 가지 교리를 신봉하는 것으로 복음을 이해하게 되었다. 주교의 직위는 봉사보다는 경쟁의 대상이 되었다. 이 시기에 신앙과 고대문화의 종합이 이뤄졌다. 오스로에네(Osrhoene: 메소포타미아 북서지역 고대왕국)가 첫 번째 기독교 왕국이었다면 아르메니아는 두 번째 기독교 왕국이었다. 아르메니아 교회는 국왕의 개종으로 전체 국민을 개종시킨 첫 번째 사례였다. 패트릭에 의해 아일랜드는 복음화되었고 기독교 국가가 되었다. 켈트 교회의 특징은 교회생활의 중심이 교구가 아니라 수도원이고, 수도원의 최고 책임자는 주교가 아니라 수도원장이라는 점이었다. 아일랜드 수도승들의 위대함은 기독교 문화 발전 못지않게 선교적 정열에 있었다. 완만하게 진행되었던 프랑스의 복음화가 5세기 말 프랑크족의 클로비스 왕의 세례를 통해 빠른 진전을 이뤘다. 그보다 중요한 것은 대부분의 야만족들이 개종 시 아리우스파에게 세례를 받았는데 클로비스 왕은 가톨릭에 의해 세례를 받음으로써 로마 가톨릭 교회를 강화했다는 점이다.

교회는 자신 안에 그리스와 로마의 고대문화에서 최선의 것을 끌어 모았다. 교회는 서로마 제국의 붕괴에도 불구하고 살아남을 수 있는 역량을 보여주었다. 그렇지만 콘스탄티누스 이후 서구 교회는 교회를 제국과 쉽게 동일시하기 시작했다. 로마 제국 바깥에 있는 야만인이 기독교인이 될 수 있다는 것은 생각하기 어려웠다. 그럼에도 불구하고 교회는 복음화를 통해 그 민족의 언어로 성경을 번역하고 예전을 진행함으로써 그 민족 언어를 발전시키는 데 기여했다. 이처럼 기독교 수용은 그 민족이 민족적, 정치적, 문화적 정체성을 확립하는 데 기여할 수 있었다. 한 가지 기억해야 할 것은 정치가 교리적 선택에 영향을 주었다는 점이다. 서구 교회가 칼케돈 신조를 채택했다면, 페르시아 제국의 기독교인들은 제국주의적인 기독교를 반대하여 네스토리아파를 선택했다. 이렇게 해서 칼케돈 신조를 강요하는 로마 제국으로부터 네스토리아파를 택한 페르시아 제국이 분리되었다. 페르시아 제국의 네스토리우스파들은 인도와 중국 선교까지 포함하여 열방을 지향하는 열정적 선교사들이었다. 또 기독교가 국교가 된 이후에 교회는 신학적 적대자를 박해하기 위해 제국의 도움을 요청하기를 주저하지 않았고, 폭력에 의한 비기독교인의 개종을 마다하지 않았다. 이것이 북아프리카에서 교회가 살아남지 못하고 북아프리카인들이 이슬람을 받아들이는 중요한 요인이 되었다.

3. 서구 기독교의 탄생(500년~1000년)

이 기간 동안에 교회는 한편으로는 이슬람의 공격을 막으려 했으며, 다른 한편으로는 야만인들의 침략을 맞아 그들의 개종을 위해 싸웠다.

1) 이슬람과의 대결

아랍인들의 유럽에 대한 공략은 무척 빠르게 진행되었다. 650년에 고대 페르시아 제국이 멸망되었고, 예루살렘과 가이사랴가 함락되었으며, 팔레스타인 일대와 시리아 전역이 무슬림의 지배로 들어갔다. 그들은 아프리카를 따라 642년에 알렉산드리아를 함락하였고, 715년에는 스페인의 대부분을 수중에 넣었다. 732년 무슬림들은 프랑스의 심장부인 투르에서 패배하는 바람에 피레네 산맥 이북에 자리를 잡지 못했다. 무슬림은 846년 로마를 약탈했다. 동로마 제국은 이슬람을 막아내다가 결국 1453년에 콘스탄티노플이 투르크의 손에 떨어져서 종말을 맞았다. 이슬람으로의 개종으로 그리스도인 인구가 줄어들어 갔다. 이슬람 침략에서 가장 놀라운 사실은 인명손실이 대단히 적었다는 점과 그리스도교 문화의 붕괴가 너무 급속히 진행되었다는 데 있다. 무슬림들은 우월감 속에 살았고, 그리스도인들은 열등감 속에서 고난을 당하고 평등과 특권을 상실한 이등 국민으로 살았다. 그렇지만 그들은 이슬람 치하의 생활을 민족이 다른 그리스도인들의 지배보다 더 관용적이라고 느꼈던 것 같았다. 이슬람의 정복과 육상과 해상 무역로 장악으로 그리스도교는 유럽의 종교, 지중해 세계의 종교였다가 북부, 서부 지중해의 종교가 되었다.

2) 야만인의 개종

교회가 야만인들을 교회로 인도하는 작업은 시간이 걸리는 일이었다. 이 과업이 어느 정도 완성된 것이 14세기 말이었다. 이들의 개종이 가능했던 것은 왕실의 호의와 선교사들의 순교, 수도원의 선교 활동 때문이었다. 영국은 교황 그레고리오 1세가 아우구스티누스와 동료 수도사들을 캔터베리에 파견함으로써 유럽 역사에 본격적으로 등장했다. 그레고리오 1세는 새로운 나라에서 선교 사업을 전개하는 데에 수도승과 수도원의 역할이 절대적이라는 것을 알았다. 또 그는 선교 방법에서 적응의 중요성을 깨달은 사람이었다. "그 백성들의 이교 신전들을 파괴할 필요가 없으며 그 안에 있는 우상들만 파괴하면 그만이다. … 만약 그 신전 건물이 쓸 만하면 잡신 예배와 분리시켜 그것을 참된 하나님의 예배에 이용하는 것이 좋다"(601년 7월 18일자 편지).

아일랜드 출신의 성 콜롬바는 아이오나 수도원을 통해 스코틀랜드의 복음화를 위해 헌신했다. 아일랜드의 열심을 물려받은 영국 교회는 향후 4세기에 걸쳐서 위대한 선교교회로 활약했다. 이 시기 최대의 선교사는 보니파티우스였다. 그는 프리지아에서 봉사했고, 프랑크 교회를 개혁하기 위해 힘을 기울였다. 수도승들의 봉사는 두 가지였다. 하나는 기도와 노동이고, 다른 하나는 그 지방 언어와 문화를 보급하는 것이었다. 이들은 라틴어 사용을 통해 유럽의 통일에도 기여하고, 유럽 문명의 특징인 다양한 자국어들의 다양성을 마련하는 데도 기여했다.

샤를마뉴 황제는 색슨족을 개종시키고자 힘을 썼다. 하나의 부족이 정복되면 군사력에 의한 황제의 보호와 부족의 개종이 뒤따랐다.

이것은 정복 권력과 새로운 종교(기독교)의 제휴라고 하는 위험스런 관계를 의미했다. 색슨족을 개종시킨 긴 과정에는 순교와 살육의 긴 이야기가 동반된다.

슬라브족을 위한 선교는 9세기에 콘스탄틴과 메토디우스 형제와 관련되어 있다. 이들은 알파벳을 창안하여 슬라브어를 문자화해 성경을 번역했다. 로마는 라틴어만을 교회의 유일한 예배언어로 인정한 데 반해, 콘스탄티노플에서는 토착 언어 사용을 허락함으로써 동방교회의 단결을 강화했다. 러시아가 영속적인 기독교국가로 굳어진 것은 블라디미르(980~1015년)에 의해서였다.

3) 네스토리우스파 교회

교회가 선교 사명을 지닌다는 깨달음을 갖고 실천한 교회는 네스토리우스파 교회였다. 북부, 동부 메소포타미아에 있던 교회들로서 시리아 출신 알로펜이 635년에 중국에 기독교를 전했다(경교). 그는 당나라 수도 장안으로 들어가 태종의 환대를 받았다. 또한 장안에 수도원을 세워 중국 선교의 중심을 삼았다. 그러나 경교는 수도승과 성직자를 바그다드에 의존했다. 경교는 신학과 예술에서 부분적으로 불교 용어를 사용함으로써 '적응'의 선교 방식을 시도했지만 끝까지 외국의 종교로 남아 토착화에 실패했다. 그러나 중국 북부와 북경에는 13세기까지 경교가 존재했다. 수백 권의 기독교 서적이 들어가 30여 권의 책이 중국어로 번역되었다. 아마도 경교의 선교사들은 중국을 거점으로 일본, 티베트, 몽골, 만주, 한국, 자바까지도 가지 않았을까 추측된다. 네스토리우스파 교회는 남인도의 성 도마 교회에 주교를 파송했다. 당시에 지리적으로는 가장 확장된 교회가 네스토리우스파 교회다. 그렇지만 서구의 제국주의와 정복에 의해 보호받지 못하고, '기독교 세계'(Christendom)로부터 벗어난 형태의 기독교는 중국에서 불교와의 경쟁에서 패배했다. 그럼에도 네스토리우스파 교회의 의의는 황제 편에 서는 로마 교회로부터, 유럽과 지중해 교회의 신학적·교회적 합의로부터(칼케돈 신조) 자신을 분리시켰다는 데 있었다. 그래서 비기독교 세계(non-Christendom)의 종교로서 군사적·정치적 정복 방식을 따르지 않고, 타종교의 사원과 나란히 자신의 제단을 세우고 수도원을 세웠다. 그리고 자신의 삶의 모범을 통해 부단히 선교하려 했다는 데서 그 의의를 찾을 수 있다.

4) 1000년 기독교: 기독교화된 유럽

유럽이 이제 기독교화가 되었다. 기독교가 유럽의 유일한 종교가 됨으로써 기독교는 유럽의 기초를 구성한다. 신앙은 유럽을 결합시키는 사회적 결속체이다. 때로 세례는 합법적인 권력과 소유를 위해 필수적인 것이 된다. 교회는 로마 제국의 보편주의와 문화를 그 유산으로 물려받았다. 게르만 민족의 침입으로 서로마 제국은 붕괴되었지만 샤를마뉴 대제와 오토 대제를 통해 제국을 재건하려는 움직임이 있었다. 그렇지만 제국의 보편주의가 남아 있는 곳은 교회였다. 그러나 서방교회는 동방교회, 특히 네스토리우스파 교회를 분열주의자나 이단으로 의심하여 자신의 모델을 따르도록 강요했다.

4. 기독교 세계의 복음화(1000년~1500년)

1) 노르만족의 복음화

서기 1000년은 기독교 세계에 공포와 불안의 해였다. 교회의 시대는 1000년으로 끝난다는 신앙이 널리 퍼져 있었기 때문이다. 그렇지만 주후 1000년은 유럽의 기독교화를 개략적으로나마 이룬 때였다. 기독교화된 유럽 제일의 과제는 기독교 세계를 경계 지역으로 확장하는 일이었다. 스칸디나비아 반도에서 온 바이킹의 침략으로 유럽이 고통을 당했다. 먼저 영국과 아일랜드가 침공을 받았다. 침공의 주도권을 쥔 자는 덴마크인들이었다. 노르만족은 복음 신앙에 가장 미온적인 백성들로서 이들의 개종은 길고도 느린 과정이었다. 덴마크에 실질적으로 기독교가 정착된 것은 11세기 초 크누트 왕의 통치기였다. 그는 교리와 국가를 연합한 방식으로 교회와 국가의 관계를 정리했다. 노르웨이에서도 기독교 전래에 왕의 역할이 컸다. 올라프 왕은 기독교를 국교로 삼기 위해 회유와 간계, 협박과 강압 등 수단 방법을 가리지 않았다. 이 나라에 정착한 기독교는 노르만족의 고대 습관과 전통으로 상당히 변조된 형태였다. 아이슬란드는 순전히 민주적인 절차에 의해 기독교를 받아들인 유일한 나라였다. 스웨덴은 1164년이 되어서야 웁살라에 대주교 교구를 설치하고 대주교를 임명했다. 오랜 습관이 된 사고방식을 뿌리 뽑는 것은 산당을 부수는 것처럼 쉬운 일이 아니었다. 스웨덴 사람들은 개종 이후에도 오랫동안 그들의 오래된 미신을 섬기고 있었다. 핀란드가 기독교화된 것은 1291년이 되어서였다.

주후 1200년경에는 유럽의 거의 대부분이 복음을 받아들였다. 그

런데 복음을 전하는 방식은 상당 부분 유명·무명의 수많은 순교를
통해서 이뤄지기도 하고, 강압적인 방식으로 이뤄지기도 했다. 이때
까지도 기독교화가 되지 않은 프러시아 지역을 튜튼 기사단이 기독
교를 가르친다는 조건으로 점령했다. 본래 이 기사단은 환자와 부상
자를 도와줄 목적으로 조직되었지만 이 지역은 기사단과의 50년 전
쟁으로 결국 기독교권에 합병되었다. 조약의 내용은 명령투였으며
교회와 국가가 명령 이행 여부를 확인하게 되었다. 이러한 강압적인
선교 방식이 얼마나 내면적인 회심을 불러올 수 있을까 하는 의문은
496년 클로비스 왕의 개종과 더불어 집단세례를 받은 백성들 이래로
계속되는 질문이었다.

2) 십자군 전쟁과 기독교 선교

1099년 예루살렘을 정복했던 때부터 1291년 에이커에 있던 최후
의 십자군 요새가 함락될 때까지 2세기 동안에 치러진 전쟁이 그리
스도의 이름으로 자행되었다는 것은 교회사의 참담한 장이다. 십자
군 전쟁의 원인을 꼽는다면, 먼저 한 세기 이상 지속된 서유럽의 흉
년으로 경제 사정이 극도로 침체되어 경제적·사회적 변화를 갈망하
며 동방 진출을 모색한 것이다. 둘째, 동로마 제국의 황제들은 이슬
람의 공격을 막기 위해 서방의 도움을 필요로 했다. 셋째, 기근과 흉
년으로 타계신앙이 일어났고 성지를 회복하려는 종교적 열정이 일
어났다. 십자군 전쟁을 통해 서유럽은 재각성하기 시작했고, 새로운
문명과 접촉을 하게 되었으며, 지리적으로 확장을 하게 되었다.

그러나 십자군 전쟁은 기독교 선교에서 만회할 수 없는 재난이 되
었다. 첫째, 서방교회와 동방교회의 관계는 영구적인 상처를 입게 되

었다. 둘째, 기독교인들과 회교도 사이에 나타난 원한의 자국은 오늘날까지도 세계정세의 한 요소로 작용하고 있다. 회교도들에게는 서구 기독교도가 침략자로 기억된다. 셋째, 십자군 전쟁은 기독교 세계의 도덕적 수준을 낮추었다.

오래 지나지 않아 인노센트 3세는 똑같은 원칙이 기독교의 이단 운동을 억압하는 데 사용될 수 있음을 보여주었다. 대부분의 십자군들에게 이교도들은 근절되든지 아니면 영원히 노예로 묶여 있어야 하는 존재들이었다. 로저 베이컨은 십자군 운동은 쓸데없이 경비만 낭비하는 어리석은 짓이라고 비판했다. 토마스 아퀴나스는 비록 이교도들이라 할지라도 존중되어야 할 자연권을 갖고 있다고 말했다. 아시시의 프란치스코는 이교도들이 기독교화되지 않았다면 그것은 그들에게 단순하고도 아름다운 형태로 복음이 제시되지 않았기 때문이라고 했다. 이런 문제제기는 새로운 방식의 선교 형태를 예고하는 것이었다.

3) 선교 수도회의 조직과 활동

기독교 역사 첫 12세기 동안 선교의 주된 전략은 인접지역을 복음화하는 것이었다. 동방교회는 페르시아 제국을 본거지로 해서 인도와 중국에까지 복음을 전했다. 서방교회는 야만족의 침입과 이슬람에 포위되어 인접지역에 사는 부족들과 민족들에게 복음을 전파했다. 수도원은 변천하는 세계 속에서 변하지 않는 영속적 요소로서 선교의 주요한 근거지가 되었다. 이러한 서방교회의 선교 방식은 13세기에 큰 변화가 생겼다.

특별한 사역으로 전문가들을 멀리 떨어진 곳에 파송하는 중앙 선교 기구를 조직하는 것은 전혀 새로운 생각이었다. 프란치스코회와 도미니코회라는 두 개의 탁발 승단이 선교활동의 중추 역할을 감당하게 되었다. 프란치스코회는 기독교 세계의 단순성과 기쁨을 회복시키고 극빈자들은 위해 봉사하기 위해 힘을 기울였다. 도미니코회는 지적으로 유능한 단체를 의도하고 있었으며 선교활동을 통하여 이교도를 개종시킨다는 목적에 헌신하고자 했다. 13세기가 끝나기 전에 프란치스코회는 전 세계를 누비고 있었고, 도미니코회는 '그리스도를 위하여 이방 땅의 이교도들 사이에 거주하는 형제들의 회'를 조직했다. 그런데 주민 대다수가 기독교인이 아닌 국가에 교회 관구를 설치한다는 대담한 정책은 아비뇽의 교황들의 역할이 컸다. 14세기 중반에서 15세기 초반까지 기독교는 교황의 부패와 교권 분열로 암흑기를 맞았다. 성직 매매, 궐석 성직제, 족벌주의 등 많은 문제를 지녔던 교황들 때문이었다. 그러나 아비뇽의 교황들은 해외에 관구를 설치하는 데 크게 기여했다. 이때부터 선교의 자원을 탁발 수도단이 제공하고 선교에 대한 책임과 정책을 교황청이 감당하는 새로운 유형의 선교가 시작되었다.

4) 몽골의 침략과 이슬람화

몽골은 1222년 러시아와 쿠만족을 침략했다. 1240년 키에프가 함락되고 1241년에는 독일과 폴란드의 연합군이 패배했다. 그러나 몽골은 내부적인 문제로 잠시 철수했다. 유럽은 그 배후에 칭기즈 칸이 있다는 사실을 몰랐다. 그는 1211년 북중국을 정벌하고 그 뒤 12년 사이에 그의 군세는 태평양과 인도양, 흑해에까지 미쳤다. 유럽은 이슬람을 물리치기 위해 몽골과 손을 잡을 것을 고려했다. 허망한 꿈만은 아니었다. 당시 원나라의 왕비들과 조정 대신들 가운데 기독교인이 상당수 있었다. 몽골 역시 세계 제패의 첫 번째 걸림돌로 이슬람을 생각했다. 따라서 몽골과 서유럽과의 동맹은 실현 불가능한 것은 아니었다. 교황은 몽골의 왕에게 사신을 여러 차례 파견했다. 그 사이에 몽골은 1258년 바그다드를 함락시켰고 1260년에는 다마스커스를 발아래 두었다. 기독교가 옛 영토를 회복할 절호의 기회였다. 이때 네스토리우스파 교회가 번영과 확장을 꾀하고 있었다. 중앙아시아에 네스토리우스파 교단이 재건되었으며, 1275년에는 원나라 세조가 북경에 대주교 교구를 설치했다. 페르시아에서 통치하고 있던 일 한국의 칸 아바가는 1274년에 리용 회의에 사절을 파견했으나 서방세계는 분열되어 있었으며 그 중요성을 인식한 사람이 거의 없었다. 중국 북경의 기독교 가정에서 태어난 랍반 사우마는 1278년 성지를 방문하기 위해 바그다드에 왔다가 일 한국의 새로운 칸 아르군에 의해 서방세계에 파견되는 특사로 선택되었다. 교황청의 추기경들에게 따듯한 영접을 받았으나 그는 자신이 이단으로 간주될 수 있다는 사실을 전혀 예기치 못했다. 추기경들이 그의 신학적인 노선에 대해 시험하려 하자 그는 당연히 노여워 할 수밖에 없었다. 추기경들은 로마의 주교와 친교를 갖지 않는 그 어떠한 기독교인들도 정통으로 인정할 수 없었다. 결국 서방교회는 몽골과의 연합 기회를 놓치고 말았다. 1291년에는 사라센족이 기독교 거점인 에이커를 함락시켰다. 아르군 칸도 랍반 사우마도 사망했다. 사우마가 세례를 주었던 아르군 칸의 아들 올제이투가 회교도로 전향했다. 이렇게 해서 몽골 세계 전부는 이슬람 문화에 흡수되어갔고, 몽골은 서방 기독교의 동맹자가 되는 대신에 새롭고도 가장 위협적인 이슬람 세력의 선봉으로 등장했다. 1369년 라틴 교회는 북경에서 최종적으로 축출되었다. 이것은 200여 년에 걸쳐 서방교회가 벌인 중국선교의 최후였다.

5) 기독교 확장의 실패 원인과 새로운 기회

15세기 말에 이르러 기독교는 거의 전적으로 유럽의 종교가 되었다. 아시아에서 기독교가 완전히 사라진 것은 아니었지만 도처에서 쇠퇴하고 있었고 일부에서는 멸절했다. 중요한 원인으로는 첫째, 거리가 너무 멀리 떨어져 있고 여행이 어려웠던 점을 들 수 있다. 서방 선교사들은 토착 사제들과 주교들을 양성하는 것을 너무 소홀히 했다. 네스토리우스파 교회는 부분적으로나마 현지인 출신 사제와 주교를 두었다. 둘째, 비극적인 불안정성과 야만족의 침입으로 인한 참화의 반복이 선교활동에 막대한 지장을 초래했다.

십자군 운동은 그 많은 문제에도 불구하고 유럽의 회복을 알리는 첫 징후였다. 12세기 이후 스페인과 포르투갈은 회교도 세력을 이베리아 반도에서 밀어내고 있었다. 이슬람의 최후 근거지가 함락된 것은 1492년이었다. 13세기 중반부터 포르투갈은 완전히 자유롭게 되었고, 스페인은 기독교가 우세했기 때문에 완전한 자유는 시간문제에 불과했다. 이 '재정복'(Reconquista) 과정 가운데에는 고상한 일도 있었고 압박과 폭력이 일어나기도 했다. 스페인과 포르투갈이 완전히 해방된 이후에 기독교의 세계 확장기가 뒤따르게 된다.

5. 식민주의의 선교(16~18세기)

1) 16세기

1492년 콜럼버스의 아메리카 '발견'(구아나하리 또는 산살바도르)과 바스코 다 가마의 희망봉을 통한 인도 서해안에 이르는 항로의 발견은 유럽인들의 사고와 기독교의 관점에 큰 변화를 초래했다. 인도로 가는 해로는 이슬람 세력의 배후를 돌아가는 아시아의 뒷문의 발견이었다. 이런 항해의 목적은 복음 전파도 있지만 더욱 중요한 것은 새로운 땅에 존재할 것으로 믿어지는 기독교 국가들과 동맹을 체결하여 이슬람 세력을 몰락시키는 것이었다.

1493년 교황 알렉산더 6세는 교서들을 발표하여 15세기에 해상 지배자로 부상하는 포르투갈과 스페인 사이의 갈등을 해결하고자 했다. 즉 아조레스 제도에 선을 그어 그 서쪽은 스페인에게 속하도록 하고, 동쪽을 포르투갈에 속하도록 했다. 그리고 그 지역에서 발견되는 땅들과 무역 독점권을 왕실에 귀속하고, 거기에 거주하는 백성들의 복음화에 대한 책임도 국왕들에게 위임했다. 1494년에는 분계선을 이동하여 브라질이 포르투갈에 속하도록 했다.

인도에 들어간 포르투갈인들은 오래지 않아 최남단 지역에 '성 도마의 그리스도인들' 10만 명이 존재하고 있음을 발견했다. 이들은 네스토리우스파에 속한 자들로서 과거 메소포타미아와 관련성 때문에 시리아인들로 불렸지만 인도인이었다. 서방교회는 대주교 메제네스를 인도에 파견하는데 그는 1599년 디얌페르의 종교회의를 통해 성 도마교회의 독립성을 부인하고 서방교회에 종속시키도록 했다. 이것은 서구 기독교인의 오만성을 보여주는 것으로 약 300년 후인 1896

년 레오 18세가 시리아 교회 조직의 독립성을 그 옛 교회에 회복시켜 줌으로써 치유가 되었다.

1534년 이냐시오 로욜라가 6명의 친구와 함께 예수회를 설립했다. 이들의 주요 목표는 이단자들과 이교도들을 가톨릭 신앙으로 재회심시키는 것이었다. 프란시스 하비에르는 1542년 인도의 고야에 가서 눈부신 활약을 했다. 1549년 일본에 도착한 하비에르는 일본 사람들과의 초기 접촉을 통해 선교에 대한 이해를 달리하게 되었다. 비기독교인들의 생활과 철학에서 이용할 만한 것이라곤 아무것도 없으며 기독교적인 것을 세우기에 앞서서 비기독교 세계의 일체는 모두 허물어야 한다는 교리(백지설, tabula rasa)는 서구 선교사들이 품었던 일반적인 생각이었다. 그도 처음에는 다른 선교사들과 마찬가지로 생각했지만 일본 사람들과의 만남으로 인해 생각이 변했다. 그는 복음에 의하여 이 문명은 변화되고 재창조되어야 하지만 기존 문명 자체가 무가치한 것으로 거부당해야 할 필요까지는 없다고 생각했다. 이 새로운 사상은 풍부한 결실을 거두었고 동시에 상당한 논란도 따랐다. 1579년 동양 지역의 순찰사로 일본에 온 발리랴뇨는 일본 선교와 관련하여 세 가지를 제안했다. 선교사들은 그 지역의 습관과 선입관에 순응해야 하며, 일본인들로 하여금 유럽여행을 하게 하며, 일본인에게 사제직을 부여해야 한다는 것이었다. 1601년 일본인 최초의 사제들을 서품했지만 그 뒤에 일어난 대박해로 인해 2세기 동안 선교의 문이 닫혔다.

마태오 리치는 1583년 중국에 들어갔지만 하비에르의 후기 관점을 따라 위대한 문명을 취급할 경우에는 상당한 신중성과 존경심을 갖고 해야 할 필요가 있다는 입장을 견지했다. 교황은 마닐라에 1579년에 마닐라 감독 교구를 창설했다. 16세기 말에 필리핀 섬들은 스페인의 지배하에 들어갔다.

라틴 아메리카의 경우 탐험이나 정복을 위한 모든 원정에 승려들과 수도사들이 수행했다. 프란치스코회와 도미니코회가 주역을 담당했으며, 예수회가 그 뒤를 따랐다. 산토 도밍고 교구는 1511년에 설립되었으며, 멕시코 최초의 교구는 1525년에 설립되었다. 브라질에서는 1552년 최초의 주교가 바히아 교구에 부임했다. 1575년에는 에콰도르, 볼리비아, 페루, 칠레 같은 나라들 전체에 걸친 대주교 교구가 설립되었다. 이 지역 복음화의 가장 큰 장애 요소는 원주민들에 대한 스페인 이주민들의 잔인성이었다. 엔코미엔다(encomienda) 즉 추천(혹은 위탁)이라는 제도에 의하여 이주민들은 일정한 인디언(현지인)들을 배당받았는데 인디언들을 보호하고 기독교 신앙을 가르치는 대신에, 인디언들에게 공물이나 노동력을 징발할 수 있는 권리를 위임받았다. 그러나 실제로 이 제도는 이주민들이 인디언들을 착취하고 학대하는 데 이용당했다.

이런 흐름에 가장 지속적으로 크게 저항한 사람이 바르톨로뮤 드 라스 카사스(1474-1566년)였다. 그 역시 금을 목표로 1502년에 온 이주민의 한 사람이었다. 이유는 알려지지 않았지만 1507년에 사제가 되고도 정복자의 역할을 계속했다. 그러다가 성례전을 준비하다가 집회서 34장(빵은 가난한 자의 생명이고 그것을 빼앗는 것은 살인이다)을 통해 회심하게 되었다. 그는 1514년에 자신의 노예를 해방시키고 원주민들의 생존권과 인권을 위한 투쟁을 시작했다. 1543년 치아파의 주교가 되었고 죽을 때까지 52년 간 원주민을 위해 투쟁했다.

멕시코에 있던 콘타도르 로드리고 데 알보르네스는 1525년에 스페인 국왕에게 인디언 사제 양성을 위한 고등교육 기관 창설을 촉구하면서 단 한 명의 인디언 사제가 유럽인 사제 50명보다 더 쓸모가 있을 것이라고 제안했다. 그렇지만 대다수의 중남미에 살고 있는 사제들과 수도사들은 수많은 인디언들을 하인으로 부리는 '상류총각 클럽'의 생활에 안주하고 있었다. 16세기 내내 인디언이나 혼혈인에 대한 사제 서품은 법으로 금지되었다. 인디언 사제 요청이 있은 지 약 250년 후인 1772년 제3차 리마회의에서 이 금지법이 폐기되었다. 오늘날에도 라틴 아메리카는 기독교 대륙이지만 여전히 기독교는 외국의 종교로 남아 있다. 16세기에 보다 큰 용기와 성령에 대한 신뢰 속에서 인디언과 혼혈인을 사제로 집중 양성했더라면 그 결과는 지금과는 상당히 달랐을 것이다.

2) 17~18세기

16세기의 선교는 스페인과 포르투갈의 국왕들과 대종단들이 장악하며 예수회가 주도적 역할을 했고 프란치스코회와 도미니코회가 뒤를 따랐다. 선교사들은 왕권의 보호를 받았고, 선박을 어렵지 않게 이용할 수 있으며, 후원도 풍족했다. 또한 종단들 사이의 경쟁심으로 선교활동이 활성화된 것은 이점이었다. 그러나 정치적 연관성은 선교사들로 하여금 세속적인 일, 특히 무역에 관한 일에도 너무 깊숙이 관여하게 했고, 종단 간의 경쟁심 또한 지나친 경우가 많았다. 이에 반해 17세기에는 교황청이 선교부를 조직했고, 선교 본부와 선교회 사이의 관계에 변화가 일어났다. 1622년 교황 그레고리우스 15세는 포교성성(布敎聖省, Sacra Congregatio de Propaganda Fide)을 결성하는 교서를 발표했다. 이로써 선교사역은 국왕의 굴레를 벗어나 로마와 밀접한 관련을 갖는 주교교구를 설립하는 것이었다. 또 수도회와 균형을 유지하기 위해 신속히 현지 성직자를 양성해야 했다. 과거에

몇몇 선구자가 깨달은 대로 포교성성은 선교사들에게 그 백성들의 풍속에 순응하도록 지시했다. 1663년 파리에 외국선교협회가 신학교를 설립했다. 선교사 가운데 교구사제들의 중요성이 더욱 대두되었기에 신학교의 설립은 아주 적절한 것이었다.

이탈리아의 예수회 수도사 로베르토 드 노빌리(1577~1656년)는 1605년 인도에 도착했다. 그는 하비에르나 리치의 뒤를 따라 인도인을 구원하기 위하여 가능한 한 인도인이 되려는 노력을 다했다. 카스트 가운데 상류 카스트와 자신을 동일시했다. 이는 인도의 기존 선교사들이 하던 개종자를 포르투갈화하는 것과는 반대되는 것이어서 격렬한 반대를 받았다. 그렇지만 인도인들에게는 즉각 긍정적인 반응을 얻었다. 중간에 우여곡절을 겪었지만 결국 그의 선교방식이 인도인들에게 호응을 얻었다. 선교 후기에 신분이 낮은 카스트의 신자들이 늘어났다. 노빌리가 진정 고심했던 것은 인도의 그리스도인들이 엄격히 카스트를 유지하면서도 복음적 생활을 할 수 있는가 하는 문제였다. 즉 노빌리는 카스트를 사회적 특징으로만 보았다. 그러나 실제 카스트는 종교와 불가분 연결되어 있다. 상류 계층을 대상으로 한 노빌리의 선교가 성공한 것은 놀라운 일이었다. 그러나 노빌리의 기대와 달리 하류 계층에서 기독교 대중운동이 일어났다.

중국에서는 아담 샬이 마태오 리치를 계승했다. 선교사들에 대한 무고와 핍박으로 어려움이 있었지만 결국 1692년 황제에 의한 관용령이 반포되었다. 그리고 중국인 최초의 주교로 로가 1685년 서임을 받았으나 6년 후 사망했다. 1651년 교황 바오로 5세는 중국 사제들이 중국어로 미사를 드리는 것을 허용했다. 그러나 반발이 심해 중국어 미사 용어는 결국 라틴어 미사 용어에 밀려났다. 로마에 있던 신학자들은 중국의 관습이나 조상숭배, 하나님의 이름과 관련한 문제

에 현지인들보다 더 잘 알고 있는 것처럼 행세하고자 했다. 1701년
에 파송된 교황의 특사인 투르논은 마태오 리치에게 불리한 입장을
견지했고, 이에 대해 중국 황제는 투르논을 추방했다. 이에 맞서 투
르논은 로마의 관습과 일치하지 않는 모든 예수회의 관습을 금지했
다. 중국 황제는 마태오 리치가 입안한 규칙을 따르는 자들만 중국에
남게 했다. 교황 베네딕투스 14세는 1742년에 투르논의 입장을 지지
하는 교서를 발표함으로써 '적응'의 첫 번째 대시도가 실패로 끝났고,
이 후 200년에 걸쳐 이런 관점이 로마 가톨릭 선교의 관습을 지배했다.

　이런 접근 방식으로는 아프리카에서도, 라틴 아메리카에서도 선
교의 성과를 기대하기 어려웠다. 아프리카의 선교사들에게는 아프
리카 사람들의 언어에 대한 지식, 그들의 습관과 사고방식에 대한 이
해, 세례에 앞선 길고도 인내성 있는 교육과 세례 이후의 참을성 있
는 목회적 보호 등이 결여되어 있었다. 라틴 아메리카에서 벌였던 선
교활동의 약점은 현지인들의 자발적인 정신과 독립적인 정신을 개
발하지 않은 것과 단 한 명의 본토 사제도 양성하지 않았다는 점이다.
이런 정책의 응보로 선교회가 추방되었을 때 지도력을 갖추지 못한
현지 교회는 급속히 붕괴할 수밖에 없었다.

　포교성성(布敎聖省)의 다양한 노력에도 불구하고 그 결과가 부분
적인 성공으로 끝날 수밖에 없었던 것은 수도회 사이의 지나친 경쟁
과 분열 때문이었다. 그에 못지않게 현지 사제들에 비해 외국인 사제
의 비중이 너무 높았다는 것이고, 또한 로마 교회가 라틴어 기도문의
사용 등 자신의 규칙들을 새로 생긴 교회들에게 일방적으로 보편적
인 원칙으로서 강요한 점도 있었다. 그리고 최대 장애 요소는 성직자
의 독신생활이었다.

3) 동방교회의 선교

동방교회는 이슬람의 진출과 몽골의 진출로 타격을 받아 그 기능이 거의 마비되었다. 그렇지만 이런 상황에서 러시아가 통일을 이뤄 선교활동을 시작하게 되었다. 러시아의 선교는 1454년 콘스탄티노플의 함락과 그로 인한 이슬람에 대한 적개심, 하나님의 대표자로서 하나님께 반역하는 자를 응징하는 제2의 콘스탄티누스라는 러시아 황제의 자의식에 영향을 받았다. 러시아 선교의 특징은 국가와 교회가 너무 유착되어 양자를 분리하기가 불가능하다는 점이었다.

1702년 서시베리아 선교가 활성화되어 필로페이 주교 재직 시 4만 명이 세례를 받았다. 그러나 기독교로 개종하는 사람들에게 면세 특권을 선언한 것은 문제의 소지가 많았다. 중국 선교나 칼묵크 선교는 큰 성과를 얻지 못했다. 볼가 강 중류 지역의 선교는 세례자에게 군 복무를 면제해준다는 것으로 인해 호응을 얻었다. 그러나 그들은 러시아 말을 할 줄 몰랐고 자신의 언어로 교리를 배운 적도 없었다.

동시베리아 선교는 선교가 말보다는 생활의 질에 의존한다는 것을 보여준 사례였다. 선교사들은 신앙뿐 아니라 농업과 수공업의 기술을 현지인들에게 가르쳤다. 러시아 선교의 확장 과정은 책략과 위업, 영웅적인 열성, 사도적인 단순성과 고난을 무릅쓰려는 정신이 혼합된 역사였다. 아직도 옛 시대에 속한다는 느낌을 받지만 거기서 19세기에 주목할 만한 성취가 나올 것을 보게 될 것이다.

4) 개신교회의 선교

종교개혁의 프로테스탄트 세계는 선교에 대해 생각할 만한 여유를 갖지 못했다. 1648년까지 프로테스탄트는 생존권을 위해 싸워야 했고, 프로테스탄트들은 자체 안에서 분열되어 논쟁을 일삼았다. 이러한 약점 이외에도 유럽 이외의 광대한 세계와 접촉을 갖지 못했다. 모든 지역에서 통치자가 신민의 종교를 결정하고, 그 영토 내에서 통치자는 국가와 종교에 대한 최고 결정자였다(*cuius regio, eius religio*). 주어진 테두리 안에 폐쇄된 교회가 선교적 교회가 된다는 것은 불가능하다.

17세기에 영국과 네덜란드가 해상세력으로 등장하게 되자 전체적인 상황이 급변하게 되었다. 네덜란드의 선교는 가톨릭의 방식을 따라 네덜란드 목사는 동양에 거주하는 네덜란드인들의 영적 안녕을 보살피는 공복이었다. 개신교의 선교 특징은 선교지에서 현주민들이 자국어로 성경을 읽도록 번역하는 일이었다. 남인도에서는 1714년 지겐발크가 타밀어로 성경을 번역하였다. 1688년에는 신약성경이 말레이어로 번역되었다. 이것은 동남아 언어로 번역된 최초의 성경이었다. 아메리카에서 장로교 선교사인 존 엘리엇은 1671년까지 인디언 그리스도인 3,600명을 14개 마을에 정착시켰으며 인디언 전도자 24명을 훈련시켰다. 엘리엇은 1663년에 모히칸 언어로 신구약 성경을 출판했다. 그러나 엘리엇은 영국과 인디언의 전쟁으로 모히칸 언어로 된 성경을 읽을 사람이 하나도 생존하지 못하는 것을 목격해야 했다.

유럽 대륙의 교회가 선교 운동을 지원하기 시작한 것은 경건주의 운동이 일어나면서 비롯되었다. 경건주의의 원리는 개인적 회심과 경건의 요구였으며, 공동체 내의 긴밀한 친교와 증거의 책임이었다. 프랑케는 1706년 지겐발크와 플뤼차우를 인도로 파송했다. 이들이 세운 선교 원칙은 교회와 학교의 병행, 주민들 자신의 언어로 된 성경, 주민들의 정신에 대한 정확한 지식이었고 선교 목적은 개인적 회심, 조속한 시일 내에 교역자를 가진 인도 교회 건설 등이었다. 그런데 동인도회사는 일반적으로는 선교사역에 대해 적대적이었다. 이들은 선교가 주민들의 반감을 도발하여 상업에 해로운 결과를 초래할 것을 두려워했다.

6. 선교의 세기(19세기)

1) 서구 식민주의와 서구 기독교의 선교적 각성

18세기 말까지 유럽이 중국보다 약했다는 사실을 부강하고 선진 대륙인 유럽에 익숙한 우리는 언뜻 받아들이기 어렵다. 유럽의 인구가 급증한 것은 18세기 3/4분기였다. 모든 제품이 수공으로 만들어지던 때에는 동양과 서양의 격차가 크게 벌어지지 않았다. 큰 격차가 일어난 것은 산업혁명과 공장제 공업과 증기와 전기의 발명 이후였다. 프랑스 혁명으로 인한 구질서의 붕괴는 유럽으로 하여금 새로운 확신과 시대의 진전, 새로운 선교의식을 갖게 했다. 이로 인해 탐험이 이뤄지고 세계 여러 나라를 지배하기 위해 유럽인들이 이주하고 정착하기 시작했다. 19세기에 영국은 인도와 버마와 실론을 지배했고 이집트를 거의 차지하게 되었다. 프랑스는 인도차이나를 병합했고 알제리를 차지했으며 튀니스를 병합했다. 네덜란드는 인도네시아를 정복했다. 한편 이슬람 세력은 퇴조했다. 1914년 영국은 아프리카의 상당한 지역을 병합했다. 프랑스와 독일, 벨기에 등이 그 뒤를 따랐다. 태평양의 광대한 섬들도 유럽인들에 의해 식민지로 전락

해갔다. 식민지배는 경제적 침략, 사회적 침략, 지적인 침략 그리고 종교적인 침략으로 이어졌다.

유럽의 식민주의가 종교적 각성과 때를 같이했다는 것은 역사의 아이러니이다. 로마 가톨릭도 19세기에 선교활동이 다시 활성화되었다. 러시아 정교회의 경우 문화적으로 철저히 서구적이면서 러시아적이었다. 복음주의 부흥운동은 노예제 폐지와 같은 사회운동과 선교사역 두 가지 방향으로 나타났다. 개신교의 선교는 선교협의회에 의해 주도되었다. 당시 교회는 선교사역을 감당할 힘도 없었고 의지도 없었다. 1792년 영국 침례교 선교회를 필두로 1795년 런던선교회(나중에 영국 침례교회의 기관이 됨), 1799년 성공회의 교회선교회, 1804년 영국 및 해외선교회, 1810년 미국 해외선교위원회, 1814년 미국 침례교 선교부, 1815년 바젤 선교부, 1824년 베를린 선교협회 등이 설립되었다. 19세기 말에는 거의 모든 기독교 국가와 기독교 교파가 선교사역을 지원하는 일에 관여했다. 그 결과 선교사역의 신속한 확장이 이뤄졌다.

18세기 말 전부 혹은 부분적으로 성경이 번역된 언어가 70여 개였으나, 19세기 말에는 신구약이 전부 번역된 언어가 100개를 넘었다. 19세기 선교활동에서 혁명적인 것의 하나는 독신여성 선교사의 등장이었다. 신·구교 구분 없이 19세기 중엽 이후에야 독신 여성을 선교사로 파송하기 시작했다. 선교사들이 크게 성공할 수 있었던 계층은 강력한 종교체제를 발전시키지 못했던 부족 사회거나 가난하고 비특권적 계층들이었다. 대중운동으로 교인이 급증하자 현지 목회자들이 늘어났다. 19세기 말이 되면서 외국인 안수자들보다 현지인 안수자들이 훨씬 많아졌다. 그러는 사이에 일어난 본질적인 문제는 선교회가 교회의 지위로 빠져 들어갔다는 점이다. 여기서 생기는 문제는 우선 선교사의 우월감과 온정주의(paternalism)였다. 다음으로 선교지 교인들은 자신의 문화에 적합한 방식으로 예전이나 신앙을 표현하기보다는 선교사의 방식을 모방하려는 경향이 있었다는 점이다.

2) 서구 기독교의 아시아 선교

1793년 인도에 도착한 윌리엄 캐리는 영어권 세계의 선교사업을 본격화한 장본인이다. 그의 선교에 대한 관점은 독립적이고 근대적이었다. 다섯 가지 원칙을 보면 복음 전파, 그 나라 언어로 기록된 성경 보급, 가급적 신속히 교회를 세움, 비기독교인들의 배경과 사상 연구, 현지인 교역자 양성 등이다. 특히 그는 처음부터 교회와 선교를 통합적으로 보았다. 중국에서 복음을 향한 문호개방은 서방 열강의 상업적·정치적 압력과 밀접히 연관된 것이었다. 서방과 중국 사이의 긴장은 결국 아편전쟁을 초래했다. 난징조약으로 서구 열강은 치외법권적 특권을 얻게 되었으며, 반대로 중국의 지식인들은 반기독교적 성향을 갖게 되었다. 기독교는 군함과 대포 뒤를 따라가는 것처럼 보였다. 태평천국의 난(1846~1853년)과 의화단 사건(1900년)도 이런 맥락에서 이해해야 한다. 20세기 중엽 서구 선교사의 추방으로 인한 선교 주체의 붕괴는 현지 목회자 양성의 중요성을 증명했다.

식민주의의 전성기(1858~1914년)의 특징은 다음의 다섯 개 사건과 관련이 있다. 첫째, 영국 정부가 인도의 통치를 맡음으로써 준주권적 권력체였던 동인도회사의 수명이 끝났다. 선교사들은 동인도회사의 적대적인 편견과 차별대우에서 자유롭게 되었다. 둘째, 유럽과 중국의 전쟁은 1858년 조약 체결로 종식되었다. 중국은 서구 기독교 세력에게 문호를 개방했지만 평화의 세력 뒤에는 총검을 두른 식민 정부가 있었다. 셋째, 제2차 복음주의대각성운동이 대서양을 건너 여러 지역으로 파급되었다. 이로 인해 새로운 선교협회가 형성되었고, 기존 선교회에는 지망자들이 쇄도했다. 넷째, 일본에서도 2세기 동안 닫혔던 선교의 문이 열리기 시작했다. 다섯째, 1857년 리빙스턴의 책이 출판되면서 서구 교회가 아프리카 선교사업을 재개할 때가 되었음을 확신하게 되었다.

일본 기독교의 주요 특징은 기독교 신앙과 민족감정의 혼합이었다. 시메타 니이지마는 미국에서 공부하고 귀국한 후 1874년 동지사 대학을 설립했다. 일본 교회에서는 일찍부터 일본적인 바탕 위에 교회를 세운다는 문제가 등장했다. 우에무라 마사히사는 외국인들이 지도적인 위치에서 물러나야 하며, 일본 교회는 순수한 일본의 교회가 되어야 한다는 주장을 펼쳤다. 1877년 장로교 3개 선교부의 합동으로 일본 기독교 일치교회가 세워졌다. 우찌무라 간조는 무교회운동을 일으켰다. 1904년에는 동경신학사라는 최초의 독립적인 신학교를 세웠다.

중국에서는 허드슨 테일러가 중국내지선교회를 1865년에 창립했다. 이 선교회는 초교파적이었으며, 공식 교육이 부족한 자들에게도 개방했다. 또한 선교회의 지도부는 영국이 아니라 중국에 있어야 하며, 선교사들은 중국식 복장을 착용하고 가급적이면 중국인들과 자신을 동일시한다는 원칙을 갖고 있었다. 선교회의 일차 목적은 복음을 전파하는 것이었다. 점증하는 반기독교적 운동이 1900년 6월 24일 의화단 사건으로 일어났다. 모든 외국인을 살해하라는 칙령이 발표되었다. 외국인 개신교인들의 희생은 어른이 135명, 어린이 53명 등 188명이었다. 이 봉기는 8월 외국 군대가 북경에 들어가 진압

되었다. 서구는 중국인들에게 서구의 인명피해와 재산피해에 대한 보상을 요구했다. 그런데 누구보다 더 희생이 컸던 중국내지선교회의 지도자 허드슨 테일러는 그리스도의 온유함과 양순함을 중국인들에게 보여주기 위해 아무것도 요청하지 않았다. 중국내지선교회에 속한 선교사들은 중국이나 중국인들에게 별다른 원한이 없었다. 그렇지만 중국의 기독교가 갖는 고민은 '어떻게 하면 내가 구원을 받을 수 있을까?'가 아니라 '어떻게 하면 중국이 새롭게 살아날 수 있을까?' 하는 것이었다.

인도에서는 거의 모든 선교부가 상류 카스트들에게 접근하였다. 가난한 계층에서 개종운동이 일어나자 선교사들은 걱정과 난처한 마음으로 이 운동을 바라보았다. 그들은 무식하고 천대받는 민중이 대거 교회 안에 유입됨으로 인해 그들의 선교사업 전체에 대해 편견을 갖는 사람들이 생길 것을 우려했다. 선교사들은 희한할 정도로 정세 변화에 둔감했고, 선교사의 인도 교회에 대한 지배가 대단히 장기간 계속될 것으로 여겼다. 인도 교회 안에서 새롭게 성장하는 지도력에 대해서는 거의 모르고 있었다.

7. 현대의 선교(20세기)

교회가 선교의 주체로 인식된 것은 비교적 최근의 일이다. 초대교회나 네스토리우스파 교회를 제외하면 지난 2000년 세계 선교 역사에서 교회는 선교 주체로 인식되지 못했다. 20세기에는 제2차바티칸공의회에서 선교에 대한 새로운 인식이 일어났다. 이는 서구 문화가 급속히 세속화되면서 과거의 기독교 국가였던 서구가 선교지 상황이 되고, 제2차세계대전 이후 서구 교회의 선교지였던 제3세계 교회들이 서구 선교회로부터 독립한 교회가 되자 교회를 선교와 분리할 수 없다는 것이 명백해지면서 선교의 주체를 교회로 인식하게 된 것을 가리킨다. 1961년 WCC 총회에서 국제선교협의회가 세계선교와전도위원회에 통합된 것은 선교회가 아니라 교회가 선교의 주체라는 것을 보여준 사건이다.

1963년 멕시코 시에서 열린 세계교회협의회의 세계선교와전도위원회의 선교대회 표어는 '6대륙에서의 선교'였다. 보내는 교회와 받는 교회 사이의 이분법을 넘어서서 모든 곳이 선교지가 되었다는 말이다. 이것을 서구에서 받아들이는 데는 한 세대 이상 걸렸다.

1949년 중국 공산화 이후 서구 선교회가 중국에서 추방되었다. 1952년 열린 빌링엔 대회는 '십자가 아래에서의 선교'를 표어로 하고, 중국에서의 선교사 추방을 하나님의 심판으로 받아들이며, 선교의 방식은 십자가여야 한다는 것을 확신하게 되었다. 선교 목표는 하나님 나라였다. 이 대회 직후 '하나님의 선교'(*missio Dei*)라는 새로운 선교론이 주창되었다.

나가는 말: 선교 역사를 통해 본 선교 이해

우선 역사적 개관에서 언급했던 것처럼 선교 역사를 서방교회 중심으로 볼 것이 아니라 동방교회, 특히 네스토리우스파 교회의 선교도 중요시해야 한다. 로마 제국의 국교가 된 기독교는 신앙과 고대문화(종교)의 종합이 이뤄지면서 여러 가지 위험에 직면했다. 교회를 제국과 동일시하는 위험에 빠지고, 교회는 신학적 적대자들을 박해하기 위해 제국에 도움을 요청했다. 이는 북아프리카 교회들이 이슬람 침공시 살아남지 못했던 중요한 이유가 되었다. 그리고 정치가 교리적 선택에 영향을 주게 되었다. 로마 제국과 적대 제국이었던 페르시아는 로마 제국에 근거를 둔 서방교회가 받아들였던 칼케돈 신조 대신에 네스토리우스파 교회의 신조를 받아들였다. 즉 페르시아에 기반을 둔 기독교인들은 교리를 선택할 때 정치적 사항도 중요한 요인으로 고려했다. 그리고 네스토리우스파 선교는 제국의 보호를 받지 않는 선교 방식을 보여주는 사례였다. 네스토리우스파는 삶의 모범을 보이며, 다른 종교와 공존하고, 다른 문화를 존중하는 방식으로 선교를 전개했다. 그러나 네스토리우스파 선교는 선교사들을 바그다드에 의존했고, 중국에서의 선교 사역에서 지나치게 불교식 신학과 예술을 차용한 결과 불교가 억압을 받을 때 함께 사라져버렸다. 지역적으로는 가장 광대한 선교사역을 펼쳤고, 교회가 선교적 사명을 지님을 자각했던 네스토리우스파 선교는 이렇게 사라졌다. 비록 네스토리우스파 선교가 사라졌지만 그 선교가 초대교회의 선교 방식을 따르려 했던 것만큼은 기억되어야 한다. 즉 초대교회는 혹독한 핍박의 시기에 삶의 모범과 순교를 통해 로마 제국을 복음화함으로써 선교 방식의 모범을 미리 제시했었다.

둘째, 비록 서방교회가 제국과 결합된 방식의 선교를 펼친 것이 사실이지만 그 안에도 새롭고 다양한 시도들이 있었다. 색슨족 선교, 노르만족 선교, 십자군 전쟁 등에서는 폭력적 선교 방식, 강압, 회유, 간계, 순교 등이 혼재했다. 그러나 7세기 초 교황 그레고리오 1세는 '적응'의 선교방식을 권면했다. 또 수도사들의 선교는 기도와 노동을 기반으로 지역문화와 지역언어를 중시했다. 16세기 이후 진행되었던 식민주의의 선교나 19세기 식민주의의 선교는 모두 폭력적, 강압적 방식의 선교였지만 그 가운데에도 의미 있는 시도들이 있었다. 라스 카사스는 16세기 초에 노예해방을 스스로 실천하고 이를 확대하고자 반세기가 넘도록 헌신했다. 예수회 소속 프란시스 하비에르는 선교지 문화를 부정했다가 일본 선교에서는 적응의 방식을 사용했고, 이는 마태오 리치에 의해 중국 선교에 적용되었다. 이러한 시도들은 의미가 큰 사역이었지만 결국 교회정치(바티칸)에 의해 부정되었다. 인도에서 노빌리는 상류 카스트 중심의 선교를 펼쳤는데 나중에는 하층 카스트, 불가촉천민(달릿)들이 더 많이 모여들어 당황했다. 최근까지도 인도 신학자들과 교회 지도자들에게조차 달릿은 투명인간 대우를 받고 있다.

개신교 선교는 경건주의 영향을 받아 발전하기 시작했다. 19세기 개신교 선교는 복음주의 부흥운동의 영향을 받아 전개되었다. 개신교 선교는 성서 번역을 강조했다. 그런데 복음주의 부흥운동은 노예제 폐지와 같은 사회운동을 함께 전개했지만 선교사역에서는 이러한 부분이 결여되어 있었다. 예외가 있었다면 17세기 인디언 선교를 했던 존 엘리엇이 세운 기도마을로 그곳은 기도와 노동을 결합한 생활신앙공동체였다. 개신교 선교의 주체는 선교협의회였지만 19세기 후반에 들어서면서 선교회는 기성교회처럼 변해갔다. 19세기 말에 선교사들보다는 현지 사역자들이 많았지만 현지 교회들은 자신의 문화에 적합한 예전과 신학을 개발하기보다는 선교사의 예전과 신학을 모방하려 했다. 아편전쟁으로 맺어진 난징조약 이후 치외법권적 특권을 지닌 선교사들의 선교사역에 대해 중국 지식인들은 반기독교적 태도를 보였다. 서구 제국주의와 결탁했던 서구 선교에 대한 집단적 폭력의 대응이었던 의화단 사건이 공산당 집권 이후 서구 선교사들의 추방으로 이어졌다. 중국으로부터 서구 선교사들이 추방된 사건을 다루기 위해 모였던 빌링엔 선교대회는 선교의 주체가 교회나 선교회가 아니라 하나님이라는 새로운 선교신학인 하나님의 선교(*missio Dei*)를 태동시켰다.

선교회 중심의 선교에 대한 반성으로 교회가 선교의 주체가 되어야 한다는 주장은 가톨릭의 경우 제2차 바티칸공의회에서, 개신교의 경우 국제선교협의회가 세계교회협의회의 세계선교와전도위원회로 통합된 것에서 나타났다. 선교의 전략과 관련해서 첫 12세기 동안은 인접 지역을 선교하는 방식을 택했는데 13세기에 선교 수도회를 조직하여 교구가 없는 지역에서 활성화한 것은 새로운 선교 전략이었다. 이러한 새 선교 전략이 아비뇽의 교황들을 중심으로 중세 암흑기에 이뤄진 것은 선교의 신비에 해당한다. 그러나 유럽의 기독교가 이슬람에 의해 약 8세기 동안(8~15세기) 포위되어 어느 지역으로든 선교사역을 펼칠 수 없었던 시기에 만들어진 신학과 예전이 보편적이어야 한다는 주장이 억지 같이 보이는데도 여전히 상당한 영향을 미치고 있음은 역사의 아이러니이다.

셋째, 선교는 동어반복(tautology), 선전(propaganda)이 아니다. 초대교회는 유대인 기독교인들이 다수였지만 이방인 기독교인에게 유대문화인 할례와 율법을 강요하지 않았다(행 15). 그러나 로마 가톨릭교회와 서구 개신교는 선교사역에서 비서구 지역 기독교인들에게 현지 문화를 부정하고 서구 문화를 기독교와 동등한 가치로 받아들일 것을 강요했다. 라틴 아메리카에서 알보르네스가 1525년에 제안했던 것처럼 인디언 사제를 허용했다면 라틴 아메리카의 가톨릭은 지금과 같은 명목상의 신자들을 양산하지 않았을 것이다. 로마 가톨릭은 남인도에서 발견했던 성 도마교회의 신자 10만 명을 동등한 그리스도인으로 인정하지 않았다(1599년). 바티칸과 교제가 없었던 교인들을 그리스도인으로 인정할 수 없다는 태도였다. 약 300년이 지난 뒤에야 가톨릭은 그들을 신자로 받아들였다. 가장 극적인 사건은 몽골과의 연합을 거스르면서 선교역사뿐 아니라 세계사를 바꾼 사건이었다. 13세기에 몽골이 세계를 정복하려 할 때 가장 큰 적은 이슬람이었다. 이슬람은 서구 기독교에게도 중대한 적이었기 때문에 서구와 몽골은 연대할 수 있었다. 그런데 바티칸은 몽골의 특사였던 랍반 사우마에게 교리문답을 통해 이단 시비를 검으로써 연대가 깨지고 몽골은 이슬람화되었다. 결국 당대 최강인 몽골이 이슬람의 선봉장이 되었다. 서방교회 선교의 큰 과오는 비서구 지역의 문화를 부정하고 자신의 문화를 강요한 점이었다. 서구 선교는 초대교회의 모범적 선교 방식을 거스르고 자신의 문화를 부정하는 십자가 선교를 부정했다. 한국교회의 세계 선교가 지닌 문제 중 하나도 서구 교회처럼 자신의 문화를 부인하지 않고 선교지 교회에 한국교회의 문화를 강요한다는 점이다.

넷째, 선교와 문화의 관계는 문화 부정, 토착화, 상황화 등으로만 볼 것이 아니라 문화교류라는 큰 맥락에서도 보아야 한다. 역사적 개관에서 언급했던 것처럼 서구에서 르네상스가 일어날 수 있었던 것은 야만족의 침입, 이슬람의 포위 등으로 서구가 자체적으로 문명을 보존할 수 없었는데 아랍(이슬람)을 통해 보존되었던 그리스-로마 문명이 역수입되면서 가능했다. 그리스-로마 문명이 이슬람에 전해진 것은 서방교회가 이단으로 정죄했던 네스토리우스파 교회의 선교 덕분이었다. 그리고 지리상의 '발견' 이후 서구 기독교의 라틴 아메리카 선교 방식은 선교사, 군인, 상인, 정부 관료 등이 결합된 형태로 진행되었던 이슬람의 정복 형태를 모방한 것이었다.

다섯째, 1980년을 기점으로 비서구 지역 기독교가 세계 기독교의 다수(2/3)가 된 관점에서 선교 역사를 재인식하고 새롭게 바라봐야 한다. 앤드류 월즈는 서구 교회 중심으로 선교 역사를 바라보는 것은 하나님의 백성의 구원사 전체보다는 특정 민족 구원사를 다룰 위험이 있다고 비판했다. 〈세계 선교 역사〉를 다룬 본 장 역시 자료들의 대부분이 서구 남성 중산층 기독교 신학자들에 의거하기 때문에 이런 비판에서 벗어날 수 없다. 그러나 분명한 것은 아시아 교회, 아프리카 교회, 라틴 아메리카 교회의 선교 역사가 서구 교회 선교 역사의 부록이 될 수는 없다는 점이다.

오늘날 초대교회를 이해하려면 남반부 교회들, 특히 초대교회의 흔적을 지닌 아프리카 교회를 통해서 더 잘 알 수 있을 것이다. 우리는 제국이나 국가 또는 식민주의와 결합된 형태의 기독교 선교가 많은 문제를 양산함을 지금까지 목도했다. 그러나 남반부 교회도 예외가 될 수 없다. 본 책의 "한국교회의 세계 선교 역사"에서 이승만 정권기를 살펴보면 교회와 국가가 결합된 형태의 기독교를 볼 수 있다. 남반부 교회들의 선교 과제 중 하나는 서구 교회의 역사적 과오들을 극복하는 것이다. 선교 역사를 새롭게 바라보기 위해서 필요한 것은 모든 중요한 일이 서구에서 일어났다는 생각을 극복하는 것이다. 서구 기독교는 세계 기독교의 일부분 일뿐이다. 서구 기독교 중심으로 선교 역사를, 신학을 바라보기보다는 대륙별로 기독교를 이해하고, 대륙 간 연계하여 이해하는 것이 중요하다.

예를 들면 대서양을 중심으로 아프리카와 유럽과 북남미를 연결해볼 필요가 있다. 그리고 전체 기독교에 대한 시각을 가져야 한다. 즉 기독교 선교 역사에서 어느 한 지역이나 한 문화가 기독교 신앙을 독점하거나 지배할 수 없다. 한 지역의 교회가 기독교의 중심이라고 하는 순간, 그 교회 안에 십자가의 연약함이 깃들 수 있기 때문이다.

그래서 기독교 선교는 일방적 팽창이 아니라 전진과 후퇴 또는 나선형의 연속 등으로 전체 기독교를 생각하면서 진행되어야 한다.

참고문헌

강석형. "프로테스탄트의 선교역사."『선교학 개론』: 101-115.

레슬리 뉴우비긴 지음, 최성일 옮김,『선교신학개요』. 천안: 한국신학연구소, 1995.
　　1장.

임희모. "동방정교회의 선교역사."『선교학 개론』: 89-100.

최형근. "로마 카톨릭 교회의 선교역사." 한국선교학회 엮음.『선교학 개론』. 서울:
　　대한기독교서회, 2001: 77-88.

스티븐 니일. 홍치모 · 오만규 공역.『기독교 선교사』. 서울: 성광문화사, 1980.

Bosch, J. David. *Transforming Mission: Paradigm Shifts in Theology of
　　Mission*. Maryknoll, New York: Orbis Books, 1991.

Comby, Jean. *How to Understand the History of Christian Mission*, Translated
　　by John Bowden. London: SCM Press, 1996(1992).

Ustorf, Werner. History of Mission(University of Birmingham, 1995년
　　강의록).

Walls, Andrew F. "Eusebius Tries Again: The Task of Reconceiving and
　　Re-visioning the Study of Christian History." in Wilbert R. Shenk
　　(ed.) *Enlarging the Story: Perspectives on Writing World Christian
　　History*. Orbis Books: New York, Mwryknoll, 2002: 1-21.

4 장

한국 개신교회의 선교 역사

들어가는 말

선교를 하나님의 뜻을 이 땅에 이루는 하나님의 선교에 교회가 참여하는 것이라고 한다면, 선교에 대한 정의는 하나님의 뜻을 어떻게 이해하는가와 선교가 이뤄져야 할 지역 상황에 대한 이해에 좌우된다. 서구 선교는 18세기 이후 19세기 중반까지 선교 목표를 영혼 구원으로 이해했고 20세기 중반까지는 교회 개척이라는 이해가 추가되었다. 1952년 빌링엔 선교대회 이후 하나님의 선교(*Missio Dei*)가 선교에 대한 새로운 이해를 초래했다.[1] 하나님의 선교는 선교 주체를 교회가 아니라 삼위일체 하나님 자신이라고 보고, 교회는 하나님의

---

[1] 김은수, "Missio Dei의 기원과 이해에 대한 비판적 고찰,"『신학사상』제 94호(1996, 가을), 142-64; 데이비드 보쉬, 전재옥 역,『세계를 향한 증거』(서울: 두란노, 1993), 제23장; J. C. 호켄다이크, 이계준 역,『흩어지는 교회』(서울: 대한기독교서회, 1982); 게오르크 F. 휘체돔, 박근원 역,『하나님의 선교』(서울: 대한기독교출판사, 1982).

선교에 참여하는 것으로 본다. 선교의 목표는 영혼 구원이나 교회 개척이 아니라 하나님과 인간, 인간과 인간, 인간과 자연 사이의 화해가 이뤄진 샬롬, 또는 하나님의 나라(통치)다. 그런데 일부 교회들은 하나님의 선교를 말하면서도 실제로는 교회 중심적인 선교를 반복하는 경우도 있었고, 다른 교회들은 교회가 선교의 주체가 아니라고 하면서 선교에서 교회를 배제하려는 경향을 보이기도 했다. 한국교회는 이런 양극단을 피하고 교회가 하나님의 선교에 어떻게 참여할 수 있는지를 성찰하면서, 제도교회 바깥에서 일어나는 하나님의 선교에 대해서도 마음을 열고 받아들일 수 있어야 한다. 그리고 구속론 중심의 선교학도 창조론의 보완을 통해 지평을 넓혀야 한다.[2] 하나님의 선교는 인류의 구원뿐만 아니라 피조물의 구원까지도 포함한다. 생태계의 위기 속에서 사는 현대 교회의 선교적 과제는 이처럼 피조물의 구원을 포함해야 한다.

선교에 대한 정의는 지역상황에 대한 이해에 좌우된다고 했다. 지리상의 발견 이후 서구 기독교의 선교는 불행하게도 식민주의, 제국주의와 결합하여 선교지 주민들을 '이교도'로 보고 그들의 종교와 문화를 악마적인 것으로 이해함으로써 인종 말살, 문명 파괴라는 죄를 저질렀다. 그러나 선교는 지역의 문화, 정치, 경제, 사회, 역사적 상황에 대한 인정을 전제하지 않고서는 성립하기가 어렵다. 특정 문화와 역사를 배경으로 한 서구 기독교나 한국 기독교를 선교의 보편적인 모델로 제시해서는 안 된다.

예수께서는 그리스도인들에게, 신앙공동체(교회)에게 세상의 소

---

2 C. S. 송, 이계준·김진서 옮김, 『희망의 선교 – 아시아 상황을 중심으로』(서울: 전망사, 1993), 제2장 참조.

금과 빛이 되라(마 5:13-16)고 하셨다. 선교하는 교회의 삶의 자리는 역시 세상(지역 사회, 국가, 대륙, 지구)이다. 빛은 어두움(죽임의 세상)을 비출 때, 소금은 음식으로 녹아들어갈 때 제 구실을 한다. 우리가 여기서 배울 수 있는 것은 다음과 같다. 첫째, 교회는 교회다움(소금과 빛)을 유지해야 선교 사명을 감당할 수 있다. 둘째, 교회는 빛을 세상에 비추고 세상 속으로 경계를 넘어가서 자신의 정체성을 잃는 것처럼 보일 때 자신의 맛(정체성 유지)을 드러낼 수 있다. 예수께서 자신을 비우고 종의 형체로 육신을 입고 사람이 되심으로써, 십자가에 달려 죽으심으로써 하나님의 정체성이 부인된 것이 아닌 것처럼, 교회도 교회다움을 간직한 채 세상 속으로 들어가 자신의 정체성을 잃고 그리스도 안에서 새 정체성을 얻는 것이 하나님의 선교에 참여하는 교회의 선교적 삶이다. 여기에는 교회의 교회다움과 하나님의 선교에 참여하면서 얻는 새 정체성 사이에 긴장이 있다. 즉 교회가 교회다워야 하나님의 선교에 참여할 수 있지만 교회는 십자가의 길을 통해 자신을 부인하는 과정을 거치며 새로운 정체성을 얻게 된다. 그런데 기독교 선교 역사를 보면 교회의 선교활동 방식이 십자가를 지는 방식이 아니라 타자에게 십자가를 강요하는, 십자군의 방식으로 선교하는 사례들을 더 많이 보게 된다. 때로는 복음의 수용을 위해 폭력을, 돈을, 또는 둘 다를 사용했던 사례들도 있다. 그러나 세상의 소금과 빛이 되라고 하신 말씀은 하나님 나라를 위해 의에 주리고 목마른 자들, 의를 위하여 박해를 받는 자들, 심령이 가난한 자들, 그러면서도 온유하고 긍휼히 여기는 자들에게 주신 말씀이다. 즉 성서에 의하면 십자가를 지는 방식의 선교가 그리스도의 선교 방식이요, 십자군의 선교 방식은 그리스도에게 속한 것이 아니라는 것을 알 수 있다.

또 한국교회 선교 역사를 보면 1907년에 조직된 한국장로교 독노회는 이기풍 선교사를 제주도로 파송했고, 1912년에 창립된 한국장로교 총회는 산동 지역에 선교사를 파송하기로 결의하고 1913년에 세 명의 선교사를 파송했다. 이처럼 한국교회는 초기부터 선교하는 교회로서의 역사를 지니고 있다. 세계 선교에 대한 양 극단적 태도가 있다. 하나는 선교의 시대는 끝났다는 태도요, 다른 하나는 그동안 아무것도 변한 것이 없다고 보고 공격적인 방식으로 해외 선교를 하는 태도이다.[3] 이 글은 이런 양극단을 피하고 한국교회가 어떻게 국내에서 또 국외에서 하나님의 선교에 참여해왔는지 간략히 그 흐름을 개관하고자 한다.

1. 복음의 수용 시기(구한말~1910년)

제너럴 셔먼호를 타고 평양으로 들어오려다가 대동강에서 토마스 목사가 순교한 것은 1866년이었다. 그 후 재일 선교사 맥클레이가 고종에게 학교와 병원 사업을 허락받은 후 의사 자격으로 알렌이 1884년 10월에 입국하고, 언더우드와 아펜젤러는 목사였지만 교사 신분으로 1885년 4월에 입국했다. 그들은 의료 선교와 교육 선교에 주력했다. 그러나 선교사들의 입국 이전에 만주에서는 맥킨타이어와 로스의 선교를 통해 한인들에게 복음이 전파되고, 선교사들은 한인들과 함께 성서 번역을 시작했다. 1879년에는 백홍준과 이응찬 등

---

3 프레만 나일즈, "오늘날의 세계 선교," 전라선교협의회/한일신학대학교 주최, 「세계선교와 한국교회의 역할: 국제선교협의회 보고서」(1995. 11. 8~10), 23-4.

네 명이 맥킨타이어에게 세례를 받았고, 1887년에는 신약성서가 한글로 최초로 완전히 번역되어 출판되었다. 일본에서는 개화파 양반학자 이수정이 1883년에 세례를 받고 성서 번역과 한인교회 설립에 기여했다. 서상륜, 서경조 형제 등에 의한 전도로 황해도 소래에는 '한국 개신교의 요람지' 소래교회가 한국인에 의해 처음으로 세워졌다. 중국과 일본의 선교사와 그들과 만났던 한국인들뿐 아니라 이름 없는 숱한 교인들, 매서인, 전도인, 전도부인 등의 눈부신 활동, 때로는 목숨을 건 전도 활동 때문에 한국인들은 복음을 빠르게 널리 받아들이게 되었다. 언더우드의 "그 무렵은 씨를 널리 뿌릴 시기였음에도 동시에 우리는 첫 열매들을 거둘 수가 있었습니다"⁴라는 고백은 바로 이 점을 지적한 것이다. 이처럼 복음 수용 시기에 한국교회의 주요한 특징 중 하나는 적극적인 복음 도입과 능동적인 복음 수용이었다.

의료 선교는 양반과 민중을 구분하지 않고 치료함으로써 신분 계층 사이의 장벽을 무너뜨렸고, 민중들이 기독교를 접하는 계기를 마련했고, 당시 조정과 민중의 기독교에 대한 편견을 교정하는 데 크게 기여했다. 교육 선교는 봉건사회에서 소외된 민중들에게 교육의 기회를 제공하고 성경을 배우게 함으로써 근대교육의 틀을 제공했다. 교육 선교가 복음화의 중요한 도구임이 드러났다. 특히 기독학교에서 자란 한인들이 민족운동의 선구자가 된 것은 세계 선교 역사상 거의 전례가 없는 일이었다.

교인들의 입교 동기를 보면 청일전쟁이나 노일전쟁 등을 통해 민중의 도피처로서 교회가 부각되면서 민중 계층이, 독립협회를 통해

---

4 H. G. Underwood, *Call to Korea*, 한국기독교역사연구소, 『한국 기독교의 역사 I』(서울: 기독교문사, 1995), 183에서 재인용.

지식인층이 입교하는 것을 볼 수 있다. 1894년 동학혁명을 통해 농민들은 부정부패한 관료를 몰아내고 농민들의 새 세상을 꿈꾸었지만, 무능한 정부는 외세 개입을 요청해서 청일전쟁이 일어났다. 청일전쟁은 일본의 승리로 귀결되었다. 그 뒤 일본의 정책은 러시아의 남하정책과 충돌해 러일전쟁이 일어났지만 일본의 승리로 인해 열강 제국주의 사이에서 일본의 입지가 확고해져 갔다. 1905년 가츠라·태프트 밀약을 통해 일본은 조선에 대한 지배를 미국으로부터 보장받았다. 그리고 을사늑약과 1910년 '한일합방'으로 일본이 조선을 강제로 병탄하였다. 이런 상황에서 교회는 민중들의 도피처가 되었고, 지식인들에게는 교회가 교육과 계몽을 통한 민족운동의 근거지로 여겨졌다.

초기에는 주로 선교부들이 연합활동을 펼치며 협력했고, 1905년에 한국복음주의연합공의회를 통해 하나의 개신교회를 지향했으나 실패했다. 또 선교지역 분할 정책과 네비우스 선교정책은 불필요한 마찰이나 재정 낭비를 줄이며, 민중 계층에 집중 전도하고 교회 조직이나 운영면에서 효과적이어서 초대교회의 성장에 기여했다. 그러나 이런 정책들은 교파교회로의 고착, 선교부에 의해 통제받는 교회, 교역자의 수준 문제 그리고 개교회주의 등의 문제점을 드러냈다. 1907년 대부흥운동을 통해 성경공부와 기도, 특히 새벽기도회 등 한국교회의 주요한 특징들이 나타났고 교세가 확장되었다. 그러나 대부흥운동이 한국교회를 비정치화하고 한국교회가 몰역사적 성격을 갖게 한 것은 문제였다. 한일병탄된 지 20일 후에 장로회 제4회 독노회가 백만인구령운동을 결정한 것은 선교사들과 마찬가지로 한국교회가 "한 나라의 운명이 '만국백성으로부터 능멸당하고 국가의 주권을 빼앗겼으며 재정권이 남에게 넘어간' 그 사실에 함께 분노하거나

슬퍼하기보다는 이러한 조건이 전도하기에 '절정의 날'을 만들어주었다"는 입장이었음을 보여준다.[5]

그 결과 적지 않은 민족의 지도자들과 지식인들이 교회를 떠났다. 그러나 당시 한국교회의 다른 측면을 보여준 대표적 사례가 전덕기 목사[6]의 상동교회였다. 1905년 을사늑약 직후 전덕기 전도사, 김구, 이동녕 등은 상동교회에서 기도회 후 을사늑약 반대 상소문을 올렸다. 또 상실되어가는 주권을 회복하기 위해 1907년에 비밀리에 조직된 신민회의 발기인 가운데 안창호, 이동휘, 이동녕, 전덕기가 포함되었으며 발기인들은 직간접으로 상동교회 청년학원과 관련을 맺었다. 다른 한편에서는 기독교인들이 개인적으로 참여한 항일 의병운동 등의 흐름도 있었다. 선교사들의 영향으로 한국교회 대부분이 사회적 상황에 제대로 대응하지 못했지만 상동교회처럼 민중을 섬기고 민족운동에까지 신앙활동의 지평을 넓힌 교회들이 있음을 기억해야 한다.

2. 일제하 한국교회의 선교(1910~1945년)

복음 수용기에 한국교회는 하나됨을 이루지 못하고 교파교회로 고착되었고, 나라를 빼앗기는 상황 속에서 민족교회로, 민족의 십자가를 함께 지고 나가도록 요청을 받았다. 그러나 대부분의 교회들은 점차 비정치화되어갔다. 그렇지만 일제치하에서 한국교회는 시련을

---

5 한국기독교역사연구소, 『한국기독교의 역사 I』, 278-279.
6 이덕주, 『한국 토착교회 형성사 연구』(서울: 한국기독교역사연구소, 2000), 263-281.

통해 자신의 정체성을 새롭게 만들어갔다. 일제는 한일 병탄 후 국내의 애국인사들을 한꺼번에 제거할 목적으로 대규모 항일민족운동을 탄압한 사건인 105인 사건을 날조했다. 105인 사건의 결과는 1905년 이후 민족운동 진영과 선교사 사이에 야기되었던 불신과 갈등이 해소되었고, 연루자 다수가 기독교인이어서 다소 열악했던 한국교회의 민족의식과 항일의식을 고양시킴으로써 향후 기독교 민족운동을 강화해주고, 한국교회가 고통과 수난을 통해 성숙한 신앙을 갖게 했다. 이 사건 연루자 가운데 상당수가 후에 3·1운동이나 해외독립운동에 주도적으로 참여했다.[7]

기독교가 천도교와 불교와 연대하여 일으킨 3·1운동을 통해 민족의 독립과 해방이라는 민족의 십자가를 교회가 지고 가며, 교회가 가장 심한 탄압을 받았다. 그렇지만 3·1운동을 통해 기독교는 외래 종교가 아니라 민족의 종교로 거듭났고 신속히 교세를 만회하게 되었다. 1920년 선교사 무어는 "독립운동, 그 결과가 무엇이든, 그것은 조선 민중의 마음과 심정을 열어주었다. 지난 50년의 평범한 날들이 하지 못했던 일을 한 셈이다. 새 날이 다가왔다"[8]라고 했다. 그러나 3·1운동 직후의 패배주의적이고 허무주의적인 사회 분위기 속에서 김익두, 길선주, 이용도 등 초월적 신비주의 신앙운동과 민족 계몽운동을 통해 민족의식을 고취하고 독립역량을 향상하고자 농촌계몽운동, 문맹퇴치운동, 절제운동, 야학운동, 여성운동 등을 펼치는 현실적 계몽주의 신앙운동이 1920~30년대에 나타났다. 한편 기독교와 사회주의 사이의 만남은 기독교의 사회적인 측면을 강화하기보다는

---

7 한국기독교역사연구소, 『한국기독교의 역사 I』, 323.
8 민경배, 『한국기독교사회운동사』, 187. 한국기독교역사연구소, 『한국기독교의 역사 II』
  (서울: 기독교문사, 1995), 41에서 재인용.

기독교의 반공주의적 태도를 더 키웠다.

한국장로교회는 1907년에 독노회를 조직하면서 7인의 안수자 가운데 이기풍 목사를 제주도에 선교사로 파송했다. 처음에는 제주도 선교를 해외 선교로 이해했다가 산동반도에 선교사를 보내면서 국내 선교로 이해하게 되었다.[9] 미국 북장로교회의 배위량 선교사에 의하면 1915년에 제주도에는 "두 명의 안수 받은 목사들과 일곱 명의 안수 받지 않은 남녀 사역자들이 있었다"[10]고 한다. 1909년에는 최관홀 목사를 블라디보스토크로, 한석진 목사를 일본으로 파송했다. 감리교회는 1910년에 손정도 목사를 중국에 파송했고, 침례교회는 1906년에 한태영 외 네 사람을 간도에 파송했다. 이처럼 한국교회는 조직 교회가 되는 과정에서 선교하는 교회가 되었다.[11]

한국장로교회는 총회를 조직하면서 외국 선교를 하기로 하고 산동반도를 목표로 정해 선교 답사를 실시한 후 1913년 3명의 선교사를 파송했다. 총회는 "지나에 파송하는 선교사는 자유교회를 설립하지 말고 그 땅 장로회와 연합할 것"[12]을 결의했다. 한국 선교사들은 미국 북장로교 선교부의 협력하에 중화 화북대회 산하 산동 장로회에 속해 사역했다. 1937년 산동 선교에 합류한 방지일 선교사에 따

---

9 언더우드 선교사의 아내 릴리아스 언더우드는 "한국교회의 선교사역에 관해서는 보통 '내지 선교 사역'(Home Mission Work)이라고 부르는 것과 '해외 선교 사역'(Foreign Mission Work) 사이에 선을 긋기가 어렵기 때문에 나는 '해외 선교 사역'이라는 말 대신에 '연장사역'(Extension Work)이라고 말한다"고 했다. 박기호, 『한국교회 선교운동사』(서울: 효일문화사, 1999), 84 참조.

10 *The Korea Mission Field*, Vol. XI. No. 7, 1915, 190. 박기호, 『한국교회 선교운동사』(서울: 효일문화사, 1999), 60에서 재인용.

11 김성태, 『세계선교전략사: 교회사 속에 나타난 선교전략과 사례연구』(서울: 생명의말씀사, 1998), 242-243.

12 〈예수교쟝로회죠션총회 데이회 회록〉, 1913, 25. 한국기독교역사연구소, 『한국기독교의 역사 II』(서울: 기독교문사, 1995), 134에서 재인용.

르면 "한국 선교사들에 의하여 설립된 40개의 교회들은 중화 기독교회 산동대회 산하에 있는 래양노회에 속하였다"[13]고 한다.

이처럼 한국 초대교회 해외 선교의 특징은 협력 선교와 한국의 교파 이식이 아니라 파송된 지역교회에 소속되어 사역한 것이었다. 국권을 상실한 한국교회의 선교가 힘을 발휘할 수 있었던 것은 국가 권력이나 경제력에 의존한 것이 아니라 선교사, 교인들, 온 교회가 자기 교파 이식이라는 유혹을 물리치고 자기를 부인하는 십자가를 지는 선교를 했기 때문이다.[14] 1902년 하와이 농업이민 이후 시작된 미주 한인선교나 특히 만주 선교를 주도했던 한인회는 구한말부터 민족운동의 주요 거점이었고, 3·1운동에도 중요한 역할을 했으며, 계속적인 항일독립운동의 거점으로 기여했다.

이런 시각에서 볼 때 한국교회 산동선교의 여러 의의에도 불구하고 한 가지 아쉬운 점은 1937년 중일전쟁 이후 일본에 대한 선교사들의 태도였다. 1940년 대한예수교장로회 총회시 산동 선교사들이 "산

---

[13] 방지일, 『복음역사반백년』(광주: 반도문화사, 1986), 62. 박기호, 『한국교회 선교운동사』, 82에서 재인용.

[14] 일부 '2세대' 선교사들이 보여준 인종차별주의적 태도가 반영된 사건의 하나가 1925년 여름 자기 집 과수원의 사과를 따먹은 어린이 이마에 염산으로 '도덕'이라 쓴 '허시모 사건'이었다. 그해 12월 방한한 세계교회 지도자인 존 모트의 방한을 계기로 선교사와 한국교회 사이의 갈등을 해소하려 했는데 이 자리에서 한석진 목사가 선교사에 대한 대단히 비판적인 발언을 했다. "선교사업을 성공시키며 가장 효과적으로 하려면 선교사가 한 나라에 오래 머물러 있지 말고 교회의 기초가 서게 되면 그 사업을 원주민에게 맡기고 다른 곳에 가서 새로 일을 시작하는 것이 좋은 것이다. 선교사들이 한곳에 오랫동안 체류하면 자기가 세운 교회며 학교라는 생각으로 우월감을 가지고 영도권을 행사하려고 하게 되니, 이것은 참된 복음 정신에 위배되며 교회 발전에 방해가 될 뿐이요 조금도 도움이 안 된다." 채필근, 『한국기독교의 개척자 한석진과 그의 시대』, 한국기독교역사연구소, 『한국기독교의 역사 Ⅱ』, 174에서 재인용. 여기서 중요한 문제의 하나는 선교사들의 교적이 한국교회가 아니라 파송교회인데도 한국교회 정치에 깊숙이 관여한다는 점이다. 이것이 초대 한국교회가 중국교회 소속으로 선교사를 파송한 이유로 해석해야 할 것이다.

동 선교 경내에 황군의 공헌으로 치안이 선히 되어 선교 사업이 편리하게 되어가는 일이오며"[15]라고 보고했다. 선교사들의 이러한 태도는 당시 이미 총회가 신사참배를 결의한 것과 긴밀한 관계가 있을 것이다. 그러나 산동 선교는 이런 태도로 인해 중국의 공산화 이후 문을 닫게 된 것으로 볼 수 있다.

신사참배에 대해 한국교회는 처음에는 강하게 저항했으나 신사참배를 국민의례로 인정하는 교파들이 늘어나면서 결국 장로교 총회가 1938년 신사참배를 결의했다. 이후 한국교회는 점차 부일협력에 깊이 적극적으로 관여했다. 대다수의 교회 지도자들과 총회, 기독교 기관들이 친일, 부일 행위를 보여준 반면에 소수 목사들, 교회 지도자들, 이름 없는 그리스도인들은 신앙을 지키기 위해 신사참배에 반대했다. 신사참배 거부로 투옥된 이는 대략 2,000여 명에 달하고 200여 교회가 폐쇄되고 주기철 목사 등 50여 명이 순교했다.[16]

3. 해방 후 한국교회의 선교(1945~1960년)

해방 후 우리 민족의 과제는 친일잔재를 청산하고, 미·소에 분할 점령된 남·북을 한 새로운 근대국가로 세우는 것이었다. 교회의 과제는 이런 민족의 과제에 동참하는 것이며, 동시에 교회의 친일잔재

---

[15] 〈죠션예수교쟝로회 총회 29회 회록〉, 22. 한국기독교역사연구소,『한국기독교의 역사 II』, 139에서 재인용. "침략자 일본군의 치안확보를 이용하여 선교사업을 펴나가는 교회의 활동은 피침략 민족인 중국인의 입장에서는 침략자의 위장전술로 받아들여질 수도 있었다."

[16] S. A. Moffett, *The Christians of Korea*, 75. 한국기독교역사연구소,『한국기독교의 역사 II』, 337-338에서 재인용.

를 청산하여 회개와 갱신을 통해 교회를 새롭게 하고, 하나의 근대국가 건설 과정에서 생길 여러 갈등을 최소화하는 화해와 일치의 역할을 하는 것이었다.

3년간의 미군정기(1945~48년) 동안 주목할 것은 선교사와 미군정 사이의 관계였다. "미군정하에서 선교사들은 선교사 이전에 군정 관료로서 입국했고, 선교활동을 재개한 후에도 미군정 내에서 일정한 역할을 계속 수행했다."[17] 군정과 선교사와의 관계는 교회로 하여금 국가와의 교류와 통합을 당연시하게 했다. 또 군정에 가장 용이하게 접근할 수 있는 집단이 영어를 사용하고 미국 유학을 마친 개신교 신자들이고, 선교사들을 통해서도 군정과 밀접한 관계를 맺을 수 있기 때문에 교회는 미군정에 깊이 참여했다. 미군정 초기에 임명된 고위 관료들은 목사를 포함한 신자들이 각 급별로 적게는 33%에서 많게는 55%에 이르렀다. 이는 당시 기독교 인구비율이 0.52%에 불과한 것을 보면 기독교인의 비율이 과대표된 것을 알 수 있다.[18]

미군정기에 이룩된 국가와 교회 사이의 통합적인 관계가 이승만 정권하에서도 지속되었다. 이승만 정권은 형목 제도, 군종 제도, 경목 제도, 중앙방송을 통한 전도, 일요일의 공휴일화, 주일선거의 반대 수용 등 기독교회에 특혜적인 지원과 정책을 실시했다. 이에 대해 교회는 이승만 정권을 선거에서 적극 지지했고, 교회 지도자들과 국가 고위 관료나 정치인과의 교류, 개신교 신자들의 정부 내 기구 다수 진출 등을 통해 국가 정당화에 기여했다.[19] 한편 이념 갈등에 대해

---

17 강인철,『한국기독교회와 국가, 시민사회 1945-1960』(서울: 한국기독교역사연구소, 1996), 171.
18 위의 책, 175-176.
19 위의 책, 173 이하.

교회는 우익세력과의 연대와 통합을 통해 친미 반공적인 이승만의 단독정부와 정권을 지원했다. 이 과정에서 친일파들이 반공투사로, 건국주역으로 행사함으로써 교회와 민족의 친일잔재 청산이라는 과제는 이뤄지지 못했다. 또 한국전쟁을 계기로 한국인들이 반공분단 이데올로기를 내면화하고, 권위주의 국가의 정당성을 부분적으로 인정하게 되었으며,[20] 북한에서는 교회라는 존재를, 남한에서는 공산주의의 존재 자체를 인정하지 않게 되었다.

한편 교회는 교육, 의료, 여성, 사회복지 분야에서 두드러진 영향력을 행사했으며, 언론, 경제, 예술 분야에서도 비교적 강력한 연계망을 구축하여 교회의 사회적 영향력이 강화되었다.[21] 반면에 교회 재건 과정에서 교단의 계속되는 분열과 신흥종파로의 교인 이탈 등은 교회의 사회적 공신력을 실추시켰다. 특히 교회연합운동의 중요한 두 축이 반공, 단정 수립과 이승만 정권지지운동이 되어 이런 경향을 강화했다. 4·19 이후 1년이 지나도록 변하지 않는 교회를 향해 한「기독신문」의 사설은 다음과 같이 자정을 요구했다.

"불행하게도 해방 후 한국교회는 그 사명을 다하지 못하였으며 교직자는 민중의 사표가 되지 못하였을 뿐만 아니라 도리어 민중의 적으로 지탄받아 왔었다. … 교단의 사분오열로 일어난 피투성이의 강단 싸움, 법정소송은 아직도 계속되고 있으며, 구제보따리를 둘러싼 추문, 딸라의 농락과 굴종으로 일어나는 비열한 교권싸움, 타락한 성직자의 부정부패정권에의 참여, 자숙을 모르는 친일파와 모리배의

---

20 위의 책, 250.
21 위의 책, 208.

교원 장악 등등."(크리스챤 1961. 6. 19 사설)[22]

이 시기 한국교회는 정치화, 즉 선교사, 목사, 기독교인들의 미군
정 참여, 목사, 장로, 교인들의 이승만 정권에의 참여를 통해 일제 강
점기에 선교사들이 내세웠던 정교분리 원칙을 폐기하고, 정치에 직
접적으로 참여하여 친미 반공 보수적인 정권을 수립하고 지지하며
분단 고착을 통해 교회의 사회적 영향력을 확대했지만 교회의 사회
적 공신력을 크게 떨어뜨렸다. 이 시기에는 한국교회가 가히 '기독교
국가'(Christendom)가 되었다고 할 수 있다. 한국교회선교100주년기
념대회의 설교에서 한경직 목사는 초창기의 교세는 약했으나 애국
운동, 문화운동, 사회운동, 사회봉사 등 모든 방면에서 사회에 앞서
나갔지만, 해방 후 한국교회는 사회봉사, 문화 방면 등에서 뒤떨어지
기 시작했음을 지적했다.[23] 그 이유를 기독교의 정치화, 기독교국가
화를 통해 교회의 선교 과제를 제대로 수행하지 못한 데서 찾을 수
있다.

4. 군부독재, 민주화 운동과 한국교회의 선교
   (1961~1987년)

4·19혁명 이후 한국 사회는 민주적이고 정의로운 사회체제로 변
화될 수 있는 기회를 맞이했다. 그러나 5·16 군사쿠데타는 군부독재

---

22 위의 책, 223-4에서 재인용.
23 한경직, "앞서가는 언약궤," 대한예수교장로회 한국교회100주년 준비위원회,『한국교
  회 100주년 기념사업 종합보고서』(서울: 대한예수교장로회총회, 1985), 62-64.

사회를 초래했다. 박정희 정권은 정당성이 결여되었기 때문에 경제성장을 통해 반공이데올로기의 물적 토대를 만드는 것으로 자신의 정당성을 획득하고자 했다.[24] 교회는 한·일 국교정상화에 반대했지만, 한국군의 베트남전 참전에 대해서나 삼선개헌에 대해서는 반대하지 않았다.

유신체제[25]는 1인 장기독재체제로 민주화 운동을 긴급조치로 억누르고 사회 전체를 준전시체제로 만들었다. 한편 청계천 피복노조 노동자 전태일의 분신은 1970년대 민주화 운동의 출발점이 되었다. 한국기독교교회협의회는 1973년 인권을 주관심사로 활동했고, 1974년에는 인권위원회를 조직했으며, 목요기도회를 통해 고난당하는 자들의 소리를 듣고 함께 기도했다.

산업선교는 1957년 예장총회 전도부 산하에 산업전도위원회를 조직하면서 시작되었다. 산업전도위원회는 전도 대상만 지역주민에서 공장 노동자로 바뀐 산업전도를 했다. 하지만 10년의 산업 전도 경험을 통해 자신들의 방법이 노동자와 현장에 잘 맞지 않음을 깨달았다. 1968년부터 노동자의 권리 보호와 이익에 관심을 갖는 도시산업선교가 시작되었다. 도시산업선교는 하나님의 선교 신학으로부터 영향을 받았다. 신·구교 선교 단체들이 모임을 갖다가 전태일의 분신에 자극을 받아 1971년 1월에 한국산업문제협의회를 조직했다.

---

24 김동춘, "한국자본주의의 성격과 지배질서: 안보국가, 시장, 가족," 한국산업사회연구원 편, 『한국사회의 변동: 민주주의, 자본주의, 이데올로기』(서울: 한울, 1994), 224.
25 60년대의 경제성장은 저임금과 저곡가 정책에 기반한 것이기 때문에 농민들과 노동자들, 도시빈민들의 희생 위에 이뤄졌다. 이로 말미암은 사회적 불안정과 60년대 말 세계경제의 침체에 영향 받은 한국경제의 위기 그리고 군사적 개입 자제와 경제적 지배구조 강화를 지향하는 1970년 닉슨 독트린으로 인해 박정희는 1972년 유신체제를 수립했다.

그해 9월 크리스챤행동협의체가 창립되었다.[26] 유신정권은 노조를 지원하는 도시산업선교를 탄압했고, 노총과 언론도 이에 가세해 산업선교 실무자들을 자생적 공산주의자로 만들려 했으나 실패했다. 예장과 감리교회는 산업선교를 교단의 공식적인 선교활동으로 인정하면서 공식적으로 방어했다. 한국기독교교회협의회는 1978년 '산업선교신학 선언'을 발표했다.[27] 그러나 도시산업선교는 한국교회나 교인들로부터 폭넓은 지지를 받지 못했고, 일부 교인들은 그 존재조차 몰랐다. 이는 그 재정의 큰 부분을 서구 교회나 선교회에 의존한 것과 깊은 관계가 있다.

1960년대에 한국 사회가 급속한 산업화와 도시화를 경험하면서 도시빈민이 급증했다. 1968년 미국연합장로교회 후원으로 세워진 연세대학교 부설 도시문제연구소가 중심이 되어 도시빈민선교 실무자 훈련을 시켰다. 1971년 3,000명의 시민아파트 주민들이 6월 시청 앞에서 시위를 했고 8월 광주 대단지 '폭동'을 일으킨 것을 계기로 연대 도시문제연구소의 훈련과정에 참여한 사람들이 그해 9월 수도권도시선교위원회를 조직했다. 수도권선교위원회의 선교 현장이 수도권에 7군데 있었고, 성남에 있는 현장은 주민병원 설립을 추진하고 있었다. 그러나 1972년 10월 유신선포로 수도권선교위원회의 활동도 1년 만에 중단되었다. 그들은 주민 조직가에서 예언자로 변했다. 그들의 예언자적 행동은 1973년 '성직자 내란예비음모 사건',

---

26 크리스챤 사회행동협의체는 1973년 에큐메니칼 현대선교협의체로 바뀌었다가 1975년 한국교회사회선교협의체로 개칭했다가 1976년 9월 해산했다. 그러나 신·구교 산업선교회, 가톨릭농민회, 기독학생총연맹 등 실무자들을 중심으로 1976년 10월 한국교회사회선교협의회를 발족시켰다. 한국교회사회선교협의회 편, 「한국교회사회선교협의회 15년의 활동과 약사」(1986. 12, 미간행 자료).
27 조승혁, 『도시산업선교의 인식』(서울: 민중사, 1981), 136-137.

1975년 '선교비 횡령 사건', 1976년 '반공법 사건' 등 유신정권에 의해 가혹한 탄압을 받았다. 유신정권과 투쟁하면서 그들은 교회에 대한 평가를 달리하게 되었다. 초창기에는 주민조직만 강조했고 교회에 대한 언급은 거의 없었다. 그러나 그들은 "복음의 기치를 보다 높이 쳐들지 않으면 그리고 기성교회와의 관계를 보다 긴밀히 하지 않으면 빈민선교는 반공이데올로기의 장벽을 뚫고 나가지 못할 것이라고 판단했다."[28] 그래서 교회를 통한 빈민선교라는 새로운 전략을 수립하게 되었다.

1980년 5월 광주민주화운동 이후 군부독재가 연장되자 반미운동이 일어났다. 80년대 민중선교는 상당 부분 민중교회를 통해 이뤄졌다. 민중교회는 복음대화나 예배 후 밥상공동체로 불리는 공동식사가 특징적이지만 민중선교활동을 중요시했다. 야학, 문화교실 등의 노동자 교육 프로그램, 한글을 가르치는 어머니 교실, 노동교실, 건강교실 등 주민교육 프로그램 그리고 주민 권익을 위한 탁아소, 공부방, 진료 프로그램이 대표적인 민중선교활동의 내용이었다.

한편 해외 선교는 장로교 총회가 1956년에 최찬영, 김순일 선교사를 태국에 파송했다. 그 후 한국교회는 대만, 브라질, 인도네시아, 일본 등으로 선교사를 파송했다. 1960년대까지의 해외 선교는 대부분 현지 교회와 연합해 사역했으나 한국교회의 재정 지원이 충분치 않아 많은 어려움을 겪다가 선교사들이 미국이나 캐나다에 정착했다.[29] 1970년대 초에는 김활란이 이끄는 이화여자대학교, 조동진의 국제선교 협력기구, 강원균의 베트남 선교회 등을 통해 파키스탄, 홍

---

28 한국기독교사회문제연구원 편, 위의 책, 116.
29 김성태, 위의 책, 277-279.

콩, 베트남 등에 30여 명의 선교사를 파송했다.[30] 교단보다는 개교회나 선교단체가 중심이 되고 일부에서는 선교사를 훈련시켜 파송했다. 1980년대에 들어서는 다시 교단 중심의 해외 선교가 이뤄졌으며, 국제 선교 단체들이 우리나라에 진출해서 선교 지역 광역화에 기여했다.[31]

5. 냉전 종식 이후 한국교회의 선교(1988년~)

1987년 6월 항쟁 이후 전두환 군부독재가 무너졌으나 대통령 선거에서 야권 분열로 노태우 정권이 들어섰다. 노 정권은 두 국민전략으로 중간층 중심의 시민운동과 민중운동을 분리시켜 전자를 지원하고 후자를 탄압했다. 소연방 해체와 동구권 사회주의의 붕괴는 민중운동과 민중선교의 이데올로기적 근거를 무너뜨렸고, 문민정부의 출범과 개혁은 그 사회학적 근거를 약화시켰다. 당시 한국교회의 중요한 선교과제는 정치의 민주화, 경제의 평등화, 사회의 복지화, 문화의 성숙화, 평화통일을 통한 민족공동체 형성[32]에 기여하는 것이었다.

민중교회는 1980년대 말부터 정체성 위기를 겪으며 민중교회의 정체성에 대해 고민하기 시작하여 '해방의 영성' 등 영성의 문제에 관심을 가졌다. 1990년대 중반에는 생명에 대한 관심이 서서히 일어나서 1997년에 기장 민중교회운동연합은 〈생명선교연대〉로 이름을 바꿨다. 즉 민중보다 폭넓은 대안으로 생명을 제시하게 되었다. 생명은

---

[30] 박기호, 위의 책, 125.

[31] 김성태, 위의 책, 280-281.

[32] 이원규, 『한국교회의 사회학적 이해』(서울: 성서연구사, 1992), 91-92.

환경운동뿐만 아니라 대안적인 세계관 그리고 생명신학과 깊은 관련이 있다. 또 도시 중심의 민중선교가 농민선교와 연결되면서 민중선교의 범위가 확대되었다. 1990년대 중반부터 민중선교는 장애인 선교, 청소년 선교, 여성민중 선교, 환경 선교, 이주노동자 선교 등으로 다양화되었다. 1997년 IMF 외환위기 이후 급증하는 노숙인들로 인해 쉼터를 비롯한 다양한 실직노숙인선교를 전개해갔다. 예장은 1996년 이후 민중선교의 경험을 인도네시아 기독인들과 나누는 기회를 매해 가졌으며 캄보디아(1997년), 르완다(2001년) 등에 선교사를 파송해 민중선교 경험을 세계 교회와 나누기 시작했다. 기장 경기노회는 김현수 목사를 사회선교사로 파송해 10대 청소년 6~7명과 한 가정을 이루고 사는 '예수가정'이라는 그룹홈에서 사역하게 했다. 한편 민중선교의 주요 프로그램이었던 탁아소나 공부방이 1990년대에 국가의 사회복지 제도로 정착되었다.

해외 선교는 1980년대 후반 교회 성장, 무역수지 흑자, 해외여행 자유화, 해외송금 자유화 등에 힘입어 급성장했다. 한 통계에 따르면 해외 선교사의 수는 1982년 323명, 1986년 511명, 1990년 1645명, 1994년 3,272명, 1998년 5,948명이다.[33] 이 통계는 2년 미만의 단기 선교사를 제외했다. 여기에 단기 선교사를 포함하면 2000년 현재 해외 선교사는 대략 7,000명이 넘는 것으로 추산한다. 선교 대상국은 145개 국이며, 대륙별로는 아시아(41.6%), 유라시아(11%), 유럽(9.5%), 중남미(8.8%), 아프리카(8.5%), 중동(4.5%) 순이다. 국가별로는 필리핀

---

[33] 문상철, "한국선교의 현황과 과제(1998)," 한국선교연구원 편, 『한국선교핸드북』(서울: 한국해외선교회 출판부, 1998), 38. 이 통계의 선교사 기준은 파송 교회나 선교회가 없는 독립 선교사들, 사역 기간 2년 미만의 단기 선교사들, 한국 국적을 상실한 자들 그리고 학업이 일차적인 목적인 유학생을 제외했다.

(521명), 중국(492명), 일본(387명), 러시아(346명), 인도네시아(173명), 독일(158명), 태국(149명) 순이다. 한국세계선교협의회에 따르면 파송 선교사 수는 2004년 12,159명, 2006년 14,896명, 2009년 20,840명, 2013년 25,745명이고, 2017년 말 현재 170개국에 27,436명을 파송했다.[34] 한국교회의 해외 선교는 양적인 면에서는 세계 4위에 해당하며 이는 한국교회 성장과 한국경제 성장에 기인한다고 하겠다.

그러나 해외선교의 성장이라는 긍정적인 측면의 이면에는 한국교회 해외 선교에 대한 상당한 비판이 있다. "한국교회는 예수 그리스도의 순수 복음은 전하지 아니하였고, 교회 성장만을 전파했다"[35]는 외국의 젊은 신학자의 비판으로부터 선교 프로젝트나 교회 숫자나 업적이 성숙의 결실로서가 아니라 성숙을 대치할 때 "이것은 참 의미로서의 선교가 아니라 선교를 위장한 사업"[36]이라는 비판으로 이어지고, "서구 교회와 제3세계 교회의 지도자들로부터 한국교회는 돈 선교를 한다는 비난을 받고", "공산권 국가의 교회로부터 한국교회는 너무 자본주의적이라는 비판도 받는다."[37] 호주신학교협의회의 총무이자 신학교 학장은 "한국교회가 근대에 급속도로 성장한 것은 좋았으나 제 자신이 볼 때는 그들이 세계에서 제일 나쁜 식민지 정책을 사용하고 있는 것 같습니다"[38]라고 혹평했다. 이렇게 비판받고 있는 한국교회 해외 선교의 태도는 한국 초대교회의 산동 선교의 태도와는 정반대이다.[39]

---

34 한국세계선교협의회의 홈페이지에서 다양한 자료를 참고했다.

35 강승삼, 『21세기 선교 길라잡이』(서울: 생명의말씀사, 1998), 7-8.

36 이태웅, 『한국선교의 이론과 실제』(서울: 한국해외선교회 출판부, 1994), 251.

37 전호진, 『한국교회선교: 과거의 유산, 미래의 방향』(서울: 성광문화사, 1993), 173.

38 노봉린, "세계선교현황과 한국교회의 선교적 사명," 한국세계선교협의회 편저, 『한국교회선교의 비전과 협력』(서울: 횃불, 1996), 55.

39 1918년에 파송된 박상순 선교사의 산동 선교 보고서는 다음과 같다. "우리 선교사업의 수량 또는 질량으로 보아 우리는 다른 어느 나라 선교사업보다 미약하였다. … 중국은

한국교회의 해외 선교가 비판받는 이유는 무엇일까? "개교회는 교회 성장의 한 프로그램으로 해외 선교에 뛰어 들었"[40]기 때문이다. 선교하는 교회, 하나님의 선교에 동참함으로써 교회가 된다는 자세보다는 교회 성장의 새로운 항목으로서 해외 선교가 각광을 받았기 때문이다. 즉 교회 성장의 한 도구로 선교를 이용했다. 이것은 교회의 존재 이유가 뒤바뀐 것, 목적과 수단이 바뀐 현상이다. 그리고 해외선교 정책이나 행정, 전략 수립, 선교사 선발, 훈련이 제대로 되지 못했다. 그러므로 해외 선교에 대한 평가는 "선교사들을 평가하는 문제보다 선교사들을 파송한 기관이나 단체의 정책적, 전략적 접근이 절실히 재고되이져야" 하며, 선교사를 "준비된 자로 생각하는 것보다 준비되어 가는 자들로 받아들여져야"[41] 한다. 또 근원적인 문제는 한국교회의 거품부흥 현상과 영적 자원이다.[42] 한국교회의 양적 성장이 질적 성숙으로 이어졌는가 하는 것에는 대해서는 상당히 회의적이다. 최근 사회적 물의를 일으키고 있는 대형교회 '목회자 세습 문제'가 그 대표적인 사례라 하겠다. 교회의 양적 성장이 선교, 교육, 봉사의 질로 전환되어야 하며, 그 뿌리가 예배, 기도와 성경공부, 사귐, 영성훈련이어야 하는데 현실은 그렇지 못하다. 결국 한국교회 해외 선교의 문제는 한국교회의 문제라고 해도 과언이 아니다.

백 수십여 종파의 선교사들이 각 사업선상에서 활동하는 현상이나 우리는 아무것으로라도 남이 들을 만하며 볼 만하게 내여 놓을 것은 없었다. 그러나 바울이 그의 약한 것을 자랑한 것 같이 우리는 우리의 약한 것을 고백하기에 숨김이 없게 하노라. 동시에 우리는 우리의 약한 것을 하여 우리 선교사업을 모든 사람에게 알리게 되었다." 박상순, "산동선교의 현재와 미래,"『신학지남』78권 3호(1936), 169. 전호진, "한국교회 선교신학과 선교전략,"『한국교회선교의 비젼과 협력』, 60에서 재인용.

40 강승삼, 위의 책, 30.

41 박영환, "한국교회의 세계선교 평가의 방법론 재고찰," 장순현 편저,『한국교회 세계선교의 당면과제와 vision』(서울; 21세기선교출판사, 2000), 47-48.

42 전호진,『한국교회의선교: 과거의 유산, 미래의 방향』, 171.

나가는 말

한국교회의 선교는 한국교회가 교회다움(소금과 빛)을 간직하느냐 하는 데 달려 있다. 서구 교회의 선교가 쇠퇴한 주요 원인의 하나는 "전 유럽에 반기독교적 풍토가 범람할 때" "몰락 과정의 서구 기독교의 탈출구"로서 "세계 선교가 진행되었다는 점"[43]이다. 바꿔 말하면 서구 교회는 서구 사회에서 소금과 빛의 구실을 하지 못하면서 세계 선교를 했기 때문에 서구의 선교는 불가피하게 서구 제국주의, 식민주의와 결합되었고 이것이 제3세계에서 심각한 부정적 결과를 초래했다. 그 결과 1974년에는 약 33개 국가가 기독교 선교를 거부했으나 1989년에는 그 수가 86개국으로 늘어났다. 소위 미전도 종족의 95% 이상은 이란, 터키, 아프가니스탄, 베트남, 이라크 등과 같은 중앙집권적 국가로서 서구 기독교에 대해 직·간접적으로 부정적인 경험을 했던 국가들이고, 케냐의 마사이족과 같은 소위 토착 원주민 부족은 5% 미만에 지나지 않는다. 따라서 이러한 변화된 세계 선교 여건에 대한 대응이 전문인 선교일 수 있지만 좀 더 근원적인 것은 한국교회의 양적 성장을 질적 성숙으로 전환하는 것이다. 우리가 한국교회 선교의 역사를 통해 배울 수 있는 것은 다음과 같다.

첫째, 3·1운동처럼 교회가 민족의 십자가를 질 때 교회는 박해를 받고 없어질 것 같지만 고난 속에서 신앙이 성숙해지며 교회가 오히려 성장한다는 것이다. 둘째, 신사참배나, 미군정기, 이승만 정권기처럼 교회가 정권에 밀착할 때에 교회는 힘이 있는 것 같고 잘 보존될

---

43 조동진, "서구선교의 몰락과 제3세계 선교의 여명," 김의환 편저, 『복음주의 선교신학의 동향』(서울: 생명의말씀사, 1992), 89.

것 같지만 교회가 소금의 맛을 잃어버린다는 것이다. 일제 강점기 이래로 한국교회는 정교분리에 대해 일관된 태도를 갖지 못했다. 1970년대, 80년대 반독재 민주화 운동과 민중선교에 참여한 교단들도 이승만 정권에 적극 참여하기도 했고 일제 강점기 항일운동을 했던 교단들도 미군정기와 이승만 정권에 적극 협력했다. 교회의 교회다움은 권력에 대해 예언자적 태도를 견지할 때 유지할 수 있다. 셋째, 교회의 분열은 민주화 운동이나 민중선교나 해외 선교 모두에게 부정적 결과를 초래했다. 분열된 교회로는 하나님의 선교에 참여할 수 없다.

21세기 한민족은 지구상의 마지막 분단국가로 통일이라는 민족적·세계적 과제를 안고 있다. 우리가 겪은 IMF 외환위기 상황은 우리 사회에 고유한 것이 아니라 지구화/세계화라는 전 지구적 현상으로 지구 전체를 20 : 80의 사회로 분리시키고 있다. 또 생태계 위기 속에서 창조의 보전 역시 세계교회와 함께 이뤄야 할 선교 과제이다. 이처럼 한국교회의 선교 과제는 성숙한 교회됨, 민족통일에 기여 그리고 세계교회 형제자매들과 함께 창조의 보전과 지구자본주의에 대응해가며 복음을 전하는 것이다. 이것은 한 마디로 가난한 자들에게 복음을 전하는 것이다. 선교하는 교회의 자세는 우선 겸손과 희망이다. "우리가 심은 씨는 죽어야 하기 때문에 겸손해야 하고, 하나님이 이 씨를 살리시고 그것에 적절한 몸을 입히실 것을 우리는 기대하기 때문에 희망해야 한다."[44] 이처럼 선교는 선전자 자신을 복사하는 선전(propaganda)과는 전혀 다른 것이다.

둘째, 선교는 교회가 낯선 사람을 만나는 것인데 이 만남에서 타

---

[44] J. C. 호켄다이크, 『흩어지는 교회』, 19.

자는 메시지의 객체가 아니라 주체이며 우리는 타자의 얼굴 뒤에서 하나님의 얼굴이 빛나고 있음을 볼 수 있어야 한다.[45] 하나님의 선교에 참여하는 선교사나 교회는 고넬료와 만난 베드로처럼(행 10장) 선교 과정에서 새로운 것, 예기치 못한 것을 배운다.

셋째, 한국 초대교회의 산동 선교처럼 하나님께서는 미련한 것들을 택하사 지혜 있는 자들을 부끄럽게 하시고 약한 것들을 택하사 강한 자를 부끄럽게 하신다(고전 1:27). 하나님의 선교에서는 이런 역전이 일어난다. 성숙한 한국교회는 이런 자세로 하나님의 선교에 동참해야 할 것이다.

---

45 테오 순더마이어, 채수일 엮어옮김, 『선교신학의 유형과 과제』(서울: 대한기독교서회, 1999), 116-117.

5 장

하나님 나라를 향한 문화선교적 과제

들어가는 말

인도의 한 교회에서 성탄절 성극이 진행되었다. 그런 대로 잘 진행되고 있었는데 마지막 부분에 산타 크로스가 등장했다. 도대체 성탄과 산타 크로스가 무슨 상관이 있을까? 오늘 우리가 사는 세상은 미다스의 손이 지배하는 세상이다. 무엇을 해도 돈이 없으면 안 된다고 하지만, 돈이 들어감으로써 인간관계든, 사회관계든, 인간과 자연의 관계든 많은 변화/변질이 생긴다. 성경은 하나님과 맘몬을 함께 섬길 수 없다(마 6:24)고 하지만, 우리 시대의 문제는 이 둘 사이에 전혀 문제가 없다는 데 있다.

예수 그리스도는 구체적인 시간과 장소, 인종, 문화 등을 선택하시고 성육신을 통해 이 땅에 오셨다. 그러나 예수님은 그 문화나 사회적 상황에 갇힌 분이 아니다. 오히려 예수님은 그 문화나 사회적 상황 속에 오셔서 하나님 나라를 선포하시고 그 문화 속에 사는 사람들과 인류를 구원하셨다. 다가오는 하나님 나라에 소망을 두고 모인 사람들의 공동체가 교회이다. 그런데 교회가 때로는 세상 문화에 동화되거나 일치될 때가 있어 하나님 나라가 세상 나라와 구별되기 어려울 때가 있다. 이럴 경우 세상의 지배자들에 의해 압제당하는 사람들에게 교회가 선포하는 하나님 나라는 '기쁜 소식'이 될 수 없다. 오직 교회가 세상의 지배 문화에 대립해서 하나님의 주권을 세워갈 때 그들에게 선포하는 복음이 기쁜 소식이 된다.

이 글은 하나님 나라의 관점에서 문화를 바라보고 오늘 우리 삶에 깊숙이 영향을 주는 산업화, 자본주의, 지구화, 신자유주의, 정보화 등에 대해 알아보고자 한다. 또 정체성과 공동체라는 두 가지 준거점을 갖고 이들이 문화에 준 영향을 살펴보고자 한다. 그리고 하나님 나라는 가난한 자들에게 선포된 기쁜 소식이기 때문에 가난한 자들에게 선포된 기쁜 소식으로서의 하나님 나라라는 관점을 문화를 바라볼 때 견지하기로 한다.

1. 하나님 나라

교회는 가난한 자에게 예수 그리스도의 복음을 전하고 이 땅에 하나님 나라를 선포하기 위해 부름 받았다. 복음은 죄와 죽음 가운데 사는 사람들에게 예수 그리스도를 믿는 믿음을 통해 참된 생명의 길이 열리고, 불의와 폭력과 전쟁이 난무하는 세상 속에 하나님의 정의와 평화와 기쁨이 넘치는 하나님 나라가 다가오며, 신음하는 피조물에게 새 하늘 새 땅이 도래한다는 기쁜 소식이다. "종말론적 하나님의 나라는 개인의 종말인 영생, 역사의 종말인 하나님의 나라 및 우주의 종말인 새 하늘 새 땅이 장차 실현될 하나님의 무한한 영광 안에서 함께 조화를 이룩하는 샬롬 공동체"[1]이다. 하나님 나라야말로 그리스도인들이 분리하려던 복음전도와 봉사를, 개인구원과 사회구원을, 역사와 종말을 하나로 묶는다. 구약성서에서 하나님 나라에 대한 희망은 출애굽 경험과 좌절 경험에서 비롯된다. 이사야 61장에 나오는 고난 받는 종은 묵시적 전통과 예언자적 전통을 화해시킨다. 신약성서에서 복음서의 하나님 나라 선포가 서신서에서는 예수 그리스도의 주권으로 표현된다. 그러므로 그리스도인들의 모든 봉사는 우주적 갈등의 현실에서 공중의 권세 잡은 자들을 포함한 일종의 악령을 추출하는 행위라고 할 수 있다.[2] 예수님은 자신의 칭호를 '인자'라고 하신다. 다니엘서에서 유래한 인자는 한 개인이라기보다는 하나님의 충성스런 백성으로서 자발적인 죽음의 수용을 통해 하나님 나라를 다른 사람들과 나누도록 선포하는 자들로서 예수님은 그 선구자가 되신다. 예수님은 인자로서 다른 사람들로 하여금 하나님의 나라에 합당한 삶을 살게 하고 하나님 나라를 위해 불가피한 죽음을 죽도록 다른 사람들을 부르신다.[3] 따라서 하나님 나라는 십자가와 부활 없이는 선포될 수 없다. 십자가는 그리스도인들로 하여금 하나님 나라가 고난을 통해 다가온다는 것을 알려주며, 역사에서 그들이 고난을 회피할 수 없음을 깨닫게 한다. '그리스도의 남은 고난'에 동참하지 않는 한 그리스도인들은 하나님 나라 선포 사명을 감당할 수 없다.

---

1 이형기, 「「생명살리기운동 10년」의 신학적 방향과 비전," 예장총회산하연구단체협의회 신학세미나 발제문(2003년 9월 19일), 18.

2 Emilio Castro, *Freedom in Mission: The Perspective of the Kingdom of God: An Ecumenical Inquiry* (Geneva: WCC Publications, 1985), 41-53.

3 John, V. Taylor, "The Church Witnesses to the Kingdom," in WCC CWME, *Your Kingdom Come: Mission Perspectives* (Geneva: WCC CWME, 1980), 136.

부활은 새로운 출애굽으로서 하나님 나라의 희망을, 악과 죽음에 대한 예수 그리스도의 승리를 개인에게, 민족에게, 피조물에게 명백히 보여준다.

복음과 하나님 나라는 가난한 자들에게 먼저 선포된다(눅 4:18-19). 그러나 오늘날 가난한 자들은 자신들의 이런 특권을 빼앗긴다. 세상에서 가장 가난한 자들 대부분은 또한 복음을 듣지 못한 자들이다. 이것을 세계교회협의회의 한 문서는 '비극적 일치'라고 했다. 그들이 복음을 듣지 못한 것은 그들이 복음을 듣는 방식으로는 복음이 기쁜 소식이라고 인정되지 않기 때문이다. 그들은 정치권력의 불의한 분배나 불의한 경제질서에 의한 억압의 희생자이면서 동시에 하나님께서 자신들을 특별히 돌보는 분이시라는 인식을 박탈당한다. 이것을 '이중적 불의'라고 했다. 가난한 자들에게 복음을 전하는 것은 그들에게 정의를 돌려주는 데서 시작한다.[4] 그러므로 하나님 나라에 대한 이해에서 가난한 자들의 경험과 관점이 중요하며, 하나님 나라는 가난한 자들과 늘 밀접히 함께 다뤄져야 한다. 바꿔 말하면 하나님 나라의 전달 방식과 하나님 나라의 내용이 일치하는가 하는 질문이 제기된다.[5] 식민주의, 노예제도, 인종차별 등을 지지하거나 묵인하면서 교회는 하나님 나라를 선포할 수 있을까? 1975년 세계교회협의회의 나이로비 총회에서 힌두교 참관자는 총회와 관련해 "나는 이 모든 것을 이해한다고 생각한다. 여러분들은 우리 같은 사람들 모두

---

4 WCC Central Committee, "Ecumenical Affirmation: Mission and Evangelism," in James A. Scherer & Stephen B. Bevans, S. V. D. (eds.), *New Directions in Mission and Evangelization 1: Basic Statements 1974~1991* (Maryknoll, New York: Orbis Books, 1992), 46.

5 Emilio Catro, "Your Kingdom Come: A Missionary Perspective," in WCC CWME, *Your Kingdom Come*, 34.

가 당신들, 그리스도인들처럼 되기를 바란다. 고맙지만 나는 흥미가 없다. 서구의 여러분들로부터 식민화, 제국주의, 공해, 핵전쟁 등이 도래했기 때문이다."[6] 비록 그리스도인들은 자신을 선포하는 것이 아니라 하나님 나라를 선포하지만 선포 방식이 선포 내용과 일치하도록 노력해야 한다.

2. 문화

문화에 대한 이해는 다양하고 정의만 해도 160가지가 넘는다. 문화인류학자 폴 히버트는 문화를 "관념과 감정과 가치의 통합된 체계 및 이와 연관된 행위의 형태와 그들이 생각하고 느끼며 행동하는 것을 조직하고 규칙화하는 사람들의 집단에 의하여 공유된 산물"로 정의하여, 문화가 인식과 감성과 평가의 세 차원으로 구성되었다고 했다.[7] 문화의 가장 중요한 기능의 하나는 의사소통을 하는 것이다. 인간은 사상이나 감정을 반드시 문화적 형태를 거쳐서 다른 사람에게 전달하게 된다. 그런데 기독교인들은 오랫동안 문화에 대해 부정적 태도를 지녀왔다. 이는 문화를 타락한 인간의 산물로 보기 때문이다. "문화의 궁극적 목적은 하나님 나라에 대한 봉사이며 인간성 실현에 있지만 현실적으로 문화 속에 들어 있는 인간 중심적 요소와 자기신격화 성향이 하나님 나라와 대립함으로 본래의 목적을 왜곡하여 인간성을 억압하는 기능을" 하기 때문에 교회는 "문화가 복음의 전달자

---

[6] 위의 글, 33.
[7] 폴 히버트, 김동화 외 3인 옮김, 『선교와 문화인류학』(서울: 죠이선교회출판부, 2000), 40-46.

로서의 순기능을 행하지만 동시에 복음정신에 대립되는 역기능을 가지고 있다는 점에서 문화 비판적 책임을 수행해야 한다."[8]

문화는 하나님의 은혜의 결과이며 동시에 인간의 자유와 창의성의 표현이다. 문화는 그 자체로 선하거나 악하지 않고 선악의 잠재성을 지닌 애매한 존재이다. 바로 이 문화의 애매성 때문에 그리스도인들은 문화 안에서 역사하시는 성령님을 식별하는 과제를 부여받는다. 하나님은 고통과 고난의 한복판에서 심판과 은혜 가운데 현존하신다. 문화 안에서 하나님의 활동의 궁극적 목적은 해방, 생명, 모든 사람을 위한 하나님의 지식이다(요 10:10, 17:3).[9]

한 사회 내 특정 그룹과 관련해 문화의 구조적 요인들을 탐구하려면 정체성과 공동체라는 두 가지 참조점이 반드시 필요하다.[10] 한 인간이 자신이 속한 사회에서 자신을 누구로, 무엇으로 보는가는 그 사회의 문화 이해에 핵심적이다. 마찬가지로 한 공동체를 그 사회가 어떻게 이해하고 어떤 영향을 주는가 하는 것을 파악하는 것이 그 문화 구조를 이해하는 열쇠이다. 시대마다 사회마다 정체성이나 공동체 이해를 달리한다. 복음은 "삼위일체 하나님과 기독교인들 자신과 세계에 대해 전적으로 새로운 이해를 보여주는 이야기이다."[11] 하나님 나라 안에 있는 인간의 정체성은 하나님의 형상대로 지음 받은 존재요, 그리스도 안에서 거듭난 새 사람이며, 성령을 따라 사는 하나님

---

[8] 한국일, 『세계를 품는 선교: 선교 중심 주제』(서울: 장로회신학대학교출판부, 2004), 187-188.

[9] Christopher Duraisingh (ed.), *Called To One Hope: The Gospel in Diverse Cultures* (Geneva: WCC Publications, 1998), 31-32.

[10] 위의 책, 40.

[11] WCC, "On Intercultural Hermeneutics," in James A. Scherer & Stephen B. Bevans (eds.), *New Directions in Mission & Evangelization 3: Faith and Culture* (Maryknoll, New York, Orbis Books, 1999), 187.

의 자녀이다. 하나님의 자녀는 예수 그리스도를 머리로 하는 신앙공동체 안에서, 나눔과 섬김의 공동체 안에서 피조물의 청지기 직분을 감당하며 머리되신 예수님께로 성장해간다.

그런데 세상의 지배 권력은 이런 정체성을 왜곡하거나 파괴하려고 한다. 기독교 신앙까지도 종종 한 그룹의 정체성과 대비해 다른 그룹의 정체성을 왜곡된 형태로 강화함으로써 공동체의 파편화에 기여하기도 했다. 그러나 "복음의 해방적 메시지는 각 사람의 정체성을 긍정할 뿐 아니라 긍정된 모든 이들이 그들 자신의 정체성을 넘어서 성령의 하나 된 새로운 공동체로 들어가게 된다는 점이다."[12] 그렇지만 세상에는 원주민, 여성, 청년, 유색인, 장애인, 이주노동자, 난민 등과 같이 정체성이 부정되거나 왜곡되는 사람들이 있다. 교회가 그들 스스로의 정체성을 바로 세워가도록 하고, 파괴되는 공동체를 새롭게 이뤄가도록 하려면 교회는 십자가를 질 각오가 되어 있어야 한다. 즉 복음이 문화에 성육신해야 하지만, 교회는 정체성을 왜곡하거나 파괴하고, 공동체를 억압하고 파편화하는 문화에 대해서는 반드시 저항해야 한다.

3. 하나님 나라와 문화의 관계

역사 안에서 복음과 문화의 관계는 건설적이기도 했고, 파괴적이기도 했다.[13] 복음은 특정 문화를 변화시켰다. 그렇지만 복음 선포 방

---

[12] *Called To One Hope*, 41.
[13] 위의 책, 36.

식이 문화적 소외를 초래하기도 했다. 이와 같은 양면적 관계 속에서 그리스도인들은 복음이 문화에 의해 길들여지거나 문화에 포로가 될 위험이 있다는 것을 알아야 한다. 또 복음이 정치적 목적이나 민중을 착취하는 데 오용될 수 있다는 것에 주의해야 한다. 선교신학에서 주로 다루는 '복음과 문화'의 관계는 추상적 차원에서 규명하려는 것이기 때문에 교회와 세상 사이의 대립이라는 시각에서 볼 때 구체성이 부족하다.[14] 문화를 하나님 나라와 관련지어 이해하려는 시도는 하나님 나라의 세 가지 차원인 개인, 역사, 피조물 등을 가난한 자의 관점에서, 정체성과 공동체라는 참조점을 갖고 다루려 한다.

'생명의 풍성함'이라는 주제가 세계교회의 여러 대회에서 주목받고 있다. '생명의 풍성함'은 문화의 구조적 차원과 관련해서 이해될 수 있다.[15] 문화는 의미의 통로일 뿐 아니라 권력과 지위의 관계를 표현하는 상징 구조이기 때문이다. 한편으로 문화는 정체성을 왜곡하거나 부정하고 공동체를 파편화하는 데 기여할 수 있다. 다른 한편으로 문화는 억압받는 사람들에게 해방의 강력한 상징을 제공하여 정체성을 회복하거나 지키게 하고 파편화된 공동체를 재건하는 데 기여할 수 있다. 이제 문화를 하나님 나라의 관점에서, 가난한 자들에게 선포되는 세 가지 차원과 두 가지 참조점을 중심으로 살펴보자.

---

[14] Michael Amaladoss, S. J. "The Challenges of Mission Today," in William Jenkinson & Helene O'Suliivan (eds.), *Trends in Mission Toward the Third Millenium: Essays in Celebration of the Twenty Five Years of SEDOS* (Maryknoll, New York: Orbis Books, 1991), 366.

[15] *Called to One Hope*, preface, xi-xii.

4. 정체성과 공동체에 영향을 주는 사회·문화적 흐름들

우리 사회는 지난 30여 년 동안 산업화 과정을 압축적으로 거쳤다. 지난 1990년대 중반 이후부터 후기산업사회 또는 정보사회라는 새로운 사회현상이 나타나기 시작했다. 산업화가 공장과 기계에 기반을 두고 발전/개발을 통해 추진되었다면, 정보사회는 인터넷에 기반을 둔 디지털 문화를 지향한다. 2002년 월드컵 응원이나 촛불 시위, 대통령 선거 등에 나타난 것처럼 새로이 부상하는 문화는 정치, 경제, 사회, 스포츠 등 거의 모든 부문에서 큰 변화를 초래한다. 레이먼드 윌리엄즈는 문화를 지배문화, 잔여적 문화, 출현하는 문화 등으로 구분한다.[16] 이런 구분법에 따르면 농경문화는 잔여적 문화, 산업사회 문화는 지배문화, 정보사회 문화는 출현하는 문화로 구분할 수 있다. 이 글에서는 지배문화인 산업사회 문화, 출현하는 문화인 정보사회 문화를 하나님 나라의 관점에서 다루고자 한다. 산업사회와 정보사회를 이어주는 사회·문화적 흐름으로 지구화, 신자유주의, 자본주의를 들 수 있다.

1) 산업사회와 자본주의

농경사회에서는 자연력과 함께 일하였다. 산업사회는 인간의 목적을 위해 자연력을 극복하려 했다. 농경사회는 모두 재생 가능한 자원을 사용했다. 산업사회는 재생 가능한 자원과 재생 불가능한 자원을

---

16 Raymond Williams, *Marxism and Literature* (Oxford: Oxford University Press, 1977), 121ff.

함께 사용하고 있다. 농업혁명 시대의 경제가 자연의 경제(economy of nature), 또는 위대한 경제(Great Economy)라면, 산업혁명 시대의 경제는 인간의 경제, 또는 큰 경제(Big Economy)라고 할 수 있다.[17] 자연의 경제가 순환에 바탕을 둔 지속가능한 경제라면, 큰 경제(현재의 지구자본주의)는 인간의 목적을 위해 결과적으로 인류가 생존을 의존하는 생태계를 파괴하는 지속불가능한 경제다. 자연의 경제가 생물학적, 문화적 다양성에 의존한다면, 큰 경제는 단기간 이익의 극대화를 위한 단작농사의 확대와 획일적인 문화를 전파하고 있다. '발전'과 '진보'라는 이름하에 서구 자본주의의 특정 국면을 인류의 보편적 현상으로 강요하는 것이 큰 경제의 핵심 주장이다. 즉 산업화 이전 사회가 산업사회로 변화되는 것을 '발전'으로 여겼다. 산업사회는 가난과 질병과 고통을 풍요롭고 확장된 선택을 지닌 좋은 인생의 풍요로움으로 대체한다는 꿈을 보여주며 약속을 했다. 중요한 것은 자연과 문화가 서구(자본가)의 통제하에 놓이게 된 사실이다. 1990년대에 세계 100대 기업은 전 세계 인구의 80%보다 더 큰 경제력을 지녔다. 생산력의 급증은 인구 폭발을 가져와 1800년에서 2000년 사이에 인구가 다섯 배 증가했다. 1980년 이후 매년 9천만 명이 증가하고 있다. 이는 2500년 전의 전 세계 인구에 해당한다.[18]

산업사회는 자연을 인간이 사용하는 무제한적인 자원의 창고로 여긴다. 인간은 자연을 사용하고 통제할 권한을 갖는다. 인간의 삶의 질을 향상하는 방법이 경제 성장이다. 과학과 기술은 인간의 목적을 위한 중립적 수단이라고 본다. 훌륭한 인생은 생산적으로 노동을 하

---

[17] Larry L. Rasmussen, *Earth Community Earth Ethics* (Maryknoll, New York: Orbis Books, 1996), 111-126.
[18] 위의 책, 62-64.

고 물질적으로 풍요로운 삶을 영위한다.[19] 산업사회의 문화적 특징은 현재는 인도에 편입되었지만 '작은 티베트'라고 불리는 라다크의 변화를 통해 분명히 드러난다.[20] 라다크는 천 년 넘게 독자적인 언어와 문화에 뿌리를 둔 자급자족 공동체였다. 그들은 빈약한 자원만 갖고도 거의 완전 자립에 도달했고, 전통적으로 모든 것을 재순환했다. 그들의 최우선 과제는 공존이고, 협동은 사회관습 속에 제도화되어 있었다. 그런데 라다크에 '개발'의 바람이 불면서 상황이 역전되었다. 영화와 텔레비전은 서구적 사치와 힘의 이미지를 제공한다. 그들로 하여금 서구 문화의 물질적인 면만 보게 한다. 결과적으로 라다크의 젊은이들은 서구 문화에 대한 열등감을 갖게 되었다. 땅에서 얻은 것으로 생활할 때에 그들은 스스로 생활의 주인이었다. 하지만 새로운 경제가 의존성을 낳았다. 돈이 사람 사이를 멀게 했다. 기술이 초래한 변화도 심각했다. 기계와 같이 일을 하면 사람도 기계처럼 된다. 전통적 경제에서 생활은 인간적인 속도로 느리게 진행되었다. 이제 인간은 기술의 속도로 경쟁해야 하는 경제체제의 일부가 되었다. 기술의 변화는 빈부 차이를 커지게 한다. 현대 교육은 문화와 자연으로부터 인간을 떼어놓고 좁은 전문가가 되게 한다. 사람들은 자기의 자원을 사용할 줄 모르고 자신의 세계에서 제 기능을 할 수 없는 사람으로 학교를 마친다. 교육은 공동체와 그 환경의 긴밀한 관계의 산물이었다. 아이들은 조부모, 가족, 친구들에게 배웠다. 이제 아이들은 전통적 기술을 경시하도록 배운다. 자신의 문화를 열등한 것으로 여기도록 배운다. 교육은 이들을 서로에게서 분리시키고, 땅으로부터 유

---

19 위의 책, 61.

20 헬레나 노르베리 호지, 김종철 · 김태언 옮김,『오래된 미래: 라다크로부터 배운다』(서울: 녹색평론사, 1996/2002).

리시켜서, 세계 경제라는 사다리의 맨 아래 칸에 자리 잡게 했다. 소비주의가 이 모든 과정에서 중심 역할을 했다. 또 남자와 여자의 역할이 분화되고 양극화되었다. 결국 전통 의료체계, 지역 농업, 전통음식, 옷 등을 붕괴시켰다. 서구적 이상에 도달하려 할수록 자신의 문화의 뿌리를 부정하고, 결국 자신의 정체성을 부인하게 된다. 소외는 분노와 원한을 불러일으킨다. 세계의 많은 폭력과 근본주의 뒤에는 바로 이 소외가 있다.

산업사회 문화의 전제에는 자연 자원의 무한성과 미래적 진보의 무한성이 있다. 그런데 이 무제한 성장 모델 안에 악마가 있다. 이 모델은 노동자, 농민, 제3세계, 자연/피조물의 착취와 파괴에 뿌리를 두고 있다. 가난한 사람들은 생존 때문에 장기적으로 자신의 생존 바탕인 자연을 약탈한다. 현대사회 위기의 심각성은 민중, 국가, 계급에 직접 가해지는 사회경제적, 정치적 폭력이다. 이것은 관계의 파괴, 기아, 질병, 죽음을 초래한다. 사회악과 생태악은 현재의 가난한 자들뿐 아니라 미래의 가난한 자들과 생태계를 착취한다. 무제한 경제 성장의 대안은 약한 자들 사이의 연대, 자급자족적 경제이다. 오늘날 덜 세계화되어야 하는 것은 자본, 시장, 과학이고, 더 세계화되어야 하는 것은 연대성, 생명 중시, 참여, 자연에 대한 경외이다.[21]

자본주의가 발전할수록 자본주의는 인간을 끊임없이 사물로 전화하려는 경향이 있다. 이런 현상을 물화(reification)라고 한다. 물화의 결과는 인간의 분열(정체성 혼돈), 주체의 파편화, 대상의 파편화 그리고 시간의 공간화다. 그러나 물화는 양면을 갖는다. 물화가 인간 영혼 깊숙이 침투하며 기만적인 외양이 만들어진다. 반면에 인간의

---

21 레오나르도 보프, 김항섭 옮김, 『생태신학』(서울: 가톨릭출판사, 1996).

인간성과 영혼은 상품으로 변하지 않는다.[22] 자본주의 문화는 인간의 정체성을 끊임없이 왜곡하거나 파편화하고 부정하려 한다. 이러한 물화 과정을 위해 다양한 사회제도가 동원된다.

문화산업은 한 예이다. 생산물이 공장에서 일정한 계획과 목적에 따라 일정하게 생산되듯이 문화도 일정한 계획과 목적하에 만들어진다는 것이 그 전제다. "문화산업은 의도적으로 소비자들을 위로부터 통합시킨다. 문화산업에서 대중은 일차적이 아니라 이차적이며, 계산의 대상이다. 문화산업 자신은 대중에 잘 적응하지 않으면 거의 존재할 수 없지만, 대중은 척도가 아니라 문화산업의 이데올로기다."[23] 문화산업은 대중에게 기만적 내용을 제공한다. 그것은 대중에게 매일의 고역에서 벗어나게 할 것을 약속하지만, 문화산업이 제공하는 것은 그들이 도망가려는 억압적인 일상생활 세계에 대한 칭찬이다.

문화산업의 기만적 형태는 광고이다. 경제적으로는 광고의 비용 때문에 경쟁에 참여할 수 없는 가난한 외부자를 원천봉쇄함으로써 문화산업과 광고는 권력이 동일한 사람의 손에 머무는 것을 보증한다(이로써 '자유시장'은 '사이비 시장'임이 입증된다). 기술적으로 광고와 문화산업은 인간을 조작하기 위한 절차에 불과하다. 문화산업과 광고의 공동의 목표는 고객을 압도하는 것이다. 문화산업의 주요 효과는 대중에 의한 상상력과 성찰의 결여이고, 지배자가 그들에게 부과하는 것들(도덕, 신화, 이데올로기들)을 무기력하게 받아들이는 것이며, 지배자들보다 더 이런 부과물에 철저하게 순종하는 것이다. 그

---

22 황홍렬, 『한국 민중교회 선교역사(1983~1997)와 민중선교론』(서울: 한들출판사, 2004), 267-268.

23 Theodor Adorno, *The Culture Industry: Selected Essays on Mass Culture*, J. M. Bernstein (ed.) (London: Routledge, 1993), 85-86.

결과는 개인, 특히 생각하는 개인을 소멸시키는 것이다. 이렇게 해서 문화산업은 인간을 길들이고 사회의 위계제도에 순종하는 사람을 만들어낸다는 목적을 성취한다.[24]

문화산업을 통해 자본주의는 물화된 대중을 만든다. 개인이 소멸되고 대중이 지배자의 지배에 무의식적으로, 또는 알면서도 불가피하게 복종하게 된다. "기만당한 대중들도 오늘날 성공한 사람들보다 더 성공의 신화에 의해 포로가 되어 있다. 확고하게 그들은 자신을 노예화하고 있는 바로 그 이데올로기를 고집하고 있다."[25] 마치 "낙수가 돌을 뚫는" 것처럼 "문화산업의 이데올로기의 권능이 그토록 막강해서 순응이 의식을 대체했다."[26]

산업화와 자본주의는 서구 사회 특정 단계를 전 세계의 모든 사회가 거쳐야 할 모델로 제시하면서 비서구인이 자신의 정체성을 부정하거나 왜곡하고, 자신의 공동체와 문화를 수치스럽게 여기며, 서구인보다 더 서구 문화에 집착하게 만들었다. 이로써 서구와 자본주의의 지배가 강요에 의해서가 아니라 서구 문화의 지배를 통해 자발적으로 이뤄졌고, 그 과정에서 벌어지는 인간과 자연의 희생을 당연한 것으로 여기거나 무시했다.

2) 지구화와 신자유주의

지구화는 경제, 정치, 사회, 문화 등이 하나의 세계적 구조로 통합

---

24 Theodor Adorno and Max Horkheimer, *Dialectic of Enlightenment* (London: Verso, 1995).
25 위의 책, 133-134.
26 T. Adorno, *The Culture Industry*, 90-91.

되는 과정을 가리킨다. 지구화는 "인적 유동성의 증가, 커뮤니케이션의 발달, 무역과 자본 이동의 폭증, 테크놀로지 개발의 결과"로서 "지속적인 경제성장과 세계경제의 발전, 특히 개발도상국의 경제발전에 새로운 기회를 준다. … 동시에 급격한 변화와 조정과정에 빈곤과 실업, 사회적 분열을 수반해왔다. 환경위험과 같은 인류의 복리를 위협하는 요소들도 세계화(지구화)해온 것이다."[27] 지구화(지구자본주의)는 신자유주의에 의해 강력하게 지지를 받아왔다.[28] 신자유주의는 자유시장이 모든 문제의 해결책이라고 주장한다. 신자유주의는 자본과 상품의 자유로운 흐름을 방해하는 어떤 장벽이나 국경의 파괴를 주장한다. 만약 자유시장이 문제를 일으키면 그 해결책은 항상 더 큰 자유시장이다. 지구자본주의의 제조, 무역, 금융 시장의 초국적화 논리는 신자유주의의 자유시장 이데올로기와 결합했다. 신자유주의는 정부에 의한 사회보장 프로그램을 비효과적인 것으로 보았다. 그러나 신자유주의의 가장 심각한 문제는 경제가 윤리로부터 완전히 해방되어 "신자유주의 이데올로기가 돈과 부를 신성화하고 돈을 우상화한다"[29]는 것에 있다. 콤블린은 의사소통의 관점에서 볼 때 신자유주의적 지구자본주의 사회는 "단 하나의 사고 유형만이 있고 비판이 사라지는 전체주의적 사회"라고 비판했다.[30]

경제적 지구화는 부의 축적에 초점을 둔 단일한 경제공동체를 추

---

27 주성수, "글로벌 시민사회, UN 및 NGO," 조희연 편,『NGO 가이드: 시민·사회운동과 엔지오 활동』(서울: 한겨레신문사, 2001), 86.

28 José Comblin, *Called For Freedom: The Changing Context of Liberation Theology* (Maryknoll, New York: Orbis Books, 1998), 104.

29 위의 책, 114.

30 황홍렬, "지구화 시대 시민·사회운동과 기독교 선교," 노정선 외,『지구화 시대 제3세계의 현실과 신학』(서울: 한들출판사, 한일장신대학교출판부, 2004), 217-224.

진하지만 가난과 실업을 증대시키고, 가난한 자들을 더욱 소외시키며 생태계를 파괴한다. 경제적 지구화는 초국적 기업의 지배, 매스컴과 기술 등을 통해 전 세계에 걸쳐 단일한 소비자 정체성을 부과하려한다. 이런 과정은 비서구인들의 정체성의 상실을 초래한다.[31] 지구화는 경제적 문제일 뿐 아니라 지구적 차원의 인종차별을 만들어내 인종적 분열을 초래한다. 점점 더 확대되는 것은 경제적 양극화, 폭력, 정치적 불안정 등이다.[32]

지구화된 문화는 특정문화, 즉 북미문화이다. 다른 모든 문화는 인류학이나 관광사업의 대상이 되었다. 1980년대 후반부터 경제발전과 사회구조의 변화에 따라 새로운 소비 패턴이 나타났다. 사람들은 '명품 현상'에서 알 수 있는 것처럼 상품 자체를 소비하는 것이 아니라 그 상징이나 기호, 이미지 또는 분위기를 소비한다. 그들은 자신을 생산자나 노동자보다는 소비자로 여긴다. 1993년 문민정부의 출범은 대중문화의 쾌락주의적 경향을 낳았다. 이것은 문화의 탈정치화와 긴밀하게 연결되어 있다. 정치가 문화의 영역에서 물러나자 재벌의 경제 논리가 그 영역을 장악했다.[33] 그러나 우리나라의 대중문화는 재벌의 경제논리뿐 아니라 신자유주의적 지구자본주의에 의해 영향을 받았다. 물적 토대는 자본주의적이지만 우리 사회는 1990년대에 포스트모던 경향에 의해 강한 영향을 받았다. 한 진보적 사회학자는 정보사회와 포스트모더니즘과 같은 서구 이론들이 지식인들에게 "이론적 환상"을 일으켰고, 진보적 지식인들조차 당대 사회를

---

[31] *Called to One Hope*, 40.

[32] 위의 책, 50.

[33] 김창남, "대중문화의 변화와 탈정치화," 학술단체협의회 편,『6월민주항쟁과 한국사회 10년 II』(서울: 당대, 1997), 422.

이해하는 데 실패하도록 만들었다고 주장했다.[34] 이것은 제3세계 지식인들은 국가, 대륙, 지구 문화를 이해하기 위해 이전보다 더 주의해야 하는데, 그 이유는 부분적으로는 지구화된 문화 또는 미국 문화가 전 세계를 지배하기 때문이요, 부분적으로는 그들 자신의 경제적 기초와 문화적 상황 사이에 차이가 있을 수 있기 때문이다. 이런 상황하에서 민중 권력과 문화산업의 자본 권력 사이에 대중문화와 지구문화를 장악하기 위한 갈등이 있다.

이런 갈등에서 중요한 영향을 주는 것 가운데 하나가 언론이다. 언론의 두 가지 주요한 기능은 시장 기능과 이데올로기적 기능이다. 양자는 서로 밀접하게 연결되어 있다. 서구에서 언론은 자기 시민을 설득하기 위해 "동의를 제조"한다. 서구에 의존적인 국가들과 관련한 이슈에 대해서 서방 언론은 테러 행위를 합리화하거나 "테러 행위의 문화"를 만들어낸다.[35] 촘스키의 동의 제조 논제는 울리히 두크로에 의해 다음과 같이 요약되었다. "오늘날 신자유주의적 시장사회에서 언론은 경제와 국가의 지배 이익을 지지하기 위해 동원되는 데만 봉사해야 한다."[36] 신자유주의적 지구자본주의하에서 대부분의 지식인과 언론인의 주요 역할은 민중의 동의를 제조하거나, 민중의 정신이나 마음을 지배 그룹에게 무의식적 차원에서 복종시킴으로써 현상 유지를 하게 하는 데 있다.

언론의 기능은 이데올로기적으로 동의를 제조하고 테러 행위로서의 문화에 의해 지배 그룹의 이익을 지지하는 것이다. 언론의 구조

---

[34] 토론회, "우리시대 진보란 무엇인가?," 『사회평론 길』(1998년 4월), 43.

[35] N. Chomsky, *Necessary Illusions: Thought Control in Democratic Society* (London: Pluto Press, 1989), 15.

[36] U. Duchrow, *Alternatives to Global Capitalism: Drawn from Biblical history, Designed for Political Action* (Heidelberg: Kairos Europa, 1995/1998), 116.

자체가 이데올로기적 기능에 기여할 수 있다. 이것은 1970년대 영국 버밍엄 대학교의 현대문화연구소가 행한 언론 연구로 분명해졌다. 이를 주도했던 스튜어트 홀은 그와 같은 언론 연구의 새로운 태도를 다음과 같이 요약했다. 첫째, 언론은 중요한 문화적 이데올로기적 힘으로 정의된다. 둘째, 언론의 텍스트는 "의미의 투명한 전달자"가 아니다. 대신에 그 연구소는 언론의 이데올로기적 보편적 본성과 언론 형태의 언어적 구조화의 복잡성에 관심을 가졌다. 셋째, 연구소는 '청중'의 수동적이고 무차별적인 개념을 깨뜨리고, '독해'하는 보다 적극적인 '청중' 개념과, 언론의 메시지가 어떻게 기호화되고, 기호화된 본문의 '국면'과, 어떻게 청중이 다양하게 텍스트를 '해독'하는가 하는 관계에 관심을 기울였다. 마지막으로 연구소는 언론이 지배 이데올로기적 정의와 표상을 유통시키고 확보하는 데 맡은 역할에 관심을 가졌다.[37]

산업화와 자본주의가 초래한 것은 비서구인의 정체성의 왜곡이나 파괴와 지역공동체와 문화의 파괴였다. 지구화와 신자유주의는 지구적 차원에 소비자의 정체성을 심고, 시장의 우상을 확고하게 뿌리내리게 함으로써 그들의 정체성의 왜곡과 문화 파괴를 훨씬 가속화하고 심화했다. 지구화와 신자유주의는 가난한 자들을 더욱 가난하게 만들어서 그들의 존재 자체를 의사결정 과정이나 의제 설정 과정으로부터 배제시켰다. 사회보장제도를 불필요한 것으로 여김으로써 가난한 자들의 생존권을 박탈했다. 생태계 역시 생존의 위협을 받고 있다. 이런 과정을 합리화하는 막강한 무기 중 하나가 언론이다.

---

[37] Stuart Hall & D. Hobson, et. al. (eds.), *Culture, Media, Language* (London: Routledge, 1992), 117-118.

언론은 이데올로기적으로 동의를 제조하고, 테러 행위로서의 문화를 통해 지배 그룹의 이익을 지지한다. 따라서 지구화 시대 우리는 가난한 자들의 절규가 더 이상 들리지 않고, 오직 지배자의 소리만 들리는, 미래가 닫힌 사회에 살게 되었다.

3) 정보사회

현재 진행되는 정보혁명은 산업혁명과 질적으로 다르기보다는 지금까지 진행되던 것을 더 가속화했다고 보는 것이 옳을 것이다. 정보혁명은 인간을 포함한 모든 것을 사회적 조작을 위한 원료로 이해한다. 인간은 유전자 복제를 통해서 생물학적 생명을 포함하여 모든 것을 인간의 목적을 위해 암호화하고 프로그램화하고 재프로그램화할 수 있게 되었다. 이제 인간은 생명 코드에 대한 지식을 통해 자연의 불규칙성이나 부정확한 정보로 인해 초래된 문제들을 해결하기 위해 자연을 재창조할 수 있게 되었다. 유기체와 기술로 만든 것 사이의 구별이, 자연과 기술 사이의 구별이 모호해지기 시작했다. 정신과 육체, 문화와 자연의 구별이라는 이분법이 극복되었다. 정보혁명이 산업혁명과 구별되는 점은 정보혁명이 생태학적 또는 통전적 사고를 이 세상 모든 것을 식민화하고 정복하기 위해 사용하는 점에 있다. 이런 문제에 대해 농업혁명 시대를 이상적으로 여기는 것은 문제가 있다. 농업혁명 시대에 인류는 자원의 통제나 소유권과 관련한 갈등, 그로 인한 전쟁 그리고 그 결과 초래된 환경 파괴와 사회적 붕괴를 경험했다. 북미 자유무역협정이 발효된 후 두 시간 만에 일어났던 치아파스 반란은 한 마디로 지난 40여 년간 그들에게 강요된 '발전' '큰 경제'가, 500년 식민주의, 제국주의가 실패했음을 선언하는 것이었다. 그들은 보다 큰 복지 혜택이나 다른 어떤 것을 요구한 것이 아니라 그들 자신이 스스로 살아갈 권리의 회복을 원했다. 생태혁명은 파괴성이 없이 생산하는 사회뿐 아니라, 파괴성이 없이 재생산하는 사회를 지향한다.[38]

5. 하나님 나라를 향한 교회의 문화선교적 과제

서구인들은 "땅을 정복하라. 모든 생물을 다스리라"(창 1:28)는 하나님의 말씀을 근대문명의 맥락에서 해석하여 식민지 약탈과 피조물의 파괴를 초래했다. 그러나 이런 오해는 성육신의 신비와 창조신학을 제대로 이해하지 못한 데서 비롯되었다. 그리스도인들은 창조와 구원을 연결시켜야 한다. 인간은 하나님의 피조물에 대한 청지기로서, 노동과 돌봄이 인간으로 하여금 인간되게 함을 깨달아야 한다. 그리고 노동을 통한 진보는 창조질서와 균형을 이뤄야 한다.

산업화가 진행되면서 서구 교회가 노동자들의 아픔과 고통에 공감하지 못하고, 산업화의 상처를 치유하지 못한 결과 노동자들은 교회를 떠났다. 19세기 서구 교회의 최대 스캔들은 노동계급의 상실이었다. 20세기 초까지 교회는 노동자들의 신뢰를 거의 상실했다. 노동자들 대다수가 교회와 성직자에 대해 적대감을 갖거나 부정적이었다.[39] 영국 쉐필드의 위컴 주교는 교회가 노동자들에게 말할 권리

---

[38] Larry Rasmussen, *Earth Community Earth Ethics*, 68-74.

[39] Wilbert R. Shenk, "The Culture of Modernity as a Missionary Challenge," in Charles Van Engen, Dean S. Gilliland, Paul Pierson (eds.), *The Good News of the Kingdom: Mission Theology for the Third Millenium* (Maryknoll, New York: Orbis Books, 1993), 194-195.

를 회복하기 위해서는 여러 세대 동안 침묵할 것을 요청했다.[40]

산업화 이후 신자유주의적 지구자본주의의 도래와 정보사회의 부상으로 국가권력으로부터 소외되고 시장에서 배제된 인류 대다수의 가난한 사람들은 시장과 권력을 쥐고 있는 지배자들이 부여한 부정적 이미지를 내면화함으로써 자신의 정체성을 왜곡하거나 부정한다. 그러나 성령님은 그들 안에 있는 하나님의 형상을 회복시키고, 예수 그리스도 안에서 새 사람이, 하나님의 자녀가 되게 하신다. 하나님 나라가 다가온다는 소식이 그들에게 기쁜 소식으로 들리게 하는 것이 교회의 문화선교적 과제다. 하나님 나라는 경제, 정치, 언론, 환경을 포함하는 모든 삶의 영역에 하나님의 주권을 세우고, 예수 그리스도의 주 되심을 선포하는 것이다. 자본주의, 지구화, 정보사회에서 작동하는 경제, 정치, 언론, 문화가 총체적으로 인간의 정체성을 왜곡하거나 부정하고, 공동체를 파괴하고 있다. 그렇지만 하나님의 나라를 선포하는 교회는 가난한 자들의 정체성을 왜곡하거나 부정하고 공동체를 파괴하는 죽임의 문화와 죽임의 세력의 정체를 밝히고, 가난한 자들의 정체성을 세우고 공동체를 세우기 때문에 하나님 나라는 그들에게 기쁜 소식이 된다.

즉 교회는 지구화나 정보사회의 부정적 충격을 최소화하고, 원주민, 농민, 비정규직 노동자, 이주노동자나 난민, 여성, 청년, 장애인, 실직·노숙인, 북한이탈주민 등 그 희생자들을 돌보며, 지구화나 정보사회로 하여금 인간과 피조물을 섬기기 위한 길을 찾도록 해야 한다.[41] 뿌리 뽑힌 사람들의 생존권을 강력하게 지지하며, 공동체가 그

---

[40] E. Castro, "Your Kingdom Come," 33.
[41] *Called to One Hope*, 28.

들을 환영하도록 해야 하며 인권과 삶의 질의 개선을 위해 노력해야한다. 이때 그리스도인들이나 교회는 자신과 다른 것, 익숙하지 않은것을 배제하려는 문화적 상황에서 하나님의 사랑으로 이질적이거나낯선 것들을 수용하고, 언어, 문화, 가치관, 피부색깔 등이 다른 사람들과 대화할 줄 알아야 한다. 여기서 장애물은 정체성을 이용하여 권력을 획득하거나 경제적 이익을 보려는 '정체성의 정치'이다.[42] 인종차별은 백인들이 자신들을 강하게 결합시키고 유색인종을 희생시켜백인의 권력과 이익을 영속화하는 사례이다. 반면에 아프리카의 '호의의 경제'(economy of affection)는 타자를 수용함으로써 모든 사람에게 혜택을 주는 사례이다. 이런 경제 논리는 '내가 존재하기 때문에네가 있고, 네가 존재하기 때문에 내가 존재한다'는 원리 위에 서 있다. 각 사람은 타자를 받아들이고 긍정함으로써 자신을 풍요롭게 한다. 지역교회는 문화적으로 인종적으로 다른 사람들에 대한 두려움과 불안을 극복해야 한다. 이런 두려움은 부분적으로는 무지에서 비롯되고, 부분적으로는 자신만의 정체성을 지키려는 데서 비롯된다.[43]그러나 사도행전 10장에 나오는 베드로와 고넬료의 만남에서 보는것처럼 낯선 자, 타자는 하나님의 구원의 도구가 되기도 한다. 유대기독교인 중심의 교회가 이방 기독교인 중심의 교회로 전환될 때 유대교의 문화나 관습을 부과해서는 안 된다는 예루살렘 공의회의 중요한 결정은 유대 기독교인과 이방인과의 만남으로부터 결정적 영향을 받았다.

　　지구화 시대 경제의 대안을 성서로부터 찾아야 한다. 그리스도인

---

[42] 위의 책, 46.
[43] 위의 책, 57-58.

들은 성서의 안식일과 안식년과 희년을 지구화 시대에 맞게 새롭게 읽어야 한다. 안식일, 안식년, 희년은 모두 출애굽 경험에 근거를 두고 있다. 이스라엘 경제는 모두를 위한 풍요로운 경제를 지향하며, 빈부 차이가 극심한 애굽 바로 경제를 거부한다. 만나 경제는 "많이 거둔 자도 남지 않고 적게 거둔 자도 모자라지 않는 경제"(출 16:18)를 지향한다. 희년 경제는 정의를 결여한 종교가 거짓 종교임을 알려 준다. 이스라엘 왕국이 멸망하고, 이스라엘 백성이 바벨론에 포로로 끌려갔던 것은 이스라엘 백성이 하나님과의 계약에 충실하지 못했기 때문이다. '오병이어의 기적'은 만나 경제의 실현이요, 주의 기도 역시 안식일 경제, 희년 영성으로의 부르심이다. 사도행전의 성령 강림은 특별한 개인들의 영적 체험이 아니라 희년의 성취요, 하나님 나라의 체험이다.[44]

대안적 매스컴은 기존 매스컴이 상품화하는 여성이나 판에 박은 듯이 그리는 인종적 소수 집단, 정체성이 파괴되거나 왜곡되거나 아예 다뤄지지 않는 가난하고 소외된 사람들의 목소리를 사회의 다른 사람들에게 들려줘야 한다. 그러기 위해서는 그들의 목소리를 차단하는 국가권력이나 시장의 부당한 권력 구조에 도전해야 한다.

---

[44] Ross Kinsler and Gloria Kinsler, *The Biblical Jubilee and the Struggle for Life: An Invitation to personal, ecclesial, and social transformation* (Maryknoll, New York: Orbis Books, 1999)

6 장

다종교 사회에서의 선교와 기독교 종교신학

들어가는 말

이 글은 선교와 종교라는 주제와 관련하여 다종교 사회에서의 선교와 기독교 종교신학에서 중요한 책들의 일부를 소개한 강의록이다. 번역이 매끄럽지 못한 부분도 있고, 마땅히 다뤘어야 할 책도 소개하지 못했고, 중요한 내용을 생략한 경우도 있다. 기독교 종교신학과 관련하여 알란 레이스(Alan Race)가 자신의 책(*Christians and Religious Pluralism*, 1983)에서 분류한 배타주의, 포용주의, 다원주의가 너무 간략하게 소개되다보니 이들 유형에 대한 제대로 된 이해가 쉽지 않다. 따라서 이 글에서는 세 유형을 좀 더 자세히 소개하고자 했다. 그리고 기독교 신학자들이 모여 종교 다원주의를 논의했던 세미나에서 발표된 논문을 편집한 책을 여기서 소개하고자 한다. 존 힉(John Hick)과 폴 니터(Paul F. Knitter)가 편집한 책(*The Myth of Christian Uniqueness*, 1987)의 12개 장 가운데 세 가지 접근방식(역사문화

적 다리-상대성, 신학적·신비적 다리-신비, 윤리적 실천적 다리-정의)에서
한 장씩을 선택해 내용을 요약하려 한다. 그리고 이 책에 대한 응답
으로 나온 책(*Christian Uniqueness Reconsidered: The Myth of a Plurali-
stic Theology of Religions*, 1990)을 소개하려 했으나 시간의 제약으로
다음으로 미루고자 한다. 그리고 WCC의 종교간 대화 지침의 핵심내
용을 소개하겠다. 여기서는 초대 종교간 대화국의 총무였던 사마르
타(Stanley J. Samartha)의 서론을 포함했다. 아쉬운 것은 지침서의 3
부 중 1부와 2부만을 소개하고, 3부(연구와 행동을 위한 교회 지침)를
생략한 점이다. WCC 선교 이해는 이 책의 다른 부분에서 다뤘다. 그
렇지만 선교와 종교에 대한 WCC의 전체 흐름은 마이클 키내몬
(Michael Kinnamon)이 편집한 책(*The Ecumenical Movement: An Antho-
logy of Key Texts and Voices*, 2nd ed., 2016)의 6장에 있다. 이를 소개하
는 것은 차후의 과제로 남긴다. 마지막으로 에딘버러선교대회 백주
년대회에서 다룬 선교와 다른 종교들에 대한 논의는 위의 세 장에서
소개했던 논의들을 보완하기 위한 것이다. 즉 어느 한 부분이 아니라
기독교 종교신학과 다종교 사회에서 선교의 전체 흐름을 개관한 것
이어서 위의 논의들을 보완하고 큰 흐름을 알게 해준다. 이렇게 많은
한계를 지닌 글이지만 이 책을 출판하기 위해서는 선교와 종교를 다
룬 글이 필수적이므로 불가피하게 싣는다. 향후 개정판이 나오면 이
부분부터 보완하겠다.

1. 알란 레이스의 기독교 종교신학 유형[1]

1) 배타주의

종교는 계시로부터 분리되어 자신을 합리화하거나 구원하고자 하거나 하나님을 알고자 하는 시도로서 불신앙의 행동이다. 바르트의 이런 주장은 하나님의 절대주권을 지키기 위한 것이었다. 그렇지만 그는 세상에서 다양한 종교적 행동으로부터 참되고 올바른 종교를 구별하고자 했다. 하나님의 심판을 받아들이는 자들에게 주신 약속이 있다. 이 약속에 대한 믿음이 있고, 이 믿음 안에 하나님의 은혜가 현존하고 있다. 바로 이 은혜가 기독교라는 종교를 세상의 다른 종교들과 구별 짓는다. 이것을 기반으로 기독교만이 선교적 종교가 된다는 권위를 받게 된다. 그런데 바르트의 종교관이 지나치게 협소한 마음의 소산이라거나 문화적 고립에서 비롯된 것이라고 비판하는 것은 그를 오해하는 것이다. 그의 진정한 신학적 관심사는 하나님의 절대주권을 방어하는 것이었기 때문이다. 그의 주장의 극단적인 측면은 그의 스승들의 자유주의 신학에 대한 반발 때문인 것으로 보인다. 자유주의 신학은 기독교를 다른 종교들 중 하나로 보고, 세상과의 관련성을 복음 이외의 다른 범주로 측정한다. 그는 이런 주장이 오류로 나아가고, 인간이 하나님의 주권에 저항하는 행위라고 여겼다. 그의 후기 신학(『교회교의학』 vol. 4/3, 1962)은 기독교 공동체와 세계, 다른 종교와의 관계를 좀 더 긍정적으로 보았다. 그는 기독교인의 세상과 다른 종교에 대한 태도는 기독교인의 소명에 대한 올바른

---

[1] Alan Race, *Christians and Religious Pluralism*, 1983/1993, 2장, 3장, 4장.

이해로부터 비롯한다고 말했다. 과거에 기독교의 절대성에 대한 주장은 종종 교만한 선교적 태도로 이끌었다. 그러나 기독교 진리는 소유물이 아니라 증거되어야 하는 것이다. 기독교인들의 소명의 본질은 하나님께서 그들을 자신의 증인으로 삼으셨다는 데 있다. 변증적 신학자인 바르트에게 예수 그리스도 안에서 사람들에게 전해진 하나님의 말씀은 항상 '예'와 '아니오'로 동시에 구성된 역설적 말씀이었다. '예'는 그리스도에 의해 이뤄진 구원의 결과로 그리스도를 위해 이미 얻은 새 삶을 가리킨다. '아니오'는 복음에 대한 무지 속에, 또는 복음에 대해 적대감 속에 사는 인간을 가리킨다. 바르트의 신학적 전환은 초기의 다른 종교에 대한 극단적 접근방식에서 하나님의 '예'를 향한 보다 적극적 강조로 바뀌었다. 초기에 그는 인간을 환경과 과거에 의해 문화적으로 결정된 존재로 보았다. 후기에 그는 인간 자신의 유일한 자아가 하나님이나 이웃과 직접적 관계를 맺는다고 보았다. 그런데 나일즈(D. T. Niles)는 바르트에게 힌두교인을 한 번도 만난 적이 없는데 어떻게 힌두교가 불신앙인지 알게 되었느냐고 물었다. 바르트는 그것을 선험적으로(*A priori!*) 알았다고 답변했다.

하나님의 절대주권을 기독교 신학에서 유일하게 가능한 방법으로 여긴 바르트의 견해를 지지한 크레이머는 바르트의 주장을 위험하고 합리화할 수 없으며, 변증적 신학이라고 느끼지 어렵다고 했다. 크레이머에게 진짜 질문은 변증적 방법이 인류의 종교적 삶을 바르게 해석하는 데 기여할 수 있느냐 하는 것이었다. 비기독교 종교들은 하나님의 현존과 능력을 반영하는가? 세계의 다양한 종교적 활동들의 이면에 하나님의 주권이 실재하는가? 크레이머는 이 질문에 변증적 방법을 적용하고, 하나님과 인류의 관계에 대한 성서의 설명에 공정하게 대답하고자 했다. 여기서 크레이머는 바르트보다는 에밀 브루너와 유사한 견해를 취했다. 브루너는 다른 종교에 성령의 숨결이 있지만 다른 종교 중 거룩한 종교는 없다고 여겼다. 다른 종교에도 인상적인 진리가 있지만 다른 종교들 중 어떤 종교도 진리는 아니라고 했다. 마찬가지로 크레이머는 신약성서가 그리스도 안에 나타난 계시 바깥에 하나님의 현존과 행동이 있음을 증거하지만 그것들은 하나님에 대한 왜곡된 이해라고 주장했다. 브루너와 크레이머에 의한 변증적 접근방식은 두 가지 측면이 있다. 첫째, 내부적으로는 도덕법과 외부적으로는 창조된 질서를 통해 하나님의 보편적 계시가 인류를 향해 나아온다. 이는 세상을 향한 하나님의 '예'에 상응한다. 둘째, 죄와 무지를 통하여 계시에 대한 왜곡되고 전도된 이해가 있다.

크레이머는 브루너와 같이 변증적 접근방식을 사용했지만 브루너가 다른 종교에 대한 지식을 충분히 사용하지 않았다고 비판했다. 그는 자신의 책『비기독교 세계에서의 기독교 메시지』(1938)에서 다음과 같은 주장을 펼쳤다. 첫째, 성서적 실재주의는 신정통주의 신학의 근본 교리에서 나온 것으로 바르트를 따라 그리스도 안에 나타난 계시의 절대적 우위성을 주장하지만 성서 해석의 영역에서는 계시의 변증적 본성을 강조했다. 실재주의는 성서의 무오성을 가리키는 것이 아니라 성서에 나타난 본질적 종교적 실재—하나님의 궁극적 주권과 인간의 죄성—에 대한 심층적 이해를 가리킨다. 둘째, 크레이머는 다른 종교에 대한 연구를 통해 모든 종교를 존재의 전체성에 대한 특정 이해를 지니며, 모든 것을 포괄하는 체제로 보았다. 바르트는 계시와 종교 사이에 연속성이 없다는 것을 선험적으로 주장한 데 반해, 크레이머는 다른 종교에 대한 실증적 연구를 통해 동일한 결론에 도달했다. 그는 성서에 나타난 다른 종교에 대한 설명을 통해 하나님께서 그리스도 안에서뿐 아니라 자연과 역사에서도 활동하심을

주장했다. 그는 후기의 신학 저서인『종교와 기독교 신앙』(1956)에서
다른 종교를 인간의 성취로 보는 극단적 주장을 수정하고, 인간의 종
교의식을 기독교 바깥에 있는 하나님의 활동 장소로 보았다.

2) 포용주의

포용주의는 이웃종교에 대해 수용과 거부를, 변증법적으로 '예'와
'아니오'를 동시에 지닌다. 기독교와 이웃종교의 관련성은 다양한 신
학자들에 의해 다양한 방식으로 전개되지만 핵심 내용은 이웃종교
와 대립이 아니라 이웃종교들이 어떻게 기독교의 신학적 논의에 창
의적 방식으로 통합되느냐 하는 점이다. 포용주의의 목적은 구원을
위해 다른 종교 안에 역사하는 하나님의 은총의 활동과 구원의 최종
적이며 보편적 길인 그리스도 안에 나타난 하나님의 은혜의 유일성
을 어떻게 통합하느냐 하는 점이다. 누가복음과 사도행전의 저자는
자신의 유대적 유산을 기독교 경험 속에 통합함으로써 포용주의적
견해를 보여준다. 누가는 복음을 역사에 뿌리박은 이야기로 선포했
다. 여기서 역사는 하나님의 섭리 활동이 펼쳐지는 무대다. 하나님의
섭리 활동의 절정은 예수의 삶이다. 완벽한 모범으로서 예수의 삶은
유대인 성자의 경건을 넘어서고, 유대교 유산을 성취하는 시금석이
다. 하나님의 섭리 활동은 유대인에게만 적용되는 것이 아니라 온 인
류에게 적용된다. 따라서 예수 그리스도가 이 땅에 오심은 역사 자체
의 중심이 되실 뿐 아니라 역사의 의미의 실마리가 되신다.

사도행전에 나타난 포용주의적 태도는 2, 3세기 로고스 신학에서
명백히 나타난다. 순교자 유스티누스는 스토아 철학을 따라 모든 사
람들이 보편적 이성, 영원한 신적 로고스에 참여한다고 믿었다. 하나

님께서 로고스의 씨앗(*logos spermatikos*)을 고전철학에 심어놓으셔서 이를 통해 그리스도 안에서 이뤄질 계시에 이르도록 하셨다는 것이다. 유스티누스는 스토아 철학과 그리스도가 신적 로고스라는 기독교 신앙을 결합시켰다. 바꿔 말하면 비기독교 신앙/철학 안에 있는 진리나 선은 그리스도 안에 계시된 완전한 진리와 선에 비하면 부분적이고 불완전하다는 것이다. 이처럼 다른 종교 안에 부분적으로 진리가 있고 다른 신앙인들 안에 성령이 현존하셔서 그들을 복음을 향하도록 준비시킨다는 주장은 제2차 바티칸공의회의 주장과 유사하다.

이런 견해를 지닌 로마 가톨릭의 대표적 신학자는 칼 라너다. 그는 기독교가 모든 사람을 위한 절대적 종교로 다른 종교들이 기독교와 동등한 자격을 갖지 않는다고 주장한다. 하나님께서는 모든 사람이 구원을 얻기를 원하신다. 그래서 비기독교 종교는 하나님에 대한 자연적 지식을 지니지만 인간의 부패도 포함한다. 하나님의 구원 계획에서 비기독교 종교들이 합법적 종교라면 기독교와 다른 종교들 사이의 관계는 무엇인가? 기독교는 다른 종교인들을 비기독교인으로 대립하기보다는 익명의 기독교인으로 여겨야 한다. 그는 다른 종교들을 대면하는 교회의 자기 이해를 재평가했다. 교회의 구성은 역사적으로 식별 가능한 선봉이고, 가시적 교회 바깥에서 감춰진 실재로서 기독교 희망이 제시하는 것을 역사적·사회적으로 표현한 것이다. 이에 근거해서 그는 기독교 선교를 세계 종교들 앞에서 그들의 예전과 기관들 안에 활동하고, 감춰지고 인식되지 않은 그리스도의 신비를 증거하는 것이라고 여겼다.

한스 큉은 초기에는 구원의 일반적 방법과 특별한 방법을 구별했다. 구원의 일반적 방법은 비기독교 종교인들을 위한 일반 구속사를 가리키고, 구원의 특별한 방법은 교회 안에서 이뤄지는 기독교적 구원을 가리킨다. 큉은 신앙고백과 증거에 의해 기독교인이 됨은 구속사 전개과정에서 새로운 단계의 증인이 되도록 회심하고 초대하는 것을 포함한다. 그러나 후기에 큉은 이러한 구별을 비판했다. 그는 다른 종교가 지닌 진리를 존중하고 인정하며, 그들에 대해 미리 판단하지 않으면서도 대화 중 알려지지 않은 진리를 탐구하는 데 개방적인 포용주의가 가능한지에 대해 물었다. 그는 이런 질문에 대해 긍정적으로 답했다. 그는 종교들이 지닌 진리를 비판적으로 통합하는 잠재력을 기독교가 지녔다고 생각했다. 큉은 대화 가운데 기독교적 가치를 다른 종교에 강요하지 않으면서 기독교가 다른 종교들로부터 배우며 종교적 가치들을 비판적으로 종합할 수 있다고 말한다.

포용주의의 문제점 중 하나는 기독교와 다른 종교 사이의 연속성이나 수렴을 말할 때 기독교적 범주들을 선험적으로 다른 종교에 강요하지 않아야 한다는 점이다. 이런 예를 인도 파쿼(J. N. Farquhar)의 책『힌두교의 왕관』(1913)에서 볼 수 있다. 이 책의 핵심은 힌두교 역사에 나타난 열망과 추구의 성취는 기독교가 아니라 그리스도에 의해 이뤄졌다는 것이다. 그는 자신의 성취설이 기독교적 범주를 힌두교에 강요하는 것이 아니라 힌두교의 종교적 삶에 대한 깊은 연구를 반영한다고 믿었다. 그러나 역사적 예수를 강조하는 그의 견해는 비기독교 종교의 도덕적 가치들이 그리스도의 삶을 반영하는 것이라는 주장에 가까웠다. 이는 기독교적 범주를 비기독교 종교에 선험적으로 강요한 것이라 할 수 있다.

기독교 종교신학에서 포용주의는 두 가지 유형으로 구분된다. 첫째 유형의 포용주의는 누가복음·사도행전, 교부들, 파커 등의 주장을 확대한 것으로 칼 라너의 '익명의 그리스도인'이라는 주장이다. 그러나 이런 유형의 문제는 종교사 연구의 최근 결과로부터 오는 도전을 극복할 수 있는가 하는 점이다. 역사적이고 경험적인 것을 중시하는 시대에 특정 종교가 다른 종교들의 경험적 자료들을 의지하지 않고서도 종교적 진리와 가치의 완전한 표현이라고 주장하는 것은 합리화하기 어려운 종교적 제국주의에 가깝다.

둘째 유형의 포용주의는 한스 큉의 기독교 포용주의적 보편주의로 기독교가 배타성이 아닌 유일성을 지닌 것으로 주장한다. 이렇게 변형된 형태의 포용주의는 종교적 진리에 대해 미리 판단하지 않으면서도 기독교 전통을 적극적으로 설명하고 비기독교 신앙에 대해서도 구원의 길이 열린 것으로 보는 견해이다.

3) 종교다원주의

역사적 연구는 과거와 현재 사이의 연속성과 불연속성을 알게 해준다. 기독교 종교신학과 관련해서 교회는 기독교와 다른 종교 사이의 관계에 대한 과거의 대답이 오늘날 제기되는 도전에 응답하는 데 충분한가 하는 질문을 고려해야 한다. 윌프레드 캔트웰 스미스(Wilfred Cantwell Smith)는 끈질긴 배타주의의 오류가 지금보다 더 명백한 적이 없다는 점은 기독교의 참된 자비와 교리적 적절성에 대한 지각을 화해시키는 올바른 길로 이끈다고 했다. 알란 레이스는 스미스의 주장을 받아 그리스도 안에 나타난 하나님의 활동과 다른 종교 안에 역사하는 구원의 현존 사이의 화해를 추구한다. 이런 화해를 관용의 정신으로 추구한 신학자가 15세기 중엽 쿠사의 니콜라스였다. 그는 『서로 다른 종교들 사이의 평화』라는 책에서 천상에서 다양한 종교 대표자들이 대화할 때 신적 로고스가 종교들 사이의 일치를 이룬다고 설명했다. 그는 교회 안에 십자군 정신이 팽배했을 때 관용 정신을 기대했다. 기독교 관용의 두 가지 형태는 도덕적 명령으로서의 관용과 신학적 필연성으로서의 관용이 있다. 관용을 기독교 종교신학에 적용하면 관용적 다원주의가 된다. 즉 하나님에 대한 지식이 모든 종교에 부분적으로 남아 있다는 것이다. 그래서 하나님에 대한 완전한 지식을 얻으려면 모든 종교는 서로를 필요로 한다는 점을 수용해야 한다.

아놀드 토인비는 두 종류의 관용이 모두 하나님은 사랑이시라는 믿음과 평행을 이룬다고 보았다. 모든 종교가 일정 부분 하나님의 진리를 반영하고 있다. 역사학자 토인비는 헤겔의 진보적 역사철학의 영향을 받아 결국 고등종교가 미래 세계문화의 종교적 토대가 될 것으로 생각했다. 그러나 그의 진정한 관심사는 도덕적 관용이었다. 그는 인류가 자만, 교만, 자기중심성을 넘어선 믿음과 행동을 할 수 있다고 믿었다. 민족주의와 공산주의로부터 위협을 받고 있는 '하나의 세계'의 영적 차원을 유지하기 위한 종교 간 협력을 증진하는 것이 그의 관용적 다원주의의 진정한 동기였다. 당시 자유주의 사상가들은 새롭게 부상하는 세계공동체에 하나된 세계신앙을 제공하려고 노력했다.

하버드 대학의 철학교수였던 윌리엄 호킹(W. E. Hocking)도 비슷한 생각을 했다. 그는 토인비처럼 관용을 추구했지만 세계신앙을 위해서 '재인식의 길'(Way of Reconception)의 중요성을 강조했다. 호킹의 이론은 모든 종교가 빼앗을 수 없는 진리의 핵심을 지닌다는 신학적 전제 위에 세워져 있다. 각 종교가 자신의 본질을 인식함을 통해 자기 이해에 도달하는 만큼 종교는 다른 모든 종교의 본질을 이해하게 되고, 종교의 다양한 형태를 해석하는 능력을 얻게 된다. 이처럼 다른 종교의 핵심에 속하는 진리와 통찰의 빛에서 종교가 자신을 재인식하려는 노력 때문에 세계종교를 향한 길이 준비된다.

그런데 하나의 궁극적인 신적 실재에 대해 서로 다른 문화적 인식에 따른 종교 사이의 차이, 즉 각 문화에 따른 신에 대한 다른 인식은 부분적이며 불완전하다는 주장도 다원주의라 불린다. 기독교 종교신학에서 이런 종교다원주의의 위험은 모든 종교적 전통이 상대적이라면 좋은 종교와 나쁜 종교, 영적으로 건전하고 심오한 종교와 영적으로 천박한 종교를 구분할 수 없다는 점이다. 이런 문제를 신학적으로 본격적으로 다룬 자가 에른스트 트뢸취(Ernst Troeltsch)다. 그는 역사의식의 발흥과 그에 적합한 역사적 방법의 연구가 초래한 신학적 위기를 간파하고 대응한 신학자였다. 그는 기독교의 절대적 유효성과 진리 주장이 함축하고 있는 것에 대해 철저하게 연구한 첫 신학자였다. 신학에서 위기가 일어난 이유는 첫째, 역사 영역에서 일어나는 다양한 모순과 부단한 흐름이 빚어낸 비판적 회의주의의 정신과 일치·확실성·평화를 위한 종교적 의식의 요구 사이의 근본적 갈등이다. 둘째, 이러한 위기는 역사의 우연이 종교적 신앙이 요구하는 확실성을 낳을 수 없다는 레씽의 격언을 넘어선다. 이는 역사에 대한 신학적 해석과 역사적 방법에 의해서만 확증되고 선험적으로 주어진 문화 사이의 충돌을 가리킨다. 셋째, 서로 연결되면서도 지속적인 사건들의 흐름, 지속적 생성의 연결로서의 역사적 실재의 본질은 스스로 권위를 부여하는 기독교의 유효성 주장을 배제한다. 이렇게 역사적 의식에서 초래한 세 가지 결과는 자신의 기원에 관한 초자연적 주장에 근거한 기독교의 종교적 진리 주장에 대하여 문제를 제기한다. 일단 역사적 방법이 수용되면 기독교의 우월성은 다른 종교들과 비교한 후에만 확인될 수 있다. 트뢸취는 기독교를 다른 종교들

과 비교한 후 기독교만이 자신의 절대적 유효성에 대한 주장이 고유
하다는 결론에 이르게 되었다. 여러 종교 중 기독교는 인격주의적 이
해가 가장 집중적으로 계시된 종교이다. 그렇지만 그는 이런 자신의
주관적 주장이 객관적 사실에 근거해야 함을 알았다. 그래서 후기에
그는 자신의 견해를 바꿨다. 그는 한편으로는 기독교가 유럽의 문화
적 가치에 상당히 깊이 뿌리내리고 있음을 보여줬고, 다른 한편으로
는 동양의 종교들이 기독교와는 다른 방식이지만 기독교적 열망과
흡사한 영적, 인간적 가치들을 지니고 있음을 발견했다. 이러한 두
가지 발견은 그로 하여금 기독교가 종교적 삶의 최고의 표현이라는
주장을 부인하게 했다. 그는 기독교의 절대적 유효성 주장은 단지 서
구인들에게만 해당한다고 생각했다. 여기서 제기된 상대주의는 기
독교가 지닌 심오한 영적 가치를 훼손하지는 않지만 기독교를 여러
종교 중 하나의 종교로 보게 하고, 라틴과 게르만 인종 속에서 일어
난 '하나의 순수한 역사적 개인적 상대적 현상'으로 보게 했다. 기독
교가 우리를 위한 진리라는 점이 기독교가 바로 그 진리와 생명이라
는 점을 중단시키지는 못한다. 종교는 자신을 표현하기 위해 문화에
의존할 뿐 아니라 문화 자신의 근거를 제공한다. 종교와 문화는 불가
피하게 서로 연결되어 있다. 이런 면에서 볼 때 문명 전체 사이의 비
교와 선택은 논리적 문제가 아니다.

그런데 트뢸취의 주장에서 그 자신이 경멸했던 '끔찍한 상대주의'
의 징후가 보인다. 여기서 '끔찍한 상대주의'는 인간 가치의 붕괴, 종
교문화사를 해석하기 위한 표준의 포기를 의미한다. 그는 문화사에
종교적 근거를 제시하는 신학을 추구했다. 그는 자신을 완전히 역사
적 방법에 맡겼기 때문에 '끔찍한 상대주의'를 극복하는 길은 전 인
류, 최소한 서구 문화사에 대한 연구 이후에 가능했다. '끔찍한 상대

주의'에 대한 그의 해결책은 인간의 결정이 아니라 하나님의 존재에 달려 있다고 보았다. 즉 종교 간 궁극적 일치와 종교의 최종적 객관적 유효성은 하나님의 존재에 달려 있다. 여기서 드러난 트뢸취의 약점은 모든 신앙이 동일한 자료에서 나오고 동일한 목표를 지향한다는 믿음에 대한 신학적 정당성을 제공하지 않는다는 점이다. 트뢸취 사상의 전환은 사회학과 역사에 대한 연구 결과로 일어났다. 미래 신학은 종교적 지식과 진리의 본성에 대한 통찰을 희생하는 대가로 신앙과 실천의 문화적으로 연결된 종교적 유형의 본질을 간과할 수 있다. 역사학이 신학적 방법에 침투하는 것을 받아들이는 신학도들에게 트뢸취는 그런 패러다임의 전형이었다. 그의 접근방식이 지닌 여러 문제에도 불구하고, 종교와 문화의 관계에 대한 몇 가지 유보—그는 종교를 문화와 관련시키기보다는 인종과 관련시키려 했고, 이슬람 종교를 아랍인의 종교로, 불교를 적도지역의 종교로 축소했다—에도 불구하고, 우리는 우리의 모든 지식을 근본적으로 역사화하는 그의 신학적 방법에 공감할 수 있다. 그의 신학적 작업은 기독교 종교신학에서 다원주의를 주장하는 시초였다.

트뢸치의 이론에 신학적 정당성을 부여하려고 노력한 신학자가 존 힉(John Hick)이다. 그는 자신의 다원주의적 구도를 '코페르니쿠스적 혁명'이라고 불렀다. 그는 종교적 우주의 중심에 있던 그리스도와 기독교를 신으로 대체했다. 그는 다원주의적 해결이 어떻게 역사적으로, 신학적으로 적합한지 보여주고자 했다. 역사적으로는 칼 야스퍼스가 말했던 기원전 800년에서 200년 사이의 축의 시대에 종교가 성장해왔다. 종교적 생활의 급성장은 동일한 신적 영에 대해 다양한 문화적 형태로 표현된 인간 영의 반응으로서의 세계종교들이라고 해석할 수 있다. 이러한 해석의 전제는 경험의 차원에서 종교들은 신과의 참된 만남을 기술하고, 종교적 신앙과 실천에서의 차이는 그 경험을 구현하는 문화적 형태와 환경을 반영한다는 것이다. 신학적 진술의 측면에서 종교 간 차이는 경쟁보다는 무한한 신적 실재의 진리 속에서 이뤄지는 화해를 향한 기회로 해석될 수 있다. 힉의 전제의 근거는 종교적 경험이 하나의 궁극적 신적 실재와의 참된 만남을 표상한다는 것이다. '코페르니쿠스적 혁명'과 관련하여 힉은 신학적 문제의 세 가지 구성요소를 제시했다. 즉 신적 실재를 경험하는 양태의 차이, 신적 실재에 대한 철학적·신학적 이론의 차이, 종교적 경험과 사고의 흐름을 통합하는 계시적 경험의 차이다.

첫째, 신학적 문제는 하나의 궁극적 신적 실재의 정체성의 문제다. 동일한 신적 실재로부터 어떻게 다른 종교적 경험이 나오는가? 힉의 대답은 주요 종교들은 무한한 것을 유한한 인간의 언어로 제한하는 것은 불가능하다는 점을 인식하고 있다고 했다. 인간이 이해하는 '신'은 궁극적으로 정의할 수 없는, 인간의 부적절하고 불완전한 이미지일 뿐이다. 서로 다른 종교들이 신적 존재에 대해 인식하는 것은 서로 배타적이 아니라 보완적이다. 모든 종교는 유리를 통해 (신적 존재를) 어둡게 보기 때문에 신앙의 새로운 우주라는 가정을 가능하게 해준다. 종교적 경험의 다른 요소들은 종교생활의 다른 형태 속에 집중되는 경향이 있어, 셈 계통 종교에서 하나님과의 개인적 만남은 예언적 형태로 나타나고, 아시아 종교에서 신과의 비인격적 일치는 신비적으로 나타난다. 종교적 경험에 대한 현상학적 의존이 지닌 문제는 공유된 공통 근거에 대해 그렇게 쉬운 판단이 불가능하다는 점이다. 니니안 스마트(Ninian Smart)의 말처럼 현상학적 관점에서는 모든 종교가 종교적 경험에 대하여 동일한 진리를 가리킨다고 판단할 기초를 세울 수 없다.

힉은 최근 저서에서 현상학적 결론에 동의하면서 종교적 경험에 대한 철학적 설명을 제시하고 있다. 그는 무한한 존재로서의 신과 유한하게 경험된 신을 구별한다. 그는 칸트의 인식론을 세계종교들의 궁극적 신적 실재를 인식하는 데 적용한다. 칸트는 본체의 세계와 현상 세계를 구별했다. 본체의 세계는 인간의식으로부터 독립적으로 존재하는 데 반해 현상 세계는 인간의식에 나타나는 세계다. 인간의 세계 인식은 인간 정신을 범주화하는 개념 틀과 외부의 본체인 실재로부터 오는 정보의 충격이 협력한 결과다. 인간의 정신은 경험을 해석할 때 일종의 필터로 기능한다. 이러한 인식론이 종교적 인식에 적용될 때 본체의 세계는 무한한 존재로서의 신에 대한 인식과 병행하고, 현상의 세계는 인간에 의해 경험된 신에 대한 인식과 병행한다. 그런데 힉과 달리 칸트 자신은 신을, 신적 현상조차도 체험할 수 있다고 믿지 않았다. 그렇지만 힉은 칸트의 인식론이 '코페르니쿠스적 혁명'의 가정을 상당히 지지한다고 보았다. 또 이러한 인식론은 힉에 대해 비판적인 사람들의 반대를 명확히 보여준다.

예를 들면 던칸 포레스터(Duncan B. Forrester)는 힉이 힌두교 이외의 헌신된 신자들이 수용하지 않는 상대주의에 왜 굴복하지 않는지에 대해 의문을 제기했다. 힉의 관점은 신에 대한 인격적, 비인격적인 개념들이 모두 인간적 이미지이고, 하나의 궁극적이고 기술할 수 없는 신적 실재를 접근하는 데 유용한 길이라고 본다. 또 다른 힉에 대한 비판은 그가 종교적 경험의 문제에서 특수성을 파괴한다는 점이다. 그러나 힉의 의도는 종교적 특수성을 파괴하는 것이 아니라 종교적 경험에 대한 서로 다른 유형들을 상호배타적이 아니라 보완적으로 보려는 것이다.

둘째, 교리적인 신학적 진술의 차이들은 다양한 단계에서 나타나지만 종교적 신앙에 밀접한 관련이 있는 역사적, 문화적 요소들의 차이를 반영한다. 다원주의자의 전제의 토대는 교리적 단계에서 일치의 필연성을 배제하는 것이다. 그러나 이것은 한 종교전통에 의해 주어지는 것보다 훨씬 더 넓은 기초를 제공하며, 이러한 기초는 종교 간 건설적 대화를 가능하게 해준다. 종교들은 기독교 에큐메니칼 운동에 확립된 유형을 따른 관계 속에서 공존하게 된다. 종교들은 일정한 공통 근거를 갖고 있으며, 나눔과 들음의 과정, 교정과 보완을 위한 개방성의 태도로 대화하는 가운데 신앙의 일치가 하나님 자신의 존재에 놓이게 될 수 있다. 에큐메니칼 모델을 기독교 종교신학에 적용하면 모순적 진술들이 하나의 형언할 수 없는 신에 대한 보완적 진리에 도달하게 될 것이다. 이렇게 종교 간 에큐메니즘을 발전시키면 예언적·신비적으로 나뉜 두 종교 진영이 상호인식으로 나아가게 될 것이고, 상대방 종교전통에서 오는 통찰들을 서로 통합할 필요를 느끼게 될 것이다.

셋째, 신학적 문제는 종교적 일치를 이루는 길에서 가장 어려운 문제다. 각 종교는 신의 매개자로서 특정 인물, 사건, 정경을 중심으로 일관성을 갖는다. 거룩한 존재가 체험되는 곳이면 어디서나 그런 체험은 '절대적' 특성을 지니며 이는 쉽게 신학적 교리로 이전된다. 즉 경험의 절대성이 언어적 절대성을 위한 기초가 된다. 이런 일이 일어나면 종교는 자신을 자신의 제자들에게 절대적 주장을 하는 이데올로기적으로 경쟁하는 공동체를 확립하게 된다. 기독교의 경우 이러한 절대성은 성육신 교리 안에 잘 간직되어 있다. 즉 하나님은 완전한 하나님이요 완전한 인간인 나사렛 예수 안에 유일하게 계시되었다. 힉은 이런 교리가 자신이 제안한 코페르니쿠스적 혁명과 양립할 수 없음을 깨달았다. 힉의 제안이 작동하려면 예수 그리스도와 하나님 사이의 존재론적 동일시를 깨뜨려야 하기 때문이다. 바로 여기에서 심각한 문제가 일어나는데 이는 성육신 교리가 기독교의 초석이기 때문이다. 힉은 신약에서의 발전과 교리연구가 성육신 교리가 신화적 표현이라는 주장이 어떻게 가능한지를 보여줬다. 스미스(D. H. Smith)는 기독교인들이 종종 신화적·고백적 언어를 문자적·역사적 언어로 취급하는 경향 때문에 빗나갈 때가 있다고 했다. 여기로부터 예수는 하나님의 구원활동에 하나의 초점을 제시하고, 다른 종교들과 더불어 신적 계시의 한 도구로 제시된다. 기독교 종교신학에서 완전한 다원주의는 트뢸취에 의해 처음으로 밝혀지고, 힉에 의해 최종적으로 지지되었다.

다원주의 이론들에 대해 지속적으로 제기되는 질문은 명백한 위험인 '쇠약하게 만드는 상대주의'를 어느 정도 극복하는 데 성공할 수 있느냐 하는 점이다. 위에서 트뢸취는 하나님을 최종적 결정권자로 보았다. 그는 에큐메니즘을 종교 간 관계 속에서 종교적 진리를 추구하는 데 가장 좋은 길이라 암시했다. 힉은 에큐메니칼 모델을 다원주의를 신학적으로 정당화하는 데 사용했다.

한편 다른 종교인들과의 만남의 방식의 하나인 대화는 대화에 참여하는 자들의 전제, 다른 종교에 대한 태도를 드러내지 않기 때문에 대화의 목적이나 방향이 명백하게 나타나지 않는다. 샤프(E. J. Sharpe)는 대화를 네 가지 유형으로 분류했다. 첫째, 다른 종교에 충성을 고백하는 다른 종교인을 인정하려고 하는 인간적 대화. 둘째, 신에 대해 공통된 경험을 직관적으로 인식하려고 노력하는 내적 대화. 셋째, 다른 종교들 사이의 진리 주장들이 서로 갈등하는 것이 아니라 보완적이라는 길을 찾아가는 담론적 대화. 넷째, 세계공동체를 세워가는 과정에서 실제적 문제들의 해결을 위해 함께 협력하는 세속적 대화.

에큐메니칼 모델의 종교 간 대화는 주로 셋째 유형을 따르지만 첫째 유형과 둘째 유형을 포함하기도 한다. 세계교회협의회(WCC)의 종교간 대화 지침에 따르면 대화 목적은 다양한 신앙들을 최소한의 종교적 공통분모로 환원하는 것이 아니라 다양한 종교적 상징과 개념들을 비교하고 토론할 뿐 아니라 인간 삶의 심층적 단계에서만 발견되는 영적 통찰과 경험들의 참된 만남을 가능하게 하려는 것이다. 그렇지만 이런 대화는 불확실성이나 위험을 동반할 수 있다. 다른 종교인에 대한 존경과 사랑의 마음이 바뀔 수 있는 개방성이나 다른 종교 전통으로부터 배움 사이의 균형은 불안정하고, 불가피하게 위험을 감수하게 된다. 현대세계에서 종교적 신앙이 신뢰를 얻으려면 한편으로는 세속적인 종교비판에 응답해야 하고, 다른 한편으로는 종교가 세속문화에 어떻게 종교적 기초를 제공하는지 보여줘야 한다.

한스 큉은 다른 종교들과 대화하는 기독교가 '비판적 촉매'의 역할을 할 것을 제안했다. 그는 기독교가 세속화와 세속화가 동반한 경험주의적 철학과 과학의 충격의 결과로 인해 근본적 변화를 겪은 종교라고 보았다. 기독교 신학자들은 현대 시대를 거쳐 조직적 방식으로 새로운 지식의 관점에서 기독교 신앙을 변형시키기 위한 생각들을 만들어냈다. 그 결과 기독교는 모든 종교 가운데 가장 자기의식적인 종교가 되었다. 다른 종교들은 현대세계에서 경험화하고 세속화하는 세력들에 적응하도록 요청받고 있다. 그렇기 때문에 이미 이런 과정을 거친 기독교는 종교 간 대화에서 다른 종교들에게 자신의 경험을 선물로 줄 수 있다. 큉은 다른 종교들이 현대세계에서 인정과 거절 사이의 변증법적 통합을 겪을 때 기독교가 비판적 촉매 역할을 감당해야 한다고 제안한다. 그러나 이런 과정은 일방적 과정이 아니다.

종교 간 대화에서 기독교도 다른 종교들로부터 새로운 통찰력을 얻을 수 있기 때문이다. 기독교 종교신학에서 다원주의의 이론적 전제는 진리를 향한 공동의 추구 속에서 이뤄지는 대화를 포함한다. 대화에서는 진정한 차이들이 드러나도록 허용되어야 하고, 전체 대화는 세속 세계의 실제적이고 이론적인 도전들을 배경으로 이뤄져야 한다. 힉은 종교들의 진리 주장들이 갈등하는 것이 아니라 보완적이라고 보아야 한다고 말했다. 알란 레이스는 여기에서 이런 주장은 대화가 전개되면서 확정될 것이라는 점을 추가했다. 그러나 이런 주장은 불충분하다고 느끼는 사람들이 있다. 좋은 종교와 나쁜 종교, 왜곡이나 과장 등을 식별할 기준이 빠졌다는 것이다. 이에 대해 레이스는 그런 기준은 신앙의 깊이에 달려 있으며, 대화 과정에서 기준이 부상할 것이라고 했다.

힉과는 다른 제안을 했던 폴 틸리히(Paul Tillich)의 견해를 보자. 틸리히의 이론은 종교에서 신을 체험하는 데서 출발한다. 종교인의 신적 체험은 예전에 근거해서 나온다. 이런 경험은 예언자적 유형의 종교나 신비적 유형의 종교의 방향으로 발전하게 된다. 그는 종교의 세 요소(예전, 예언, 신비)를 통합한 것을 실체가 있는 영의 종교(Religion of the Concrete Spirit)라고 기술했다. 그는 전체 종교사에서 종교 안에서 종교와 싸우는 하나님을 본다. 종교 안에서 종교와 싸우는 하나님은 종교의 예전적 근거를 남용하고 조작하는 것과 신적 체험을 특정한 방식으로만 드러내는 자들과의 투쟁을 말한다. 기독교에서 십자가는 신이 특정 개념 속에 갇히거나 조작될 수 있음을 부인한다는 의미다. 하나님을 계시하는 자는 자신이 드러내는 하나님을 위해 자신을 부인하기까지 한다. 틸리히는 실체가 있는 영의 종교가 가장 잘 표현된 것을 바울의 성령론에서 발견했다. 다른 종교를 판단하는 기준은 실체가 있는 영의 종교가 아니라 그리스도 예수라는 설명서(specification)이다. 그는 바르트의 배타주의와 트뢸취의 상대주의 사이에서 제3의 길을 찾고자 했다. 그는 배타주의를 거절했지만 성서의 종교는 종종 종교에 대한 투쟁으로 그려지고, 만물 위에 계시는 하나님을 조작하려는 것에 대해 투쟁하는 것을 강조하는 바르트적 요소들을 간직하려고 했다. 틸리히는 후기에 종교역사가 십자가에 의해 예단되지 않지만 십자가를 향해 나아가는 내적 목표의 과정으로 여겨지는 역동적 유형론적 접근방식을 발전시켰다. 십자가는 종교적 경험의 두 가지 유형을 상징적으로 통합하는 기능을 할 수 있다.

존 캅(John B. Cobb)은 다원주의자가 되기 위해 필요한 것은 모든 가치를 존중하며 중립적이 되는 것이 아니라고 했다. 그리스도인의 경우 다원주의는 그리스도에 대한 이해를 심화하는 것을 통해서만 올 수 있다. 즉 그리스도가 인식의 대상이 되기를 멈추고, 창조적 변형의 과정 속에서 인식될 때 그리스도에 대한 심층적 이해가 이뤄진다. 기독교 신학으로부터 종교사 연구로의 이동은 창조적 변형의 한 행동이다. 그리스도가 이런 일이 일어날 수 있게 하는 권력의 이름을 말할 때 신학은 상대주의가 없는 다원주의를 포용하기 위해 자유로워진다. 캅의 주장은 기독교 안에서 전개된다. 다른 종교들이 다원주의를 어떻게 자신의 용어로 전용하는가 하는 것은 열린 질문이다. 불교는 '입장이 없는 입장'(positionless position)이기 때문에 모든 입장을 상대적 인식과 진리로 본다. 불교의 입장은 새로운 다원주의의 원칙, 창조적 변형, 입장이 없는 입장으로서의 그리스도라는 문제를 제기한다. 캅은 이런 문제에 대해 대답할 준비가 되어 있지 않다고 판단한다. 캅이 기여한 장점은 그가 그리스도에 대한 충성과 다른 종교들에 대한 조건 없는 개방성을 결합한 점이다.

종교사가인 윌프레드 캔트웰 스미스(Wilfred Cantwell Smith)는 종교적일 뿐 아니라 이성적으로 의심스런 전통을 통해서만 세계를 개념화할 수 있기 때문에 학문적 과제가 생긴다고 보았다. (종교적) 실재를 판단할 '외부'의 입장이 없는 것과 마찬가지로 학문적 과제를 새롭게 창조해내는 것도 이데올로기의 상대성이다. 비교종교 연구에 대한 이런 태도는 기독교 종교신학에 대한 그의 태도의 배경을 이룬다. 그는 『종교의 의미와 목적』(1962)에서 기독교 신학자들이 이제까지 문제를 형성해왔던 방식에서 전환해야 한다는 급진주의를 제시했다. 스미스는 다양한 종교역사를 개념화하는 방식인 '종교' '종교들' 등 일반적으로 수용된 개념에 도전했다. 경쟁적인 이데올로기 공동체로서의 '종교들'은 서양 사상사의 발전과정에서 후기인 계몽주의에서 발생했고, 다른 세계로 전파되었다. 이 시기에 시작된 물화(物化, reification)는 인간 내부에서 이해되는 본질적으로 인간적인 것을 종교적 신앙과 실천에 대한 객관적, 외부적 이해로 대체함으로써 세계와 하나님을 향한 인간의 종교적 기질을 왜곡했다. 종교는 그 진리 내용이나 의미를 외부로부터 확인할 수 있는 고정된 것이 아니라 세계와 하나님과 참된 관계를 맺게 하는 과정이다. 계몽주의의 관점은 종교들을 종교들 사이의 갈등하는 진리주장이라는 다루기 힘든 문제로 만들어버렸다. 더구나 계몽주의는 서구 합리주의 전통을 종교적 진리를 다루는 첫 번째 기준으로 만들면서 종교다원주의의 문제에 대해 지나치게 지적 접근방식만을 강조했다.

스미스는 이런 문제에 대한 대안으로 '개인적 신앙'과 '누적된 전통들'이라는 개념을 제시했다. '개인적 신앙'은 개인이 신과 갖는 관계를 의미한다. 신앙은 인격, 자아, 이웃, 우주, 초월적 차원에로의 지향이다. 반면에 '누적된 전통들'은 인간의 신앙이 양육되고 계속 변화하는 종교의 국면에 반응하는 문화적 틀이다. 종교 간 관계에서 가장 중요한 것은 '누적된 전통들'의 우위에 있는 창조적 요소로서의 '개인적 신앙'이다. '개인적 신앙'은 종교적 진리가 현존하는 장소이기 때문에 다른 종교인들을 통합하는 요소이다. 신학자들은 종교를 추상적 개념으로보다는 우주를 바라보는 방식, 신과 관계를 맺는 방식으로서 말하기 시작했다. 그러나 스미스의 주장에 대한 가장 큰 비판은 그의 기독교 종교신학의 중심 개념인 신앙을 신앙인을 형성하는 '누적된 전통'에서 분리할 수 있는가 하는 문제다.

후기의 책인『세계종교를 향하여』(1980)에서 스미스는 자신의 이론을 발전시켰다. 신이 세계역사의 다른 종교적 전통들 속에서 다양한 방식으로 역사하고, 신이 다양한 형태/유형의 종교전통을 통해 구원하고, 신앙은 전통을 통해 매개되는 신의 생명에 사람을 참여시키는 것이라는 점은 역사적 사실이며 동시에 기독교 신학적 지식이라는 것은 방어될 수 있다. 여기서 '구원받았다'는 것은 자신의 목적과 열망을 넘어서는 참된 도덕적 삶을 가능하게 하는 것이다. 이 모든 것은 다른 종교인들과의 우정을 통해서 역사적으로 입증될 수 있다. 신학적으로 그리스도 안에서 신을 아는 지식을 통해 우리가 아는 것 때문에 신이 구원한다. 신은 자비와 사랑 속에서 모든 사람에게 모든 곳에 다다른다. 존 힉처럼 스미스는 그리스도를 신으로 대체한다. 이처럼 기독교 종교신학에서 신 중심적 접근방식은 새로운 단계의 출발이다. 새로운 비전은 종교적 신앙과 문화의 차이를 무시하려 하지 않으며, 우리가 신을 우리 것으로 주장하는 것이 아니라 신이 우리를 신의 것으로 주장하고, 신이 다가오는 하나의 세계공동체를 위해 그의 진리에 최대한 가까이 이르도록 우리를 초대한다.

기독교와 철학, 과학, 역사와의 만남 문제가 하룻저녁에 해결되는 문제가 아닌 것처럼 기독교와 다른 종교와의 만남의 문제 역시 한나

절에 해결될 문제는 아니다. 핵심적 문제의 하나는 다른 종교와의 만남이 위협으로 해석되어야 하는가, 아니면 약속으로 해석되어야 하는가 하는 문제다. 다원주의는 이 질문에 약속이라고 답변한다. 위협으로 해석하는 반응들 속에 담긴 두려움을 떨쳐버리기 위해서는 먼저 기독교 신학과 종교역사 자료 사이에 긴 상호침투가 필요하다. 그러나 새로운 비전은 전적으로 미래에만 달린 것이 아니다. 모든 종교의 초점인 궁극적 실재는 그 본질에 대한 해석은 다양하지만 여전히 동일하다는 주장에 대한 입장들이 천차만별이다. 기독교 종교신학의 문제는 이 주장을 어떻게 해석하느냐 하는 문제다. 손쉬운 혼합주의는 배제된다. 중요한 점은 다원주의가 초래하는 쇠약하게 하는 상대주의를 피하게 하는 기준을 찾는 것이다. 이제까지 고려된 기준들은 다음과 같다.

첫째, 진리 추구에서의 에큐메니칼 모델(힉). 둘째, 실체가 있는 영의 종교(틸리히) 추구하기. 셋째, 창조적 변형 과정이라는 원칙으로서의 그리스도(캅). 넷째, 인간의 개인적 신앙(스미스) 등이다.

2.『기독교 유일성이라는 신화』[2]

보수적 배타주의 접근방식은 그리스도 안에만 구원이 있고 다른 종교는 가치가 없거나 조금 있을 뿐이라고 주장한다. 자유주의적 포용적 접근방식은 이웃종교의 구원의 풍성함을 인정하지만 구원의 풍성함은 그리스도의 구원의 결과이고 그리스도 안에서 구원이 완

---

[2] John Hick & Paul F. Knitter (eds.), *The Myth of Christian Uniqueness*, 1987.

성되어야 한다는 것이다. 반면에 종교다원주의의 가능성을 모색하는 신학자들은 그리스도와 기독교의 우월성/절대성에서 다른 구원의 길의 독립적인 유효성을 인식하는 데로 전환했다. 이러한 전환을 신학적으로 루비콘 강을 건넜다고 표현한다. 종교다원주의를 주장한 신학자들은 1986년 3월 7일부터 8일까지 미국 클레어몬트 대학원에 모여 학술대회를 개최했고,『기독교 유일성이라는 신화』는 거기서 발표된 글을 모아놓은 것이다. 여기서 종교다원주의를 지지하는 신학자들은 자신들이 배타주의나 포용주의에서 종교다원주의로 건넌 다리를 소개하고 있다. 첫째는 역사·문화적 다리로 종교적 인식이 역사적으로 상대적이라는 점을 강조한다. 둘째는 신학적·신비적 다리로 신비를 강조한다. 셋째는 윤리적·실천적 다리로 정의의 실천을 강조한다. 그런데 종교다원주의를 지지하는 신학자들 사이에는 일치와 다양성과 창조적 긴장이 있음을 기억해야 한다.

1) 역사·문화적 다리(historico-cultural bridge): 상대성

모든 지식과 종교 신앙은 역사·문화적 한계를 지닌다는 인식에 이른다. 자기 자신의 문화나 종교를 기초로 다른 사람의 문화와 종교의 진리주장에 대해 판단하는 것은 문제가 있다는 문제의식이다. 고든 카우프만(Gordon Kaufman)은 핵구름의 위협 때문에 모든 종교는 대화하고 협력해야 한다고 주장한다. 카우프만은 신자들이 모든 종교 형태의 역사적 상대성을 인식하고, 자기 종교를 '유일한'/'최고의' 종교형태라 했던 과거의 주장을 포기하는 것이 대화의 전제조건이라고 한다. 랭돈 길키(Langdon Gilkey)는 한편으로는 오늘날 그 어떤 계시도 다른 모든 사람에 대한 보편적 판단기준이 될 수 없기 때문에 자신의 전 생애를 걸쳐 주장해왔던 기독교, 그리스도의 절대성을 더 이상 주장할 수 없다고 한다. 다른 한편으로 그는 그런 역사적 상대성에 대한 인식이 다른 사람에 대해서는 절대적 주장을 할 사람이 아무도 없다는 역사적 상대주의라는 수렁에 어떻게 빠질 수 있는지에 대해 알게 되었다. 그는 종교다원주의라는 상대성과 예언자적 실천에 헌신하는 것 사이의 딜레마와 씨름하면서 '상대적 절대성'이라는 역설을 만드는 방법에 대해 제안한다.

존 힉(John Hick)은 어느 종교가 절대성, 유일성을 지녔다고 주장하려면 '사실에 대한 확인'을 통해서 해야 하는데 이는 현실적으로 그 종교가 다른 종교보다 인류의 복지증진에 크게 기여할 가능성이 있다는 데 따른다고 본다. 그런데 어떤 종교가 다른 종교보다 선이나 악에 더 크게 기여했다는 점에 지구적으로 일치된 판단을 한다는 것은 불가능하다. 상당히 복잡한 전체 종교들을 볼 때 세계종교들은 어느 정도 다른 종교들과 대등하다. 어느 종교도 명백하게 우월하다고 주장할 수 없다. 트뢸취의 유명한 책『기독교의 절대성』(1901)은 기독교의 관점에서 볼 때 중심 문제를 다른 종교들과의 관계에서 다루는 데 집중했다. 기독교의 전제는 기독교와 복음은 절대적이고 유일하고 규범적이어서, 다른 종교들에 비해 우월하다는 것이다. 그러나 1923년 그의 유고 강의록에 따르면 그는 자신의 초기의 주장을 비판하고, 기독교는 기독교인들에게 절대적이고, 다른 종교들은 그들의 신봉자들에게 절대적이라는 전혀 다른 관점을 택했다. 이처럼 후기의 '상대적 절대성' 주장은 초기의 무조건적 절대성(1901)과는 매우 다른 것이다. 힉은 "교회 밖에는 구원이 없다"는 교리에 표현된 것처럼 구원의 진리와 삶을 기독교가 독점한다는 중세적 전제는 19세기 말까지도 지속되었다고 보았다. 로마 가톨릭의 이 교리는 개신교에서는 기독교 밖에는 구원이 없다는 교리에 반영되어 있다. 서구 선교사는 이런 교리에 의거해서 영혼을 구원하기 위해 선교지로 파송되었다. 그런데 지난 70여 년간에 기독교의 절대적 입장을 포기하게 된 이유는 무엇인가? 첫째, 서구에서 세계의 종교들에 대한 광범위한 지식이 축적되었기 때문이다. 유대교, 이슬람교, 힌두교, 불교, 유교, 도교, 아프리카 원시종교 등에 대한 상당한 지식이 축적되면서 과거 기독교의 배타주의가 지녔던 타당성을 상실하게 되었다. 둘째, 기독교 절대주의가 거대한 규모의 착취와 억압을 정당화함으로써 소수 기독교인들과 다수 비기독교인들 사이의 관계를 해쳤기 때문이다. 즉 기독교 절대주의가 광범위하게 펼쳐졌던 정치적 악과 경제적 악을 비준하고 장려했기 때문이다. 그렇지만 다른 종교들이 절대성을 지녔다는 것과 그 결과 그 종교의 우월성을 인정한 결과 그 종교들의 폭력적 공격, 착취, 불관용을 정당화했다는 점도 기억해야 한다. 즉 기독교뿐 아니라 이슬람교에서도 상당히 부정적인 사례들을 많이 볼 수 있다.

기독교의 우월성이라는 전제가 초래한 중요한 부정적 효과들은 유럽과 북미 기독교인들과 유색인들, 유대인들과의 관계에서 일어났다. 기독교의 절대성 주장은 유대인들에게는 반유대주의로 나타났고, 교회의 가부장적 전통에 의해 기독 여성들에게는 파괴적 효과를 냈다. 기독교의 우월감은 서구 제국주의가 제3세계를 착취하는 것을 지지하고 정당화했다. 서구 기독교인들이 비서구인들을 지배하다보니 자연히 비서구인들을 열등한 존재로 여겼다. 서구 기독교인들은 유색인들뿐 아니라 유색인들의 문화와 종교도 열등하게 여겼다. 즉 유색인들의 문화는 야만적인 것으로 여겨졌고, 그들의 종교는 미신으로 치부되었다. 제국주의 사업의 도덕적 정당화는 불행한 이교도들을 고등종교인 기독교로 향상시키는, 위대한 문명화와 종교적 고양의 사명이라는 신념에 의존했다. 따라서 기독교 복음은 서구 제국주의를 자기 합리화하는 데 중요한 역할을 감당했다.

20세기에 신학적 배타주의를 침식한 두 가지 요소가 있다. 하나는 제2차 바티칸공의회였다(1962~1965년). 공의회 이후 이제까지 교회 밖에는 구원이 없다는 교리에서 가시적 교회 밖에도 구원이 있다는 교리로 바뀌었다. 예수 그리스도의 보혈로 인한 구원은 교회에 공식적으로 들어가지 않고도 모든 인간에게 제공된다. 여기서 모든 인간은 선한 의지를 지닌 자들로 그들 마음에 보이지 않는 방식으로 은혜가 역사한다. 즉 구원의 가능성은 원칙상 공식적으로 온 세계로 확장된다. 그러나 이런 주장은 기독교의 우월성이라는 옛 주장을 사라지게 하거나 기독교 복음이 지닌 최종적이며 유일하다는 전통적 주장이 폐지되었다는 의미는 아니다.「비그리스도교와 교회의 관계에 대한 선언」(우리 시대)에서 "가톨릭교회는 이들 종교들 속에 있는 참되고 거룩한 그 어떤 것도 거부하지 않는다"고 했다.「교회에 관한 교의헌장」(이방의 빛)에서는 "그들(그리스도의 복음을 모르는 자들과 하나님에 대한 지식에 이르지 못한 자들) 가운데서 발견되는 선함 또는 진리는 교회에 의해 복음을 위한 준비로 여겨진다"고 했다.「교회의 선교활동에 관한 교령」(이민족에게로)에서는 "모든 사람은 교회의 설교에 의해 알려진 그리스도에게로 개종되어야 한다. 모든 사람은 세례에 의해 그리스도에게로 통합되어야 하고, 그의 몸인 교회로 통합되어야 한다. … 그러므로 늘 그래왔던 것처럼 오늘날에도 선교적 활동은 그 힘과 필연성을 지닌다"고 했다. 제2차 바티칸공의회의 문서 안에는 배타주의적 입장과 포용주의적 입장이 혼재되어 있다.

둘째로 세계교회협의회(WCC)는 배타주의적 견해에서 포용주의적 견해로 전환했다. WCC는 창립총회(1948년) 이래로 웁살라 총회(1968년), 나이로비 총회(1975년)에 이르기까지 배타주의적 견해를 보여줬다. WCC는 "다른 종교와 이데올로기를 지닌 사람들과의 대화 지침"(1979년)을 통해 포용주의적 견해로 전환하기 시작했다. 가톨릭 신학자 아르눌프 캠프스(Arnulf Camps)는 개신교 사상 내에서 바르트적 절대주의와 타종교와의 대화를 수용하는 훨씬 자유주의적 입장 사이에 긴장이 지속되고 있다고 했다. 여기서 포용주의라는 새로운 합의에 이르게 되었다. 이제 대다수의 기독교인들은 비관용적인 배타주의로부터 자애로운 포용주의로 이동하고 있다. 그러나 포용주의도 유일하고 온전한 신적 계시의 장소로 그리고 유일하게 적절한 구원사건으로 기독교가 유일하고도 최종적이라는 주장에 의존하고 있다. 비기독교인들이 구원받는 것은 그들 자신에게는 알려지지 않은 비밀스런 방식으로 그리스도가 그들과 연합되었기 때문이다. 구원의 진리는 그들에게는 알려지지 않았지만 구원의 도구인 교회에게는 알려져 있다.

기독교가 유일하며 우월한 종교라는 주장을 포기하는 것은 결정적 선을 넘어가는 것이며, 기독교 진리의 전체를 다르게 인식해야 하는 새로운 땅으로 들어가는 것이다. 이러한 신학적 루비콘 강을 건너는 것은 거의 불가피한 다음 단계다. 구원이 기독교 안에서만 일어나는 것이 아니라 세계종교들 가운데서도 일어나는 것을 받아들인다면 그리스도 사건이 인간 구원의 유일하고도 배타적 자원이라는 주장은 자의적이고 비현실적인 것이 된다. 기독교가 포용주의로부터 다원주의로 넘어가면 기독교의 우월성에 대한 선험적 전제는 더 이상 존재할 수 없다. 힉은 종교의 우월성과 관련하여 종교가 초래한 개인적, 사회적 변혁의 내용을 살펴본 후 각 종교들은 선과 악의 혼합으로 특정 종교가 우월하다고 말할 수 없다는 결론을 내렸다. 그는 기독교 교리의 핵심을 삼위일체, 성육신, 속죄로 보았다. 성육신과 관련하여 힉은 신약성서 신학자들이 역사적 예수가 자신을 성자로, 삼위의 둘째 위격으로 가르치지 않았다는 데 일치한다고 주장한다. 예수는 자신을 최종적 예언자로 여겼고, 자신의 사명을 시대의 종말을 선포하는 것으로 이해했다. 예수는 아마도 자신의 역할을 인자로, 메시야로 생각한 것 같다. 두 가지 역할 중 어느 것도 하나님에게로 이르지는 못하고, 하나님의 종에 머문다. 그런데 복음이 히브리 세계를 넘어서서 로마 제국으로 넘어가면서 생생한 비유가 엄격하고 문자적인 교리로 변했다. 비록 중세기에는 다른 기독론을 억압했지만, 기독론의 다양한 주장은 늘 존재했다. 신약성서의 기독론 중에는 예수를 성령이 충만한 위대한 예언자로 보는 주장이 있다. 이러한 기독론은 힉의 『성육신의 신화』(1977)에서도 나타난다. 하나님의 사랑이 육화된다는 말은 하나님의 은혜가 사람들에게 역사하여 이 땅에서 하나님의 목적의 도구가 된다는 말이다. 하나님의 은혜가 예수에게 절대적으로 임했다는 주장은 선험적으로 결정될 수 없고, 역사적 정보에 의해서만 판단될 수 있다. 이처럼 은혜를 강조하는 기독론은 니케아 신조와 칼케돈 신조를 글자 그대로 신봉하는 근본주의자들 이외의 사람들이 선택할 수 있고, 종교적 다원주의와 공존할 수 있다. 이런 은혜 기독론은 창조주, 구원자, 영감 주는 자 등 관계 속에서 역사하는 한 분 하나님을 경험하는 방식에서 삼위일체 신학과 더욱 일관성을 보인다. 삼위일체 사고는 종교에 대한 다원주의적 이해를 수용하는 신학을 더 잘 수용할 것 같다. 속죄론에도 다양한 형태가 있지만 은혜 기독론과 삼위일체, 주의 기도, 탕자의 비유, 종교다원주의와 잘 결합된다. 하나님과의 직접적 관계 속에서 우리가 진심으로 회개하면 우리는 용서와 새로운 삶을 얻을 수 있다. 탕자의 비유에 나오는 아버지는 아들에게 정의의 의미로 피의 제사를 요구하지 않았다. 그리고 하나님의 용서를 위해서 주의 기도에서 보여주는 것처럼 필요한 유일한 것은 우리 역시 서로를 용서하는 것이다. 용서는 도덕적 빚을 다 갚음으로써 주어지는 것이 아니라 예수 그리스도의 자기를 내어주는 사랑의 표현으로서 예수의 죽음에서 이뤄진다. 예수는 자신의 죽음을 많은 사람들을 향한 축복의 자원으로 생각했다. 이제까지 살펴본 것처럼 다양화된 신학적 논의들은 종교다원주의를 위한 풍성한 자원이 될 수 있다.

종교다원주의가 주는 세 가지 통찰에 대해 살펴보자.

첫째, 종교다원주의적 비전이 요구하는 것은 다양하면서도 성장하는 기독교 전통으로부터 급진적인 벗어남이 아니라 다른 종교전통 안에서 발견된 하나님의 현존과 구원활동을 받아들여 기독교 전통을 더욱 발전시키는 것이다. 기독교는 구원의 유일한 길이 아니라 여러 길 중 하나다.

둘째, 종교다원주의는 해방신학이 깨달은 것처럼 인간 정의를 위한 투쟁에 헌신하는 곳이면 어디나 하나님이 활동한다고 주장한다. 교회와 같이 세속적인 또는 마르크스 해방운동 안에 하나님이 현존한다. 그러나 오늘날 교회의 다수가 해방투쟁의 다른 편에 서 있다. 기독교 절대주의가 이런 사실에 쉽게 눈 감게 할 수 있는 반면에 종교다원주의자의 관점은 그런 것을 보게 하고 해방운동에 참여하게 한다.

셋째, 종교다원주의는 여성해방신학처럼 하나님은 남자를 위해서뿐 아니라 여자를 위한 생명, 의미의 원천이 되며, 우리의 신학적 이해가 좀 더 균형을 갖추도록 하는 데 도움을 준다. 다원주의는 우리로 하여금 절대화된 기독교의 가부장제에서 자유로워지는 데 도움을 준다. 오늘날 이러한 세 가지 관심사는 현대인들로 하여금 기독교 사상을 선택하게 하는 새로운 네트워크를 창출한다. 근대과학에 대응하여 19세기에 기독교가 거대한 변혁을 이룬 것처럼 현재의 새로운 선택은 어떤 사람들에게는 수용되고 발전될 것이지만, 다른 사람들에게는 거부될 것이다.

2) 신학적·신비적 다리(theologico-mystical bridge): 신비

참된 종교적 경험의 내용은 우리가 인식하는 모든 형태를 넘어서는 신비다. 하나님 신비의 무한성과 말로 표현될 수 없음 때문에 종교다원주의를 요구하고, 어느 한 종교가 '유일한' 또는 '최종적인' 말씀이라는 주장을 금지한다. 스미스(W. C. Smith)는 다른 종교에 대한 새로운 태도가 필요한 이유를 우상숭배의 개념으로 설명한다. 그러나 그에게 우상숭배하는 종교는 타종교가 아니라 바로 본인의 종교인 기독교였다. "기독교는 우리의 우상이었다." 기독교인들은 자신의 종교를, 기독교를 절대적이라 하는 것을 통해 자신을 하나님과 동일시하는 유혹을 받아왔다. 이러한 우상숭배로부터 회개하는 것은 모든 배타주의적 주장과 포용주의적 주장을 멈추고, 다른 종교와 기독교의 구원에 대한 동등한 가능성에 자신을 개방하는 것이다.

라이문도 파니커(Raimundo Panikkar)와 스탠리 사마르타(Stanley Samartha)는 스미스의 우상숭배에 대한 경고에 대해 힌두교 경험을 바탕으로 신비적 기초를 수립했다. 궁극적 신비는 말로 표현할 수 없고, 모든 종교는 신비에 참여하지만 그 어떤 종교도 신비를 소유할 수 없다. 사마르타는 인도의 신중심적 기독론을 소개하면서 예수 그리스도로부터 우상을 만들어낼 수 있음을 보여줬다. 이들은 동양 종교가 강조하는 이성의 한계의 관점에서 서구 신학자들의 종교다원주의 논의가 지나치게 이성적일 수 있음을 경고했다. 파니커 역시 이성의 한계에 대해 언급하면서 궁극적 실재는 말로 표현할 수 없을 뿐아니라 다원주의적이라 주장한다.

파니커는 기독교 전통과 다른 종교들과의 관계를 거룩한 세 강(요단 강, 티베르 강, 갠지스 강)을 통해 상징화했다. 첫째, 요단 강은 기독교 전통이 유대교에 있음을 보여준다. 유대교 영성에 대한 이해 없이는 복음을 제대로 이해할 수 없다. 영성은 이론이나 실천에 앞서서 기본적 태도를 뜻한다. 로마의 강인 티베르는 로마에 대한 이해 없이는 기독교가 바르게 이해될 수 없음을 보여준다. 현재의 기독교는 유대교 유산과 그리스·로마적 요소들의 혼합물이다. 그렇지만 이런 점을 간과해서도 안 되지만 지나치게 강조해서도 안 된다. 기독교는 두 강의 종교다. 영성적으로는 유대교 유산을 물려받았고, 지적으로는 그리스·로마적 요소들을 이어 받았다. 그러나 기독교인들은 거기에 머물러야 하는가? 오늘날 질문은 이 두 강이 기독교 신학의 한계를 설정하는가, 아니면 또 다른 루비콘 강을 건너 평화롭게 갠지스 강에 도달해야 하는가? 하는 것이다. 이 질문은 두 면을 지닌다. 한 면은 기독교인들은 인류 역사의 한 부분만을 대표하기 때문에 세계를 정복할 수 없고/정복해서도 안 되며, 유일한 참된 종교임을 주장해서는 안 된다는 것을 인식해야 하는가? 아니면 기독교 안에는 보편적인 무엇이 있는가?

갠지스 강은 힌두교, 불교, 자이나교, 시크교 등 다양한 종교와 관련이 있다. 전 세계에서 영어를 사용하는 인구는 10% 미만이고, 기독교는 전 세계 인구 중 1/3의 종교이지만 영어를 사용하는 사람들은 자신들이 원하고 생각하는 것들이 보편적 유형이라고 생각한다. 이 두 질문 중 어떤 답변을 선택하느냐 하는 것은 개인의 종교적 결정을 넘어서 엄청난 역사적 결과를 초래하는 정치적 선택이다. 종교의 미래는 서로 다른 종교전통들이 자신을 어떻게 이해하느냐 그리고 어떤 결정을 하느냐에 달려 있다. 물론 정치와 종교는 구별되어야 하지만 그 둘은 전적으로 분리될 수 없다.

첫 번째 답변은 기독교인들이 보편성을 주장해서는 안 된다는 입장이다. 기독교인들은 기독교의 강물을 다른 강물에 들어가도록 펌프질하는 것을 멈추고 세계의 강들이 평화롭게 흘러가도록 해야 한다. 기독교는 여러 종교 중 하나이고, 예수는 기독교인들만의 구세주이다. 기독교의 정체성은 다른 종교들과의 차이점에 있다. 기독교인들은 다른 종교들을 그들만의 고유한 전통을 지닌 종교로 인정해야 한다.

두 번째 답변은 보편성에 대한 기독교의 주장이 기독교 안에 내재한다고 보는 입장이다. 기독교는 세계를 통합하는 역할로 부름받은 특권을 지닌 종교로 다른 문화적·종교적 전통에 속한 자들을 개종시키며, 그 과정에서 기독교는 더욱더 보편적 종교가 된다. 두 번째 답변이 지닌 딜레마는 다음과 같다. 한편으로 많은 기독교인들은 기독교가 보편적 종교라는 신념을 포기하면 자신의 깊은 신앙을 배반한다고 느끼게 될 것이다. 다른 한편으로 점증하는 기독교인들은 기독교의 보편성에 대한 주장이 과거 제국주의의 잔재라는 것과 다른 종교인들은 이런 주장이 자신들의 신앙에 위협이라고 느낀다는 것을 알게 되었다.

파니커의 글은 세 강이 실제로 대양에서조차 만나지 않고, 생명을 주는 강이 되기 위해 서로 만나야 할 필요도 없지만 하늘(구름)에서 만난다는 점을 보여줌으로써 이 딜레마를 해결하고자 한다. 그의 의도는 그리스도의 원칙은 특정 사건도 아니고 보편적 종교도 아니라는 주장이다. 그것은 기독교 전통에 의한 것처럼 실재의 중심이다. 그러나 이런 비전은 오직 기독교인의 비전이고, 절대적으로 보편적인 비전은 아니다. 어떤 종교적 전통도 구원의 강물을 독점할 수 없다. 이를 보여주기 위해 파니커는 역사적 접근을 취했다. 즉 그는 기독교 자의식의 역사적 단계들을 제시하고, 그런 단계들에 대해 신학적 해석을 했다.

기독교 자의식의 다섯 가지 역사적 시기 중 첫 번째는 증거의 시기(1~5세기 초)다. 초대교인들은 자신들이 새로운 종교를 형성했다는 자의식이 없었다. 그들은 자신들의 삶을 변화시킨 사실들을 증거했다. 그들은 역사 안에서만 산 것이 아니었다. 그들에게 종말론은 상존하는 요소였다. 그들은 죽음을 두려움 없이 대할 수 있었다. 그들은 사건의 증인이요 순교자였다. 그들에게 가장 중요한 것은 충실함이었다. 이 시기 참된 기독교인은 순교자였다.

두 번째는 회심의 시기(5~8세기)다. 기독교인들은 자신들이 사회적 실재, 정치적 실재를 구성하게 되었다. 그러나 그들은 기독교의 콘스탄틴화에 함정이 있다는 것을 의식했다. 참된 기독교인이 되는 것은 종교에 속하기 때문이 아니라 마음의 변화가 일어나기 때문이다. 삶의 방식의 변화(*conversio morum*)는 수도원의 표어였다. 참된 기독교인의 기준은 정치적 질서나 사회권력이 아니라 삶의 양식과 마음의 정결이다. 그리스도인이 됨은 그리스도에게로 회심하는 것이다.

세 번째는 십자군의 시기(8~15세기)다. 기독교왕국(Christendom)이 확고하게 수립되었다. 그러나 이슬람의 발흥으로 기독교왕국은 위협을 받게 되었다. 이러한 위협으로 인해 기독교인들은 집단강박관념(collective obsession) 같은 것에 시달리게 되었다. 기독교인들의 좌절에 종종 희생양이 된 자들이 유대인들이었다. 이 시기 참된 기독교인은 십자군이었다. 새로운 종교의 상관은 장군들이었다. 십자군 운동은 나중에 수도회가 되었다. 그리스도의 군대(*militia Christi*)는 문자적으로는 십자군을 가리키지만 가장 고상한 의미로는 수도회를 가리킨다. 개신교도 비슷한 특징을 지닌다. 기독교인은 생명과 세상을 정복하고 재정복할 거룩한 의무를 갖는다. 위협으로 느껴진 이슬람교는 다른 모든 종교의 이미지가 되었다. 기독교는 유일한 참된 종교라는 생각이 발전하기 시작했다. 다른 종교들은 오류다. 참된 종교의 의미가 참된 종교성에서 제도화된 유일한 참된 구원의 종교로 바뀌었다. 신대륙의 발견 이후로 세계질서로서의 기독교왕국이 서서히 붕괴되고 종교로서의 기독교가 부상했다.

네 번째는 선교의 시기(16~20세기)다. 정복하고자 하는 충동은 불가항력적이었다. 라틴 아메리카 정복은 이교도들을 기독교화하는 한 정당화되었다. 라스 카사스는 원주민들을 변호하는 데 한평생을 바쳤다. 그러나 승리를 거둔 이데올로기는 기독교인들이 복음을 선포하고, 원주민들을 개종시키고, 구원할 선교적 사명이 있다는 것이다. 이 시기 참된 기독교인은 선교사였다. 선교사의 의미는 불신자들에게 복음을 선포하러 가는 것으로부터 그들의 구원을 위해 자신을 헌신하는 것으로 확장했다. 새로운 종교들과의 접촉을 통해 기독교인들은 그 종교들 속에서 영적 가치를 발견했다. 마태오 리치와 노빌리는 이런 접근방식을 취했지만 그런 노력들은 유럽의 정치적 팽창을 위협한다고 해서 억압받았다. 두 차례에 걸친 세계대전과 150개 국가의 독립은 이런 시기를 종식시켰다. 많은 기독교인들은 더 이상 다른 사람들을 선교 대상으로 여길 수 없다는 것을 깨달았다.

다섯 번째는 대화의 시기다. 대화는 식민지 지배 질서가 붕괴된 이후 등장한 새로운 표어다. 이웃종교에 대한 존경과 토착화, 문화화 등이 새로운 경향이 되었다. 기독교인들은 그리스도의 사실에 대한 새로운 해석을 시도하고 있다. 기독교인들은 더 이상 이교도들을 정복하려 하거나 개종시키려 하지 않는다. 기독교인들은 그들을 섬기려 하고, 그들로부터 들으려 했다. 기독교인들은 열린 대화에 신실한 참여자가 되려 했다. 대화는 새로운 전략이 아니라 상호 풍성함과 서로를 좀 더 잘 알게 되는 열린 과정이다. 기독교왕국은 전망이 없다. 기독교는 위기에 처했지만 그리스도 상징이 효과적으로 남아 있다. 기독성이 사회적 차원에 부상하고 있다.

파니커는 기독교 자의식에 대한 이러한 역사적 시기 구분이 지닌 역사의 교훈을 다음과 같이 정리했다.

첫 번째 교훈은 우리의 모든 논고가 역사적 상황에 의존한다는 점이다. 대화는 순수한 사색에서 나온 것이 아니라 상황에 의해 기독교인들에게 거의 강요되다시피 했다. 두 번째 교훈은 협소한 일차원적 초자연주의와 순수한 변증법적 유물론으로부터의 해방이다. 비록 시대적 상황에 의해 대화가 불가피하지만 이 역사 과정에서 하나님의 역사를 배제하는 것은 아니다. 즉 이 과정에서 하나님의 영이 식별되지만, 하나님의 영은 시대의 정신과 분리되지는 않는다. 세 번째 교훈은 인간의 노력과 신학적, 지적 성취들을 상대화하는 것이다. 과거의 이데올로기를 향한 우리의 비판적 태도는 우리 자신이 (이데올로기의 영향에서) 예외가 아니고 본질적으로 그들보다 우리가 낫지 않다는 것을 제안하고 있다. 우리 역시 제한된, 궁극적으로는 잠정적 틀 안에 놓여 있는, '임시방편적인 존재'이다. 그러므로 우리는 자민족중심주의와 자기시간중심주의(chronocentrism, 수십억 년 역사 중 자신이 사는 시간을 우주의 활동의 절정이라고 보는 시각)를 주의해야 한다. 네 번째 교훈은 참된 신학화의 창조성과 자유를 강조하는 것이다. 신학은 성서 주석만이 아니라 실천이다. 신학은 결론을 도출할 뿐 아니라 새로운 전제를 확립하고 새로운 상황을 만들어내는 것이다. 바꿔 말하면 기독교 자기이해의 역사는 (신학적) 가정들의 논리적 전개가 아니라 인간의 영과 하나님의 영의 자유로운 운동의 일련의 요소들의 열매다.

파니커는 세 가지 강을 통해 세 지리신학적(geo-political) 계기에 대해 설명한다.

첫째, 요단 강은 배타주의를 상징한다. 초대 기독교에서 할례를 폐지했고, 유대교와의 단절을 이뤘다. 그렇지만 기독교의 세례는 요단 강에서 베풀어졌기 때문에 요단 강은 기독교인들에게 유일한 강이다. 바로 여기에 배타주의가 도사리고 있었다. 기독교인은 신앙인이다. 이 신앙의 중심에는 예수 그리스도가 있고, 예수의 중심에는 그의 본성이 아니라 그의 사건, 부활이 있다. 천사의 경고에도 불구하고 기독교인들은 예수의 승천시 하늘을 쳐다봤다. 그들에게 중요한 것은 종교가 아니라 종교성, 종교적 태도, 즉 부활하신 그리스도를 올려다보는 것이다. 그들에게는 종말론적 소망이 지배적이었다. 이 시기에 대응하는 태도는 증거다.

둘째, 티베르 강은 포용주의를 상징한다. 세례는 물세례만 있는 것이 아니라 불세례도 있다. 불은 과거의 낡은 것을 태우며 퍼져 나간다. 불은 정화하기도 하지만 파괴하기도 한다. 이 시기는 기독교의 자기이해에서 회심, 십자군, 선교 등 1500년에 걸쳐 있다. 기독교인은 일련의 신앙들로 표현된 특정 세계관에 헌신한다. 기독교인이 된다는 것은 그리스도에 대한 헌신을 고백하는 것만이 아니라 기독교 사회에 대한 지지를 포함한다. 이렇게 해서 기독교는 하나의 사회 제도가 되었다. 서로에게 속한다는 (공동체) 의미가 이제는 제도화되면서 기독교왕국, 기독교 제국, 기독교 문명을 이상으로 여기게 되었다. 16세기에 기독교왕국이 붕괴되자 종교로서의 기독교가 그 자리를 대신하게 되었다. 요단 강은 지리적이며 세례를 베푸는 신비스런 강이다. 티베르 강은 역사적이며 정치적 강이다. 이 강은 템스 강, 센강, 포토맥 강으로 흘러가고, 과거와 현재의 기독교 문명의 물이 흐르며, 기독교왕국과 그 후임인 종교로서의 기독교는 단순히 사적인 문제가 아니다. 이 강에 사는 기독교인들은 기독교를 인정하는 것을 방해하지 않는다. 왜냐하면 그런 인정이 기독교의 가치들과 그리스도의 권위에 따르기 때문이다. 기독교가 너무 강해지고 보편적이 되고 자신의 사명을 확신하기 때문에 배우기 위해서, 자신을 개선하기 위해서 밖을 보는 것 이외에는 밖을 볼 필요를 느끼지 못했다. 이 시기 기독교의 중요한 특징 중 하나는 내면, 내향성이다. 이는 진리를 발견하는 곳은 우리 안이라는 의미다. 신학도 내면을 향하고, 우리가 모든 신학적 문제에 대한 답을 찾는 것도 우리 자신 안이다. 포용주의를 옹호하는 신학적 논의도 발전했다. 기독교라는 종교는 종교적 발전의 절정을 이룬다. 기독교는 종교의 보편적 가치들을 대표하고, 보편성을 주장한다. 기독교는 다른 종교들을 경멸할 필요도 없다. 기독교가 자신을 우월하다고 여기기 때문이다.

셋째, 갠지스 강은 다원주의를 상징한다. 탈식민주의 시대에 신학은 도전을 받는다. 이 시기는 대화의 시대다. 대화적 신학에서 주제는 함께 정하거나 대화 중에 선정해야 한다. 이 시기의 상징은 불로, 다른 종교인들과 협력하여 지상에서 이루려는 정의의 왕국이다. 인간은 이성 위에 세워진 확실성보다는 공동의 운명에 대한 확신을 더 중시한다. 기독교인의 정체성은 특정 문화를 옹호하는 것도 아니고, 제도화된 종교에 속하는 것도 아니라 개인적 종교성을 살아가는 것이다. 기독교인들은 더 이상 자신만을 염려하는 것이 아니라 다른 사람들, 세계를 향해 열려 있어야 한다. 이 시기의 특징은 외면성, 외향성이다. 여기서 외부지향적이라 함은 다른 사람들을 정복하기 위해서가 아니라 관계를 맺기 위한 것이다. 이는 자신을 다른 사람들과의 관계에서 보고, 다른 사람을 자신과의 관계에서 보는 태도를 가리킨다. 이 시기는 종교적 교리와 격언이 모두 인류의 공유 자산이고, 기독교는 단지 인류의 본래적 전통을 성육신한 것임을 발견할 때 편안해진다. 이 시기는 다원주의의 시기다. 비교철학이 불가능한 이유는 비교를 하는 데 필수적인 기준을 이루는 관점 역시 특정 철학적 견해를 반영하기 때문이다. 마찬가지로 비교종교도 불가능하다. 각 종교 전통들은 자신만의 매개변수들을 분리한다. 생산적 대화는 대화 과정에서 사용될 매개변수를 미리 합의한다. 그렇지 않으면 종잡을 수 없는 대화를 하게 된다. 그 결과 우리는 종교전통을 공통의 잣대로 잴 수 없다는 것을 알게 된다. 다양한 종교들을 적절하게 평가할 공통의 잣대가 없다. 종교들은 서로 환원하는 것이 불가능하다.

3) 윤리적 · 실천적 다리(ethico-practical bridge): 정의

인간의 고난과 직면하면서 종교는 정의를 증진할 필요를 느낀다. 정의의 증진이 다른 종교를 대하는 기독교의 새로운 접근방식이 된다. 종교해방신학, 여성해방의 경험으로부터 류터(R. Reuther)와 수초키(M. Suchocki)는 유일한 또는 최고의 계시의 담지자인 기독교에 대한 전통적 이해가 어떻게 난폭하고도 어리석은 종교적 쇼비니즘(광신적 애국주의)이 될 수 있었는가를 명확하게 보여줬다. 류터는 기독교 자유주의자들과 급진주의자들조차 이런 가정에 문제제기를 하는 데 실패한 것이 놀랍다고 말한다. 피에리스(Aloysius Pieris)와 니터(Paul F. Knitter)는 이웃종교에 대해 새로운 접근을 하게 된 긍정적 측면과 불의를 막는 것뿐 아니라 정의를 증진하는 측면을 첨가했다. "경제적·정치적 해방과 핵으로부터의 해방은 한 민족, 하나의 문화, 하나의 종교가 감당하기에는 너무나 큰 문제다. 전 세계적 규모의 해방운동은 전 세계적 종교 간 대화를 필요로 한다"(니터). 피에리스는 기독론에 대한 해방적 접근의 함축된 의미를 다음과 같이 설명한다. 기독론과 부처론의 "절대적" 주장 사이의 유사성과 갈등을 추적하면서 불교신자와 기독교인이 해방의 한 길에서 만난다면 부처와 그리스도는 서로 경쟁하기보다는 서로 보완할 수 있다. 수초키와 니터는 피에리스의 제안을 확대했다. 세계종교들은 정의를 위한 공동의 관심을 종교 간 대화의 출발점으로, 지도 규범으로 받아들인다. '정의', '구원', '인간의 복지'에 대한 이해의 길이 다양하다는 것을 인지하면서 이 저자들은 '가난한 자에 대한 우선적 선택' 같은 것이 종교 간 새로운 만남의 맥락이 될 수 있다고 제안한다. 여러 종교인들은 해방의 실천이 그들의 종교적 신앙과 어떻게 연결되는가에 대한 성찰을 나눌 뿐 아니라 가난한 자와 고통받는 자를 위한 해방적 실천에 동참할 수 있다. 해방적 실천과 헌신은 종교의 교리적 정화와 개정으로 이끈다.

폴 니터는 해방신학자와 종교신학자 사이의 대화의 필요성을 언급하며 이 맥락에서 종교다원주의를 다뤘다. 니터는 시대의 징표들 중 오늘날 교회에 도전이 되는 두 가지를 다수 가난한 자들의 경험과 다종교 경험이라고 말한다. 오늘날 기독교 삶과 사상의 가장 창조적이고 활성화된 표현이 해방신학과 기독교 종교신학인 것은 놀라운 일이 아니다. 그는 이 두 진영에 속한 신학자들이 서로를 알고, 서로에게 배우며, 서로 다른 프로젝트에서 함께 활동하는 것이 필수적이라고 한다. 만약 이런 일이 일어난다면 그들은 교회와 세계에 더 창조적으로, 더 효과적으로 기여하게 될 것이다. 그는 양자 간 대화의 필요성을 언급한 후 기독교 종교신학자들이 해방신학자들에게서 무엇을 배워야 할지에 대해 논의한다.

해방신학과 종교신학의 만남의 필요성은 해방의 관점에서 볼 때 종교가 정치사회적 변혁을 이루는 데 얼마나 중요하고 강력한 기여를 했는지를 보여주는 다양한 사례들(니카라과와 엘살바도르에서의 기독교 기초공동체, 이란 혁명에서의 시아파 이슬람 등)이 있다. 역사가 토인비와 종교신학자 스미스(W. C. Smith)는 종교들의 비전과 동기를 통해서만 인류는 자신의 이기심을 극복할 수 있고, 다양한 도전들 속에서 살아남을 수 있다고 말했다. 여기서 중요한 것은 해방운동이 특정 종교가 아니라 종교들을 필요로 한다는 점이다. 경제적·정치적 해방과, 특히 핵(무기, 발전소)으로부터의 해방은 너무나 큰 문제라서 한 국가, 한 문화, 한 종교로는 해결할 수 없다. 해방의 실천에는 문화 사이의, 종교 사이의 협력이 요구된다. 피에리스는 제3세계의 침입은 또한 비기독교 종교의 침입이라고 한다. 가난한 자들 다수는 자신들의 궁극적 문제를 인식하고, 해방을 위한 투쟁을 비기독교 종교와 문화적 표현으로 상징화한다. 그러므로 그는 비기독교인들과 그들의 종교에 말을 걸지 않거나 그들을 통해 말하지 않는 신학자들은 소수 기독교인들의 사치품에 불과하다고 비판한다. 불교와 힌두교의 해방적 잠재력과 만나게 되면 해방신학자들은 자신들이 두 명의 칼

(바르트와 마르크스)에게서 종교의 부정적 관점에 지나친 영향을 받았음을 깨닫게 될 것이다. 즉 바르트는 종교가 계시의 통로가 될 능력을 부인했고, 마르크스는 종교가 해방의 도구가 될 수 있다는 것을 인식하는 데 실패했다. 해방신학자들 덕분에 서구 신학자들은 가난과 억압의 문제를 주요한 과제로 다루지 않으면 참된 종교가 아니라는 점을 깨닫게 되었다. 가난한 자를 위한 우선적 선택은 종교 간 대화의 필연성과 우선적 목적이 된다. 종교들은 함께 말하고 행동해야만 한다. 왜냐하면 그렇게 함으로써만 종교들은 전 지구를 오염시키고 있는 억압을 제거하는 데 중요한 기여를 할 수 있기 때문이다. 그러므로 대화는 유한계급에 속한 종교인들을 위한 사치품도 아니요, 종교의 핵심을 다룬 뒤 해결해야 할 최우선 과제도 아니다. 종교 간 대화는 전 세계적 해방을 위해 필수적이다.

니터는 종교해방신학자들이 대화신학자들로 하여금 무가치한 상대주의로 전락하지 않도록 하면서도 종교다원주의의 풍성함을 유지하는 길을 찾도록 돕는 세 가지 길이 있다고 제안한다.

첫째, 해방신학자들이 '의심의 해석학'을 지니고 해석학적 순환 과정에 들어간 것처럼 종교신학자들은 종교신학 연구과정에 의심의 해석학을 적용해야 한다. 해방신학자들은 스스로에게 성서 해석과 교리 형성이 얼마나 쉽게 이데올로기(다른 사람의 이익을 희생하여 자신의 이익을 증진하는 수단)가 되는지를 상기시킨다. 현상 유지나 우리 자신의 상황 통제나 우리 자신의 문화적·경제적 우월성을 지키기 위한 무의식적 의지를 '하나님의 뜻'이나 거룩하게 계시된 진리로 위장할 경우가 너무 자주 있다. 그러므로 해방신학자들은 성서를 해석하는 과제를 다루면서 첫 번째 단계로 주어진 기독교 상황에서 작동할지 모르는 이데올로기를 의심하고 찾아내는 것이다. 이데올로기화된 교리와 실천을 하나님의 음성이 들리기 전에 먼저 찾아내야 하고 개정해야 한다. 종교신학자들은 의심의 해석학에서 많은 것을 받아들여 자신의 활동에 적용할 수 있다. 기독교 종교신학을 정교하게 만드는 과정의 첫 번째 단계는 다른 종교들과 관련하여 주어진 기독교적 견해에 대해 해석학적으로 의심하는 것이다. 전통적 종교신학, 특히 기독론적 기초가 기독교의 우월성을 유지하거나, 지배나 통제를 지속하기 위해 다른 문화적·종교적 전통을 평가절하하기 위한 이데올로기적 욕망을 은폐하거나 용납하기 위해 얼마나 많이 사용되었는가? 과거의 '교회 밖에는 구원이 없다'는 것과 같은 교리들과 기독론이 다른 문화와 종교를 종속시키고 착취하는 것을 정당화하는 데 사용된 것은 부인할 수 없다. 비윤리적 결과를 초래한 '정통' 교리들은 대단히 의심스럽다. 제3세계 아시아 신학자들은 비유럽 문화권에서의 선교적 팽창의 결과가 비윤리적 결실을 많이 맺었다고 비판했다. 그들은 다른 종교들을 이해하는 전통적 기독교 모델들(포용주의자 라너의 '익명의 기독교인', 자유주의자 큉의 '비판적 촉매' 등)이 어떻게 식민주의적 종교신학과 서구의 문화제국주의를 촉진하는 데 기여했는지를 지적하고 있다. 다른 종교와 대화를 위한 자유주의, 포용주의 모델은 제3세계의 경제적 복지를 증진하기 위한 제1세계의 발전 모델과 매우 닮았다. 제3세계 신학자들이 비판한 것처럼 '발전'은 해방을 주기보다는 더 큰 경제적 종속으로 미묘하게 그렇지만 효과적으로 이끌었다. 이는 신식민주의 한 형태다.

둘째, 해방신학자들의 의심의 해석학이 종교신학자들로 하여금 종교 간 대화가 좀 더 효과적으로 이뤄지기 위해서 이데올로기적 장애물을 제거하는 데 도움을 줄 수 있다면, 해방신학자들의 '가난한 자를 위한 우선적 선택'은 종교 간 대화의 전제와 절차와 관련한 복잡하고도 논쟁적인 문제를 해결하는 데 도움을 줄 수 있다. 여러 신학자들이 종교 간 대화의 가능성을 위한 조건들에 관심을 갖고 종교 간 대화의 공통 근거를 제시하고자 했다. 그러나 비판가들은 대화의 근거로서 종교 내 어떤 공통점을 설정하는 데 경고를 보낸다. 이는 서로 다른 종교전통들과 신앙구조들이 궁극적으로는 동일한 잣대로는 잴 수 없는 틀을 반영하기 때문이다. 종교다원주의를 수용하는 것은 종교 간 대화의 근거로서 보편적 이론, 공통 자원, 하나의 신을 찾는 시도를 포기하는 것이다. 종교들의 공동적 본질이나 중심을 찾으려는 욕망이 지닌 위험성은 다른 종교들 안에 우리 종교와는 다른 것들, 우리에게 도전이 되거나 우리를 놀라게 할 것들을 너무 쉽게 놓치게 하기 때문이다. 존 콥은 힉이나 니터가 그리스도 대신에 하나님을 대화의 공통 근거로 제시하는 것을 기독교의 신 개념을 무의식적으로, 그러나 여전히 제국주의적으로 다른 종교인들에게 강요하는 것이라고 비판했다. 역설적으로 이렇게 주장하는 자들은 공통의 잣대로 잴 수 없는 다른 전통을 지닌 종교 간 대화의 가능성을 확신하고 있다. 만약 종교 간 대화를 시작하기에 앞서서 공통 근거나 공동의 본질을 미리 확립하기 어렵다면 공동의 접근방식이나 공동의 상황 속에서 대화를 시작하여 불안한 근거나마 찾을 수 있을 것이다. 공동의 상황과 관련해서 종교신학자들은 해방신학자들에게 '가난한 자를 위한 우선적 선택'이라는 원칙으로부터 도움을 받을 수 있다. 해방신학자들이 주장하는 '가난한 자를 위한 우선적 선택'은 인식론적, 해석학적 특권과 관련이 있다. 해방신학자, 흑인신학자, 여성해방신학자들은 억압받는 자들의 경험은 해석학적으로 특권을 지닌 근거로 억압받는 자들을 성서와 오늘의 세계를 이해하는 첫 번째 행동과 동일시한다. 해방신학자들은 억압받는 자들에게 헌신하지 않거나 그들과 함께하지 않으면 우리 자신, 타자, 하나님에 대한 우리의 지식은 결함이 있다고 주장한다. 이는 그러한 헌신 속에만 진리가 있다는 의미가 아니라 가난한 자를 위한 우선적 선택 없이는 우리가 아는 진리가 불완전하고 결함이 있고 위험하다는 뜻이다. 이 원칙을 종교신학 연구 과정에 적용한다는 것은 가난과 억압을 공동의 문제로 인식하고, 그런 악을 제거하기 위해 공동으로 헌신한다면 종교인들은 공동의 잣대로 잴 수 없는 다양한 전통과 차이를 넘어서 서로에게 듣고 서로를 이해하고, 그 과정에서 변화될 가능성을 찾기 위한 근거를 갖게 될 것이다. 알로이시우스 피에리스(Aloysius Pieris)는 혁명적 충동, 사회심리적 자극으로 정의된 종교적 본능이 새 인류를 만들어낼 것이라며, 종교적 인간의 본질을 구성하고 정의하는 것은 바로 이 혁명적 충동이라 주장한다. 기독교인, 이슬람 신자, 힌두교인, 불교인, 유대교인들로 하여금 함께 말하고 연합하게 하는 것은 신비의 산에 오르는 것이 아니라 정의를 위한 투쟁이다. 이는 해방신학자들의 이론이나 교리의 확실성은 해방적 실천을 통해서만 얻을 수 있다는 말에 상응한다.

셋째, '가난한 자를 위한 우선적 선택'은 종교 간 대화나 종교신학의 접근방식을 그리스도 중심적 접근방식이나 신 중심적 접근방식으로부터 구원 중심적 접근방식으로의 전환을 요청한다. 일부 신학자들은 종교를 판단하는 기준으로 구원론적 유효성(존 힉), 전 지구적 윤리(스탠리 사마르타), 인간됨(humanum, 인간됨의 본질적인 근본적 가치와 요구들: 한스 큉)을 제시했다. 하비 콕스(Harvey Cox)는 '가난한 자를 위한 우선적 선택'이 종교 간 대화 실천이나 종교다원주의 논의에 종교전통들의 독립적 유효성을 긍정하고, 자신의 부적절한 기준으로 다른 종교적 진리를 판단할 위험을 피하도록 하는 데 도움을 준다고 말한다. '가난한 자를 위한 우선적 선택'이라는 원칙을 종교 간 대화나 종교신학에 적용하면 종교를 판단할 기준이 억압받는 자, 소외된 자, 무력한 자들에 초점을 두어야 한다는 의미이다. 1970년 교토에서 열렸던 세계종교평화대회의 선언문은 종교가 부자와 억압자에 대항하여 가난한 자들과 억눌린 자들의 편에 서야 할 의무를 느껴야 한다고 했다. 수초키(Marjorie Suchocki)는 종교들이 공동으로 정의를 이해하는 과정에서의 복잡성과 다원성을 지적했다. 그러므로 구원론 중심적 기준은 확립된 기초보다는 과정에서 발견되는 장치로 작동한다. 그런데 구원론 중심적 접근방식이 그리스도 중심적 접근방식이나 신 중심적 접근방식과 다른 점은 구원의 신비 앞에서 그 어떤 매개자나 상징체계도 절대적이 아니라는 명확한 깨달음이다.

3. WCC 대화 지침(Guidelines on Dialogue)

1970년대에 WCC는 종교간 대화를 통해 그 신학적 기초와 목적을 추구했다. 대화는 혼합주의로 가는가? 대화가 선교와 구분을 모호하게 하고 복음 선포를 대체하는가? 인간 공동체 안에 있는 신앙 공동체가 어떻게 삼위일체 하나님께 대한 비타협적인 헌신 속에서 하나의 봉사와 증거가 되는가? 이런 질문에 답하려고 모였던 1977년 치앙마이 협의회의 '공동체 안에서의 대화'와 후속 권면들을 결합해 WCC 중앙위원회는 1979년에 종교 간 대화 지침을 채택했다.

1) 치앙마이 성명서(1977년): 분수령

대화 자체가 선교라는 모태에서 나왔다. 선교와의 관련성을 부정해서는 대화에 대해 바르게 인식할 수 없다. WCC는 1971년에 아디스 아바바에서 열린 중앙위원회에서 종교 간 대화에 대한 중요한 토론이 있었다. 한편에서는 종교 간 대화가 열광과 기대 속에서 진행되었다. 다른 한편에서는 주저함, 의심, 두려움 속에서 진행되었다. 대화에 대한 에큐메니칼 대화들이 자주 난관에 봉착했다. 이는 관련된 이슈들의 복잡성과 중요성을 설명해주는 것이었다. 가장 어려웠던 것은 나이로비 총회(1975년) 3분과(주제: 공동체 추구 – 다양한 종교, 문화, 이데올로기를 지닌 사람들의 공동추구) 토론이 불만족스럽고 포괄적이지 못했다는 점이다. 그러나 나이로비 논쟁은 퇴보라기보다는 하나의 기회였다. 대화가 너무 일찍 붕괴에 이르는 대신에 아시아 교회뿐 아니라 세계교회의 삶에 중요한 이슈들로 관심을 모음으로써 대화를 에큐메니칼 관심사로 강화하는 데 도움을 줬다.

세 가지 중요한 관심가 있었다. 그러나 해결하지 못한 문제들도 있었다.

첫째, 대화의 본질과 목표, 특히 그 신학적 기초를 분명히 할 필요를 느꼈다. 대화는 타종교에 합류하는가? 대화는 종교 간 차이점을 제거하는가? 대화를 통해 세계종교를 형성하려 하는가? 둘째, 대화가 혼합주의로 나아가는가? 에큐메니칼 용어 가운데 혼합주의라는 단어만큼 많은 두려움을 자아내고, 불필요한 논쟁을 유발하고, 다원적인 상황에서 사는 교회들의 삶에서 긴박한 이슈들을 교회의 중심 의제로부터 밀어내는 데 그렇게 자주 성공한 단어가 없었다. 한 가지 이유는 선교라는 맥락에서 이 용어가 갖는 부정적 함의 때문이다. 다

른 이유는 복음이 선포되고 신앙이 표현되는 특정 문화적 상황과 역
사적 상황이 너무 달라서 에큐메니칼 상황에서 수용할 만한 성명서
를 만드는 것이 지극히 어려웠기 때문이다. 셋째, 대화는 선교의 영
역을 모호하게 흐리게 하는가? 대화는 복음 선포를 대체하려 하는
가? 대화와 증거와 선교의 관계는 무엇인가?

2) 치앙마이 협의회(1977년)

성서 연구와 신학 토론은 '공동체 안에서의 대화'라는 제목하에 이
뤄졌다. 치앙마이 성명서는 에큐메니칼 상황에서 대화 관련 논쟁의
발전에서 분수령으로 여겨졌다. 이 성명서는 나이로비 논쟁에서 제
기된 어려움을 극복하고, 긴장들을 해소하고, 교회들로 하여금 앞으
로 나아가는 공동의 근거를 제공하는 것으로 널리 받아들여지는 신
학적 기초를 제공하는 데 도움을 줬다. 치앙마이 성명서가 널리 받아
들여진 이유는 다음 같은 주장들 때문이다.

— 대화는 그리스도에 대한 신앙에서 나오는 삶의 방식으로서 이웃
　 과 함께 공동체를 섬기는 것이다. 대화는 기독교적 삶에서 분명하
　 고도 올바른 지위를 갖는다. 대화에 참여하는 것은 그리스도 안에
　 서 체험한 사랑을 증거하는 것이다. 다른 종교인들에게 우리 자신
　 을 개방하도록 하고, 스스로 위험을 무릅쓰게 하고, 우리를 신뢰
　 하도록 하게 하고, 스스로 연약해짐으로써 우리를 해방하는 것이
　 기독교 신앙이다.
— 공동체와 인간 공동체에 대한 기술은 세계 공동체에 대한 과거의
　 오해를 분명히 하는 데 도움을 주고, 세상에서 기독교 공동체의

독특성을 설명하는 데 도움을 준다.

— 대화와 증거는 서로가 모순적으로 대립하는 것으로 여기지 않는다. 대화를 선교에 대한 대안으로 보지 않고, 오늘날 세계에서 예수 그리스도를 고백하는 방법의 하나로 여긴다.

— 혼합주의에 대한 관찰은 나이로비의 경고를 해명하도록 한다. 성명서는 기독교 메시지를 번역하는 데 일어나는 위험들과 그 위험을 무릅쓰고 번역해야 할 필요성, 이 두 가지에 대해 주목한다. 대화는 기독교인들이 서로 다른 문화적 환경 속에서 복음의 풍요함을 설명함으로써 위험과 필요성 모두에게 시간과 공간을 주어야 할 필요성을 강조한다.

— 비록 대화와 관련하여 남은 문제들이 있다 하더라도 우리는 다른 종교들, 다른 이데올로기들의 신학적 중요성에 관한 신학적 문제를 형성하는 틀이 변하고, 다른 종교인들에게 접근하는 분위기가 바뀌고 있다는 것을 인지하고 있다. 그리스도인들이 이웃과 함께 공동체 안에서 삶을 공유하기 때문에 대화에 대한 성찰 과정은 교인들에 의해 계속되어야 한다.

3) 공동체 추구의 동역자들

WCC가 대화 모임을 시작했던 아디스 아바바 회의(1971년)로부터 대화 지침을 결정했던 킹스턴 중앙위원회(1979년) 사이에 다양한 대화 모임이 있었다. 대화 경험은 WCC에 의해 조직된 회의에 제한되지 않았다. 대화 모임은 주로 기독교인들에 의해 주도된 것이었지만 이웃종교인들에 의해 주도된 모임에 기독교인들이 응답한 경우도 있었다는 것을 잊지 말아야 한다. 이렇게 해서 대화지침서를 위한 성찰의 기초와 준비가 지난 수 년 동안 괄목할 정도로 확대되었고 심화되었다. 나이로비 총회(1975년)가 지명한 대화 관련 준비단은 이러한 발전에 주목했고, 교회의 반응을 성찰했고, 지침서 초안을 준비했고 필요한 경우에는 개정했다. 따라서 이 대화지침서가 WCC의 엘리트주의 사업이라고 비판하는 것은 길고 세밀한 준비과정에 대한 무지나 편견에서 비롯된다. 대화 지침서에 대한 두 가지 비판적 관찰이 있다. 하나는 큰 규모의 사람들의 삶에 영향을 주는 제도화된 이데올로기의 영향이 충분히 반영되지 않았다는 점이다. 다른 하나는 종교공동체 사이의, 종교공동체와 이데올로기 사이의 관계에서 권력 요소, 특히 정치적 권력 요소에 대해 충분히 주의를 기울이지 못했다는 점이다. 이데올로기의 영향에 대해 충분히 다루지 못한 것은 대화지침서의 명백한 한계다. 종교 간 대화에서 권력 요소가 중요한 이유는 종교공동체 간 관계의 어려움은 그들 종교의 신학적 거리 때문만이 아니라 권력의 소유와 사용에서의 심각한 불균형 때문이기도 하다. 종교 간 대화에서 대륙적, 지역적 상황에 더욱 주의를 기울여야 한다.

대화지침서를 사용하는 교회와 에큐메니칼 운동은 종교 간 대화 현장에 등장한 새로운 요소들을 진지하게 고려해야 한다. 첫째, 이슬람의 발흥 그리고 정치적 열망과 종교적 부흥 사이의 연결 등 대화가 정치에 연루된 점이다. 둘째, 정의롭고 참여적이며 지속가능한 사회를 위한 투쟁의 강도가 강해지고 속도가 빨라진다는 점이다. 셋째, 교회는 세계 공동체 안에 평화와 정의를 추구하는 종교 간 조직들의 출현을 절대로 무시해서는 안 된다. 넷째, 기술사회를 향해 사람들을 압박하는 과학과 기술의 문제다. 이는 한편으로는 자연, 인간, 하나님 사이의 관계를 새롭게 이해할 것을 요청하고, 다른 한편으로는 인간적 가치를 유지하는 새로운 형태의 공동체적 생활을 요청한다. 다섯째, 사람들, 특히 청년들이 추구하는 개인적 삶, 공동체적 삶을 유지시키는 새로운 형태의 영성이다.

4) 대화지침서

1부: 공동체에 대하여

A. 공동체들과 인류공동체

1. 창조주 하나님께서 피조물과 관련을 갖기를 원하신다. 이를 위해 공동체를 형성하고, 심판하고, 갱신시켰다. 세상은 하나님의 창조적, 치리적인, 구원적인 규칙 아래에서 발전해왔다.

2. 인간은 다른 사람들과 관계를 갖도록 태어났다.

3. 인간은 특정 공동체 속에 다른 사람과 공유하는 가치를 갖고 산다. 이런 가치들은 정체성과 관련을 갖는다. 정체성 형성은 역사적 경험과 공동체의 전통과 의식과도 관련이 있다. 종교와 이데올로기는 공동체를 형성하는 데 영향을 준다. 그러나 종교와 이데올로기는 언어, 인종적 충성, 사회계층 등 문화에 의해 영향을 받는다.

4. 인간 공동체들은 다양하다. 그들은 지속적인 변화의 과정에 참여한다. 그런 변화가 상존한다면 그런 변화는 과학기술, 경제력, 언론에 의해 일어나고 있다. 어떤 변화들은 너무 빠르게 일어나고 극적이어서 공동체를 상실하게 하고, 인간 고립을 초래한다. 기존에 폐쇄된 공동체가 새로운 국가 건설을 위해 다른 공동체와 협력할 때, 단일문화 공동체가 다문화 공동체로 전환할 때 공동체가 다시 활성화되고, 정체성이 갱신될 수 있으며,

과거와 연속성을 유지할 수 있다.

5. 중요한 가속화된 변화는 복합적인 관계의 그물망에 의해 초래될 수 있다.

6. 그 반응이 때로는 이데올로기의 형태로 나타나기도 한다. 가속화된 변화는 사람들로 하여금 사회적, 정치적 행동에 대한 요구를 더욱 민감하게 인식하도록 한다. 왜냐하면 그들은 다양한 방식으로 사회를 형성하거나 재형성하게 하는 이데올로기 프로젝트 속에서 자신들을 발견하기 때문이다. 전통적인 공동체는 이데올로기적 사고와 행동의 충격에서 벗어나지 못하며, 그들의 반응은 갱신이나 갈등을 초래하게 된다.

7. 이런 상황에 위험이 내재하고 있다. 인간이 다른 지역상황에서 상호 관련되어 있다는 경험은 하나님에 의해 창조되고 유지되는 인류공동체의 다양성의 풍요로움에 대한 인식을 심화하고, 전통을 재발견하게 한다. 동시에 다양성이 남용될 수 있고, 자신의 공동체를 최고로 여기려는 유혹이 있으며, 자신의 종교적·문화적 정체성을 절대화하고, 타자의 종교적 정체성을 배제하거나, 고립시키거나, 분열을 초래할 수 있다.

8. 종교와 이데올로기가 분열적인 역할을 할 수 있기 때문에 자신의 종교적 자원에서 인간공동체의 선을 위해 기여할 것을 찾아야 한다. 기독교인들은 평화, 해방, 정의를 위해 일하는 자로서 사람들이 상호의존성을 긍정하고, 자신의 고유한 정체성을 존중하는 공동체의 진전 속에서 인류공동체의 타자들과 새로운 경험을 나누도록 부름 받았다. 이런 비전은 다원적인 세계에서 공동체를 추구하는 데 도움이 될 수 있다. 기존 공동체가 인류공동체를 발전시키는 데 긍정적 역할을 할 수 있음을 강조한다.

그리스도인들에게 공동체 가운데 공동체라는 생각은 인류공동체 전체에 대한 하나님의 왕 같은 통치와 관련된다.

B. 기독교공동체: 교회들과 교회

9. 기독교인으로서 우리는 흩어진 인간공동체 안에서 하나님의 통치의 표징을 찾으며, 보편교회에 속한 기독교인들과 함께 우리의 공동체를 믿는다. 기독교공동체는 문화적 다양성을 지니고 있기 때문에 서로 다른 집단의 기독교인들에 의해 신앙의 실천뿐 아니라 신앙의 해석에 영향을 받는다는 사실을 인정해야 한다.

10. 전 세계에 흩어져 있는 공동체로서 기독교인의 경험은 매우 다양하다. 어떤 교회들은 사회적, 문화적, 민족적 억압의 상황에서 살고 있다. 다른 교회들은 문화적 교만과 집단적 배타성의 유혹을 받으며, 인류공동체의 분열과 교회공동체 내 다양한 집단들 사이에 적대감을 조장하는 데 기여했다. 따라서 우리가 일상생활에서 경험하는 교회들은 지속적으로 하나님의 용서를 필요로 한다.

11. 복음은 교인들을 개인적으로, 공동체적으로 회개와 고백으로 부른다. 화해와 인류 일치의 예전으로서 교회에서 이뤄지는 교제는 예수 그리스도 안에 있는 하나님의 구원활동을 통해 재창조된다. 삼위일체 하나님은 인류를 부르셔서 하나님과 일치를 이루게 하시고, 모든 피조물로 하여금 하나님과 교제를 갖게 하신다. 하나님은 인종, 성, 카스트, 문화를 넘어서서 역사를 통해 교회의 지체들과 교제를 이루신다. 그리스도 안에서 하나님은 모든 사람과의 교제를 위해, 하나님의 역사에

의해 거룩해진 만물과 교제를 위해 우리를 해방하신다.

12. 대화에 대한 관심과 보이는 교회의 일치를 위한 노력 사이에 밀접한 관계가 있음을 인정해야 한다.

13. WCC 안에서 우리는 함께 신앙을 고백하고 예배드릴 가능성과 그리스도인의 일치에 장애물이 있음을 경험한다. 다른 종교인의 경전을 영성 자료로 사용하고, 다른 종교인과 함께 예배드리는 데 대하여 기독교인들은 논쟁 중이다.

14. 인간 공동체 안에 있어야 한다면서 그렇게 경험하는 기독교공동체와 본질상 하나님의 약속 안에 있어야 한다고 믿는 기독교공동체 사이에 긴장이 있음을 의식한다. 이런 긴장은 우리 기독교인 정체성에 근본적이다. 우리는 이런 긴장을 해소할 수 없지만 긴장을 회피해서도 안 된다. 이런 긴장의 핵심에서 민중들이 훨씬 충만하고 심층적인 공동체를 필요로 한다는 표징과 그리스도 안에서 회복된 인간공동체에 대한 하나님의 약속의 표징으로서 교회의 특징을 발견한다. 이런 긴장은 인류공동체 안에 있는 교회 삶 속에서 승리주의의 흔적을 배제해야 하며, 동료 인간들을 향해 생색내는 듯한 태도를 배제해야 하고, 겸손한 태도를 지녀야 한다.

15. 우리는 그리스도인으로서 우리의 소명이 우리로 하여금 모험적이며 위험을 무릅쓰도록 용기와 확신을 갖고 하나님의 선교에 충분히 참여하는 것임을 깨닫는다.

2부: 대화에 대하여

C. 대화 이유

16. '공동체 안에서의 대화'는 대화의 이유로 두 가지 관련된 범주

를 제시한다. 첫째, 지역적이며 실제적인 대화이고, 둘째, 지역을 넘어서서 더욱 넓은 공동체 안에서 정의와 평화의 실현을 위한 대화이다.

17. 대화는 십계명 가운데 이웃에 대해 거짓증거하지 말라는 계명에 복종하는 방식으로 인식될 수 있다. 대화는 다른 종교와 다른 이데올로기를 가진 이웃의 이미지를 손상시키지 않도록 해야 한다. 이런 대화는 상호신뢰와 참여자 각자의 정체성의 통합성에 대한 존경에 근거하여 가능하다.

18. 그러므로 대화는 공동체 안에서 기독교인의 봉사의 근본적인 부분이다. 사랑의 표현으로서의 대화 참여는 그리스도 안에서 체험된 사랑을 증거하는 것이다. 대화는 혼돈에 대한 생명의 확언이며, 생명과 연합하는 모든 사람과 함께 좀 더 나은 인간공동체의 잠정적 목표를 추구하는 데 참여하는 것이다. ‘공동체 안에 있는 대화’는 기독교인의 비밀스런 공격 무기가 아니라 이웃과 함께 공동체를 섬기면서 신앙을 살아가는 한 방법이다.

19. 대화는 다른 형태의 봉사와 직접 비교할 때 그리스도인의 삶에서 독특하고도 적절한 지위를 갖는다. 대화 속에서 그리스도인들은 사랑의 영 안에서 진리를 말하려고 한다. 이런 이유로 인해 대화와 증거는 서로에게 모순적이 아니다. 대화 관계는 진정한 증거의 기회를 제공한다. 대화의 길이 오늘날 세계에서 예수 그리스도가 고백될 수 있는 길의 하나이며, 대화에서 우리는 상대방들에게 우리가 그들을 조작하는 사람들로서가 아니라 공동의 순례자로서 하나님께서 예수 그리스도 안에서 행하신 것으로 믿는 것에 대해 그들과 함께 말하되 대화

가운데 그분을 새롭게 만날 것을 추구함을 확신하게 한다.

D. 다른 종교와 이데올로기의 신학적 중요성

20. 종교간 대화에 참여하는 기독교인들은 역사 속에서 하나님의
    행동 가운데 다른 종교인들의 위치에 관해 질문하는 것을 피
    할 수 없다. 이 질문은 단순한 이론적 질문이 아니라, 기독교
    인들과는 다른 방식으로 기독교인들과 함께 공동체 안에 살
    고 공동체를 추구하는 수천 수백만 명의 삶 속에서 하나님께
    서 무엇을 행하시는지를 묻는 것이다.

21. 종교간 대화에 임하는 바람직한 접근 태도

    회개: 그리스도인들은 자신들이 얼마나 쉽게 그리스도 예수
    　　　안에서의 하나님의 계시를 오해하는지, 자신들의 행동
    　　　가운데 그 계시를 배반하는지, 하나님 은혜를 받기에
    　　　합당하지 않은 자들로서보다는 하나님의 진리의 소유
    　　　자의 태도를 취하는지 알기 때문이다.

    겸손: 다른 종교인들 속에서 발견되는 영성, 지혜 등은 기독
    　　　교인으로서 우월한 지위에서 그들을 판단하는 행위를
    　　　금하게 하기 때문이다. 특히 '익명의 그리스도인', '그리
    　　　스도의 현존', '알지 못하는 그리스도'와 같은 표현을 삼
    　　　가야 한다.

    기쁨: 기독교인들은 자신을 설교하는 것이 아니라 예수 그리
    　　　스도를 전하기 때문이다. 주요, 구원자인 그분 자신이
    　　　신실한 증인이다.

    신실성: 다른 종교인들의 깊은 확신과 통찰의 표현을 들으려
    　　　하고, 기독교인들 자신의 겸손한 기쁨 속에서 자신의

경험과 증거를 나누고자 할 때만 기독교인들이 종교 간 대화를 시작하기 때문이다. 이는 기독교인들의 개방성과 드러냄, 예수 그리스도에게서 볼 수 있는 상처받는 능력을 의미한다. 이 모든 것은 한 마디로 연약성을 뜻한다.

22. 이런 정신으로 기독교인들은 다른 종교인들이 제기하는 신학적 질문들에 대해 창조적으로 답변할 소망을 갖는다. 다음의 영역들에 대해 이해가 깊어진다.

— 창조론

— 하나님, 기독론, 성령

— 성서는 종교 간 대화에서 제기되는 질문에 대한 기독교적 성찰을 위한 기초로서 창조적으로 사용되어야 한다. 대화에서 성서가 다른 종교인들을 위한 준거의 틀로 상정될 수 없지만 성서는 종교 간 대화에 격려와 경고를 준다.

— 교회일치의 신학적 문제들을 대화를 위한 관심사와 연관해볼 필요가 있다.

— 대화 목표가 다른 종교들과 이데올로기들을 최소한의 공통분모로 축소하려는 것은 아니다. 그것은 종교적 상징과 개념들에 대한 비교와 토론뿐 아니라 인간 삶의 심층 단계에서만 발견되는 영적 통찰과 경험들의 참된 만남이 일어날 수 있게 하는 것이다.

23. 다음은 일치에 이르기 어려운 신학적 질문들이다.

— 인류를 향한 하나님의 보편적 구원/창조 행동과 이스라엘 역사와 예수 그리스도 안에 나타난 하나님의 특수한 구원/창조 행동 사이의 관계는 무엇인가?

― 기독교인들은 성서에 부합하는 권위를 인정하고, 교회를
위한 구약성서의 권위에 관한 특수한 질문들을 인식하며, 대
화의 동반자들이 다른 경전과 전통 안에 있는 다른 출발점과
자원을 갖고 있다는 사실을 인식하면서, 기독교인들은 다른
종교와 이데올로기를 지닌 사람들에게 접근할 기준을 성서에
서 어떻게 발견해야 하는가?

― 성령의 역사에 대한 성서적 관점과 기독교인들의 경험은
무엇인가? 교회 밖에서 일어나는 하나님의 활동을 성령론으
로 이해하는 것은 올바르고 도움이 되는가?

E. 혼합주의

24. 종교 간 대화에서 그리스도인들은 모험적이어야 하고, 위험
을 무릅써야 하지만 동시에 하나님을 위해 주의하고 깨어 있
도록 부름 받았다. 혼합주의는 그들이 경계해야 할 위험인가?

25. 기독교 메시지를 모든 시기와 장소에서 참되게 번역하는 것은
확실하게 필요하다.

26. 혼합주의라는 단어를 구하려는 시도들에도 불구하고 이전 논
쟁으로 인해 이 단어는 부정적 평가를 갖고 있다. 나이로비 총
회는 "의식적이든 무의식적이든 다른 종교들에서 취한 요소
들로 구성되는 새로운 종교를 만들려는 인간의 시도들"이라
는 말로 혼합주의를 정의했다. 이런 의미에서는 대화의 상대
방 역시 혼합주의를 거부한다.

27. 혼합주의는 나이로비 총회가 정한 정의보다는 광범위하게 사
용된다. 두 가지 다른 위험에 대한 경고가 있다. 첫째 위험은
메시지를 번역하거나 대화할 때 너무 지나쳐서 기독교 신앙

과 삶의 확실성을 타협하는 것이다. 서구 시민종교에서 보이는 것처럼 혼합주의는 서구에서도 발견되는 문제다. 둘째 위험은 신앙을 그 자신의 용어로서가 아니라 다른 신앙으로 해석하려는 위험이다.

28. 이 두 가지 위험은 진짜 위험하며, 언제 이 두 위험이 위협적이 되는가와 관련해서 기독교인 사이에, 교회 사이에 판단의 차이가 있다. 현대세계에서 혼합주의의 특수한 위험 때문에 기독교인들로 하여금 대화를 회피하게 해서는 안 된다. 오히려 대화에 참여할 추가적인 이유가 되며, 이런 문제들은 명확히 해야 한다.

29. 에큐메니칼 운동에서 대화와 증거는 때로 상호의심을 낳기도 했다. 하나님은 교회에 대해 인내심이 크시며, 하나님은 교회에게 하나님의 길과 풍요로움을 발견하도록 시간과 공간을 주신다. 대화의 다양성 자체는 대화의 특정한 내용 속에서 그리고 특정 상황과의 관련하에서 인식되어야 한다.

4. 에딘버러 100주년대회 이웃종교와 선교

1) 20세기 역사적 배경

(1) 에딘버러 대회와 성취설(fulfillment theory) : 20세기 전반기 지배적 이웃종교와 관련해서 만든 설문지 응답 187개가 왔다. 4분과(비기독교인들에게 보내는 선교적 메시지)에서 만든 설문지에 대한 응답이 최고였다. 당시에 이를 출판하려 했으나 포기했다. 이유는 응답의 초

점이 이웃종교 자체가 아니라 이웃종교인들에게 기독교를 대변할 때 생기는 문제들에 대한 연구였기 때문이다. 선교사의 사명은 비기독교 종교들 속에서 겸손하게 연구하고, 그 종교들을 이용해서 접촉점을 확인하며, 이웃종교인들을 그리스도 안에서 발견되는 진리의 완전한 계시로 이끄는 것이다. 초대교회 첫 선교사들은 타종교 안에 있는 심오하고 올바른 것을 찾기 위해 노력했고, 타종교로부터 개종하여 구원을 얻은 사람들의 마음에 걸어놓은 타종교의 주술에서 비롯되는 위험들로부터 이들을 보호하기 위해 노력했다.

(2) 연속성과 비연속성

성취설은 세속주의의 도전에 대한 1928년 예루살렘대회의 대응이었다. 1932년 북미 평신도연구위원회의 보고서인「선교재고」(Re-thinking Missions)에서 하버드대 철학과 호킹 교수는 이웃종교에 대한 선교사들의 배타적 태도를 비판하고, 이웃종교인들과 동역자가 될 것을 권유했고, 선교사의 의무는 자기 종교의 진리의 길을 긍정적으로 제시하는 것이라 했다. 기독교와 이웃종교의 관계가 연속성인가 비연속성인가 하는 문제가 제기되었다. 1938년 탐바람 국제선교대회(IMC)에서 크레이머(H. Kraemer)는『비기독교 세계에서 기독교 메시지』라는 책을 통해 이 관계에 대해 비연속성을 제시했다. 이 책은 오해의 소지가 많은 책이었다. 기독교는 이웃종교에 대해 긍정적 태도를 지녀야 한다. 그러나 예루살렘 대회에서 언급되었던 접촉점에 대해서는 잘못된 추구라고 비판했다. 예수 그리스도를 통한 하나님의 계시는 그 자체로 절대적이며, 타종교와 무관하다. 이웃종교와 기독교 사이에는 연속성이 없다. 탐바람 대회는 크레이머의 주장을 따르면서도 철저한 비연속성에 대해서는 반대했다. 뉴비긴(Lesslie

Newbigin)은 크레이머의 비연속성을 따르되 전적 비연속성에 대해서는 동의하지 않았다.

(3) 다원주의적 상황에서 대화

탐바람대회 50주년을 기념하면서 WCC는 1988년 크레이머의 주장을 수정했다. 다원주의적 상황에서 주제는 대화가 되었다. 사마르타(Stanley Samartha)가 종교 간 대화 개념을 WCC에 도입했다. 그는 '하나님의 말씀과 종교들' 연구 간사에서 '타종교와 이데올로기와의 대화'국 국장이 되었다. WCC가 대화적 접근을 하게 된 데에는 제2차 바티칸공의회의 영향이 있었다. 종교 간 대화는 1970년대 초부터 논쟁적 주제가 되었다. 사마르타는 종교 간 대화 파트너를 개종시키려는 태도를 반대했다. 기독교 종교의 우월성을 주장하는 것은 대화의 걸림돌이 되기 때문이다. 이런 주장 때문에 많은 사람이 종교 간 대화를 기독교 신앙의 타협으로, 기독교 선교를 무의미하게 만드는 것으로 비판했다. 종교 간 대화와 함께 이웃종교의 구원 가능성을 주장하는 종교다원주의가 출현했다. 일부 종교다원주의자들은 종교 간 대화가 오직 종교다원주의자에게만 가능하다고 주장함으로써 대화와 다원주의를 혼동하고 있다. 종교다원주의자들은 선교를 도덕적으로 의롭고, 대화가 가능한, 인간의 공통된 해방을 초래하는 것으로 타종교인들과 공유 가능하다고 본다. 사마르타는 선교를 성령을 통해 피조물의 깨어진 것을 치유하고, 인간성의 파편화를 극복하며, 인간과 자연과 하나님 사이에 만들어진 갈등을 치유하는 하나님의 지속적 활동이라고 여겼다. 종교다원주의자들은 1986년 모임에서 그리스도와 기독교의 우월성과 궁극성의 주장으로부터 다른 구원의 가능성을 인정하는 길로 신학적 루비콘 강을 건넜다. 다원성과 대화

의 문제와 밀접한 관련을 갖고 있는 것이 종교적 개종의 유효성 논쟁
이다.

대화는 종교다원주의와 혼동되었다. 다른 신학자들은 종교 간 대
화를 다르게 해석한다. 1970년대 중반 복음주의자 존 스토트(John
R. Stott)은 대화를 기독교 선교의 한 양태로 긍정적으로 해석했다.
인도 선교사 스탠리 존스(Stanley Jones)의 힌두교들과 대화하는 원
탁회의, 케네스 크랙(Kenneth Cragg) 주교의 회교도와의 대화 활동,
데이비드 쉐퍼드(David Sheppard) 주교의 산업화된 영국에서의 대
화 등의 사례들을 통해 스토트는 참된 기독교 대화가 기독교 선교를
실천하는 방법이라고 옹호했다. 오순절교회 신학자 아모스 용(Amos
Yong)은 다원주의적 세계에서 대화와 증거와 함께 종교신학을 핵심
의제로 다룰 때가 되었다고 제안했다. 로마 가톨릭은 구속자의 선교
(*Redemptoris Missio*, 1990)와 대화와 선포(Dialogue and Proclamation,
1991)에서 종교 간 대화에서 신학적 오류를 수정하려 하고, 다원주의
적 상황을 교회의 신앙과 연결하려 했다. 현재 종교의 다원성은 삶의
사실로 수용되었다.

2) 지리학에서 시나리오로

100년 전 에딘버러 선교대회에 참여했던 자들은 기독교 신앙의
전 지구화를, 기독교세계(Christendom)를 상상했다. 그들의 에큐메
니칼 이해는 기독교 지배 영역과 관련이 있다. 기독교 선교의 성공은
기독교 국가들의 영토를 전 세계로 넓힘으로써 성취설을 이루고, 타
종교를 소멸시킴으로써 비기독교인들을 정복하는 것이었다. 현재
전 세계 종교인구 분포를 보면 기독교인, 회교인, 힌두교인 순이라는

것이 일반적인 합의다. 20세기 동안의 기독교 선교에도 불구하고 기독교인 비율은 그다지 변하지 않았다. 기독교는 현재 남반부에서 확장 중이다. 특히 제2차세계대전 이후 탈식민주의 시대에 남반부 기독교가 성장하고 있다. 사회학적 관점에서 볼 때 전 지구적 종교는 기독교와 이슬람교이다. 그리고 현재의 상황에서 중요한 요인은 지구화/세계화다. 지구화는 한 무리의 권력들로 새로운 위계질서, 의존, 억압과 주변화, 어떤 경우에는 새로운 기회와 해방적 상호관계를 만들어내고 있다. 종합하면 지구화된 세계에서 인간의 삶은 탈영토화 되지는 않았다. 갈등과 폭력, 군사적 행동, 기근과 홍수, 풍요와 빈곤은 지구상에서 특정지역에 집중되어 있다. 비서구적 관점에서 비판적으로 보면 지구화는 여전히 지리학을 알고, 권력의 중심부를 알고 있다.

(1) 시나리오들

정체성의 문제가 민족국가, 인종성, 문화와 종교의 쟁점이 된 것은 지구적 권력과 지역 권력의 단면도에서다. 이런 배경에서 볼 때 다른 종교인들 속에서 기독교 선교는 기독교와 다른 종교들을 비교하거나 대조하는 방식(에딘버러 선교대회에서 했던 것)이 아니라 이런 상황에서 제기되는 질문과 도전에 주목하고 대응하는 것이다. 바티칸의 종교 간 대화국이 '삶의 대화'(dialogue of life)라고 부른 용어는 기독교인들과 교회가 다른 종교인들, 모든 종교를 반대하는 자들, 종교를 넘어서서 산다고 느끼는 자들 속에서 살고 있음을 의미한다. 종교들의 만남은 신앙, 신학에 의해서만 규정되는 것이 아니라 다양한 지역적, 글로벌 요소들에 의해 규정된다. 다종교 상황에서 기독교 선교의 현재와 미래를 규정지을 도전들을 시나리오로 제시하면 다음과 같다.

① 다원주의, 다인종, 다종교 사회: 이주는 한 지역 안에서 다종교 집단들이 공존해야 할 중요한 이유 중의 하나다. 오늘날 신앙공동체에 대한 도전은 사실적인 다원주의를 관용하는 데로부터 성취설이나 연속성/비연속성 개념들을 넘어서는 종교다원주의로의 전환이다. 아프리카와 아시아의 일부 지역에서 종교적·인종적·문화적 다원주의는 사회의 지속적인 특징이었고, 이는 유동적/복수적 정체성을 길러냈다. 사회의 민초들은 다종교 상황에서 평화롭게 공존했다. 종교집단의 정체성이 정치적 요소가 될 때 상황이 변화되어 인도네시아에서 이슬람 신자들과 기독교인들 사이의 갈등으로 발전했고, 인도에서 힌두교도와 이슬람 신자/기독교인과의 갈등을 초래했다. 정치화된 종교 또는 인종화된 종교에 이끌리어 종교의 자유가 박탈되면서 오늘날 많은 지역에서 종교 간 갈등이 심화되고 있다. 일부 지역(러시아, 공산국가, 이슬람 국가 등)에서는 어떤 종교/교단 형태의 선교가 불법화되었다.

② 도시화: 전 세계에 도시화가 진행되고 있다. 기독교인들의 58%가 도시에 거주한다. 이주민들은 더 나은 경제적 기회에 대한 희망으로 이주하지만 이주는 결과적으로 지지 공동체를 상실하게 했다. 이주민들이 지닌 사회적 관계망과 대가족 제도가 붕괴되었고, 자신들의 가치가 약화되었다. 이주라는 새로운 상황에서 이주민들이 정체성을 상실하고 생존을 추구하는 것은 자신의 신앙과 정체성을 재형성하게 만드는 영적 도전들이다. 도시지역은 이주민들로 하여금 예전 소속감을 따르는 새로운 네트워크로 통합되거나 자신의 신앙을

철저히 재형성하는 가능성을 제공한다. 도시화는 이주의 한 측면이다. 이주는 국가적으로, 대륙적으로 그리고 전 지구적으로 일어나는 현상이다. 전 세계 인구의 3%인 약 1억 7500만 명이 이주민이다. 이주민은 자신의 정체성으로서의 신앙을 문화적, 언어적으로 표현하는 것을 강화해주는 생존 자원을 신앙에서 발견한다. 신앙, 기원, 미래와 정체성과 위엄을 추구하는 것이 모두 섞여 있다. 따라서 도시화라는 시나리오는 매우 중요하다.

③ 주변화된 원주민들: 약 3억 명이 원주민으로 70개 국가에 살고 있다. 그들의 정체성을 새로운 신앙과 어떻게 화해/조화시키느냐가 과제다. 종교는 땅과 밀접한 관련이 있다. 근대화, 도시화 과정을 통해 땅을 빼앗길 때 홈리스뿐 아니라 원주민들이 뿌리를 상실하게 된다. 원주민 선교는 기독교인들과 교회가 그들의 권리를 위한 싸움에 어떻게 참여할지를 그리고 그리스도를 증거함과 원주민을 어떻게 연결할지를 물어야 한다. 기독교인들은 교인이 된 원주민들이 그들의 문화화 방식을 통해 기독교 신앙을 얼마나 풍요롭게 하는지를 인식해야 한다.

3) 관점들과 해석학적 성찰들

복음을 성령의 능력 안에서 이웃과 나눔이 선교다. 예수는 십자가를 통해 연약함 속에서 선교를 수행했다. 연약함은 우리가 신앙을 유지하면서 타자를 만나는 방식이다.

(1) 대화, 증거와 선교

선교는 교회가 존재로 보내진 것으로 코이노니아, 공동체 현존, 예배를 통해 드러난다. 선교는 행동하도록 보내진 것으로 디아코니아, 돌봄, 섬김으로 나타난다. 선교는 교회가 말하도록 보내진 것으로 케리그마, 복음 선포, 변증, 대화 등으로 나타난다. 선교는 복음에 대해 다른 사람들에게 증거하는 것이고, 증거는 복음 선포와 코이노니아와 디아코니아의 종합이다. 신약성서를 증인들의 증거로 읽고, 교회의 공동과제들을 위해서 다른 증인들을 준비시킬 때 선교학적 해석학을 사용한다.

대화는 말하도록 보내진 것의 한 부분이다. 대화는 우리의 가장 깊은 확신을 증거하면서도, 이웃의 가장 깊은 확신을 경청하는 양방향 교류이다. 처음부터 이웃의 관점에 분개한다면 우리는 이웃과 대화할 수 없고, 그들에게 증거할 수도 없다. 기독교 신학은 대화의 신학, 문화화의 신학, 상황화의 신학이어야 하고, 지역 상황과 그 문화와 종교와 대화하고 경청해야 한다. 대화는 우리가 우리를 앞서 가시는 하나님을, 사람들의 문화와 확신 속에서 그들과 관계를 맺으시는 하나님을 만날 것을 기대할 때만 가능하다(행 17장, 아덴에서 알지 못하는 신). 하나님은 우리가 선교지에 가기 전에 이미 거기에 계신 하나님이시다. 우리의 임무는 하나님을 데려가는 것이 아니라 이미 거기에 계신 하나님을 증거하는 것이다. 다른 종교인들을 만날 때 신발을 벗는 태도가 필요하다. 대화는 모든 사람이 하나님의 형상대로 지음 받았다는 말씀을 진지하게 받아들이는 길이다.

(2) 다원주의 세계에서 기독교 선교

다종교 상황에서 선교에 대해 WCC의 산 안토니오 대회(1989년)

가 핵심을 잘 언급했다. "우리는 예수 그리스도 이외에 구원받을 다른 길을 지적할 수 없다. 동시에 우리는 하나님의 구원능력에 제한을 둘 수 없다. … 우리는 (이 둘 사이에 있는) 긴장을 인식하고 있고, 그것을 해결하려고 시도하지 않는다."

다른 종교를 이해하는 다양한 방식들이 있다. 근본주의는 다른 종교들을 전적 오류나 악으로 본다. 성취설은 다른 종교들을 그리스도를 준비하는 길로 본다(에딘버러 선교대회). 정교회는 피조물, 문화와 종교 안에 성령이 현존하고 있다고 본다. 로마 가톨릭은 다른 종교를 동심원의 하나로 생각한다. 라너는 다른 종교인을 익명의 그리스도인으로 여긴다.

종교는 각자 자신의 구조와 세계관을 지닌다. 종교는 신적 계시에 대한 애매한 반응들이다. 모든 종교에는 어두운 면과 밝은 면이 존재한다. 기독교에도 어두운 면이 존재하지만 어두움 속에서 빛이 밝게 빛난다. 기독교 신앙고백은 교회 밖에 있는 사람들의 삶과 생각과 기도 가운데 하나님의 활동이 실재함을 부인해야 하는 것은 아니다. 기독교의 어두운 면은 예수를 주로 인정하지 않는 사람들의 삶에서 하나님의 빛을 보는 것을 방해하지 않는다. 예수의 십자가에서는 하나님에 대한 거절과 인간의 죄 그리고 인간의 거절을 다루는 하나님의 방식이 드러난다. 루터는 하나님의 능력이 십자가의 모순 속에서 십자가 아래에 감춰져 있고, 기독교인들은 패배로 보이는 것이 승리로 전환됨을 믿는 자들이라고 했다. 이런 역사적 행위가 역사의 전환점으로 모든 종교의 주장을 거슬러 역사를 통해 세워져 있다. 결론적으로 우리는 선교적이 됨과 대화적이 됨 사이에 존재하는 창조적, 역동적 긴장을 결코 해소할 수 없다.

(3) 성령론적 접근

로마 가톨릭이 다른 종교에 성령을 통한 구원의 가능성을 열어놓자 다른 종교 안에서 성령이 언제 어떻게 활동하는지에 대한 교리적 문제가 제기되었다. 오순절교회 신학자들이 이 문제를 다뤘다.

① 기독교 종교신학에서 성령론적 차원: 대화 운동은 다른 종교인들과의 대화에서 복음을 증거하는 데 성령이 매개역할을 한다고 본다. 성령론적 접근은 성령이 주도하는 현상이 개인과 종교 안에서 일어날 때 역동적 사건을 식별하는 데까지 나아가려 한다. 이런 영역을 키르스틴 김(Kirsteen Kim)은 선교 성령론이라고 부른다. 오순절 신학자 아모스 용(Amos Yong)은 이웃종교 안에서 활동하는 성령의 증거를 찾되 정통 교리와 개방성 사이에서 신학적 긴장을 유지하면서 찾으려 한다. 그의 접근방식은 하나의 성령과 다수 영들의 우주론을 연구하되 궁극적 권세들, 작은 권세들, 조상, 자연, 다른 종교인들과 영들의 영역에서 현존하는 하나님 계시를 기대하고, 영 식별을 중요시하며, 다른 종교인들이 권세들, 공동체들, 세상과 어떤 영적 관계를 갖는지를 규명하고자 한다.

② 원시종교들과 세계관으로부터 성령론적 기초를 회복: 1910년 에딘버러 선교대회는 아프리카가 원시종교 때문에 복음을 받아들이지 않을 것이라고 예측했다. 그러나 100년 후 이 예측이 빗나간 것을 확인했다. 아프리카 대륙의 50%가 복음화된 정반대의 결과가 나왔다. 왜 이런 결과가 나왔는가? 남반부 기독교인들의 성장, 특히 오순절교회의 선교 때문이었다. 아프리카 기독교가 급성장한 요인의 하나는 기독교가 아프리카의 원시종교에 잘 적용했기 때문이다. 조상 이

해와 일부다처제 등 원시 종교인들과 구약 족장들, 오순절교회 사이
의 유사성 때문이다. 그들은 창조세계를 살아 있는 체제로, 자신들의
영적 관계의 네트워크로 보았다. 그들은 하나님에 대해 통전적 방식
으로 접근했고, 물질과 영의 영역이 존재론적, 인식론적으로 상호연
계 되었다고 보았다. 원시 종교인들과 오순절 교인들은 그들의 신앙
을 권세들과 관계 속에 있는 존재, 창조질서를 따르는 존재에 의존했
다. 신 중심적, 창조 중심적 자세가 그들의 모든 교리의 기초가 되었
다. 오순절 교회는 경험을 중시한다. 서구가 영적 전쟁을 통해 사람
들에게 도달하려 했던 시도는 실패했지만 성령론적 접근은 성공했
다. 왜냐하면 하나님의 형상을 통해 자신이 만들어졌다는, 자신이 하
나님의 백성에 속한다는 새로운 자기이해인 영적 관계를 통해 정체
성을 회복했기 때문이다. 치유 기도를 통해 죄가 극복되고, 공동체에
조화가 회복되었다.

참고문헌

Hick, John & Knitter, Paul F. (eds.) *The Myth of Christian Uniqueness: Toward a Pluralistic Theology of Religions.* Maryknoll, New York: Orbis Books, 1987.

Race, Alan. *Christians and Religious Pluralism.* London: SCM Press Ltd., 1983/1993.

WCC. "Guidelines on Dialogue." in Gerald H. Anderson & Thomas F. Stransky(eds.), Faith Meets Faith(New York: Paulist Press, 1981), 128-155.

"Christian Mission among other Faiths." in Daryl Balia & Kirsteen Kim (eds.) *Edinburgh 2010 Witnessing to Christ Today.* Eugene: Wipf and Stock Publishers, 2010: 34-60.

제 3 부

생명과
평화를
향한
선교신학

7 장

WCC의 선교 이해

들어가는 말

2011년 3월에 열린 에큐메니칼 정책협의회는 WCC 부산 총회를 행사로 여기기보다는 에큐메니칼 운동을 활성화하고 지역 에큐메니칼 운동의 초석을 놓는 기회로 삼을 것을 제안했다. 2012년 10월 부산장신대에서 진행된 WCC 모의총회 강사 중 한 명인 CWME (Commission on World Mission and Evangelism, 세계선교와 전도위원회) 금주섭 국장으로부터 부산 총회 1년을 남겨놓고 현재 총회준비가 10%도 안 되었다는 이야기를 들었다. 총회 준비가 잘 안 되는 데에는 여러 원인이 있겠지만 부산 지역의 반에큐메니칼 정서도 한몫 하고 있다고 생각한다. 2012년 10월 22일 한국기독학술원이 주최한 모임은 공식적으로 에큐메니칼 진영을 대표하는 WCC(World Council of Churches, 세계교회협의회)와 복음주의를 대표하는 WEA(World Evangelical Alliance, 세계복음주의연맹)에 공식적으로 요청해 각 단체를 대표하는 신학자 두 명씩 추천을 받아 대화를 했다. 사회자가 "그동안 많이 싸웠으니 서로 화해하고 시작하자"고 제안했더니 네 사람 모두 이구동성으로 "우리는 싸운 적이 없다"고 말해서 사회자와 한국의 참석자들이 모두 놀랐다고 한다. 유독 한국교회에서만 에큐메니칼 진영과 복음주의 진영이 싸우는 것은 분단과 냉전의식 때문이 아니겠냐고 금주섭 박사가 지적했다.

이 글은 WCC에 대해 한국교회 복음주의권이 지속적으로 제기하는 문제점들을 CWME의 첫 네 대회의 공식보고서를 중심으로 선교 이해, 하나님의 선교, 다종교 상황에서 선교, 생명선교를 제시하고, 그 특징과 과제를 제시하면서 복음주의권의 문제제기에 대해 대회의 공식 보고서를 통해 답변하려 한다. 처음 네 대회를 택한 것은 지면의 한계 탓이지만, 가급적 보고서의 주요 내용을 소개하여 독자들이 직접 판단하기를 희망하기 때문이다. 그러다보니 분량이 좀 늘었고, 다양한 학자들의 평가나 견해를 소개하기 어려웠다. 그리고 WCC 선교 이해는 CWME에 국한되지 않고, 총회 보고서들과의 관계도 다뤄야 하고, 중앙위원회가 1982년[1]과 2012년[2]에 승인한 선교와 관련된 두 문서를 다뤄야 했지만 그렇지 못했다. 복음주의와의 관계, 특히 로잔 대회와의 상호영향도 다루지 못했다. 다음 기회에 입체적으로 WCC의 선교 이해를 다루기로 하고, 이 글에서는 CWME의 첫 네 대회를 중심으로 CWME의 선교 이해를 소개하는 정도로 그치고자 한다.

---

[1] WCC, "Ecumenical Affirmation: Mission and Evangelism," in James A. Scherer & Stephen B. Bevans (eds.), *New directions in Mission and Evangelization 1: Basic Statements 1974~1991* (Maryknoll, New York: Orbis Books, 1992), 36-51.

[2] WCC, "Together Towards Life: Mission and Evangelism in changing Landscapes." 다음 글을 참조하시오. 황홍렬, "WCC CWME 대회를 다녀와서," 「한국선교신학회 2012년 2차 정기학술대회 미간행 자료집」(2012년 4월 21일, 한일장신대학교), 1-14.

1. WCC의 CWME 대회의 선교 이해

1) 선교 이해

(1) 멕시코 시 대회(1963년)

3분과 보고서의 주제는 '이웃 속에서의 교회의 증거'로 선교에 대한 새로운 이해를 제시한다. 현대인들은 '주거'보다는 직장, 오락, 정치 등 다른 공동체 속에서 주어진 사람들과 더 긴밀하게 이웃 관계를 맺는다. 이처럼 '주거' 개념과 다른 의미로 엮인 이웃들의 다양성과 운동성으로 인한 새로운 이웃 개념은 새로운 형태의 교회를 요구하며, 다양하며 유동적인 현대 공동체와 관련하여 교회 선교의 본질적 일치를 발견할 것을 요청한다.[3]

성만찬이 하나님의 구속 사역의 징표라면, 성만찬의 구속하는 실재는 현대 이웃의 깨어진 세계에서 드러나야 한다. 그러나 변화된 삶의 증거가 종종 교회 회중 이외의 다른 영역에서 발견된다는 사실에 눈을 감아서는 안 된다. 3분과는 교회 안에서, 교회를 통해 이루시는 하나님의 행동과 기독교 공동체로부터 독립적으로 세상 속에서 활동하시는 하나님 사이의 관계에 대한 토론에 결론을 내지 못했다. 인간 삶의 회복과 화해가 세속 기관들을 통한 하나님의 행동에 의해 이뤄진다면 신앙의 자리와 중요성은 무엇인가라는 물음이 있다. 교회가 세상과 그 역사에 전적으로 참여해야 한다면 교회가 세상과 분리되

---

[3] Ronald K. Orchad (ed.), *Witness in Six Continents: Records of the Meeting of the Commission on World Mission and Evangelism of the World Council of Churches held in Mexico City December 8th to 19th, 1963* (New York: Friendship Press, 1964), 156.

어야 한다는 교회의 본질은 무엇인가라는 질문도 있다. 그래서 기독
교인들은 세상의 공동체 안에서 그리스도가 현존하는 징표에 주의를
기울여야 한다. 그러므로 교회는 성서에 기록된 역사적 사건들 속에
나타난 하나님의 특정한 사역에 근거하여 세계사적 사건들 속에서
현재 일어나고 있는 것을 해석할 선물을 찾아야 한다.[4]

3분과 보고서는 이웃에 대한 새로운 이해가 교회의 변화를, 선교
의 새로운 이해를 요청한다고 주장한다. 그래서「교회의 선교적 구
조」라는 문서에 주목할 필요가 있다. 보고서는 현대에 필요한 교회
형태인 셀 그룹으로 주거 공동체, 노동조합, 정치 단체, 사업 등을 제
시한다. 미국 뉴저지 외곽에 위치한, 백인 중산층으로만 구성된 교회
는 인종, 계급, 문화의 분리를 돌파하는 교회 형태를 발견하도록 요
청받는다. 라틴 아메리카에서 교회는 악한 사회질서를 타파하는 과
제를 갖도록 대중을 자각시키는 속에서 그리스도의 목적에 대해 증
거하게 하는 형태를 갖도록 요구받는다. 교회는 정부, 산업, 교육 등
의 이유로 외국에 가는 평신도들을 그리스도에 대해 증거하도록 훈
련할 것을 요청받는다.

이처럼 교회는 교인들을 세상에서 하나님의 종이 되도록 훈련하
고, 이러한 소명을 완성하는 데 필요한 새로운 형태의 교회를 필요로
한다는 진리를 재발견하게 된다. 교회일치를 향한 큰 돌파구는 분열
된 교회들이 내향적 삶을 벗어나 세계의 세속 공동체들 안에서 증거
의 일치를 추구할 때만 열릴 것이다. 그래서 회원 교회들에게 선교를
위한 연합활동(Joint Action for Mission) 프로그램의 가능성을 타진할
것을 요구한다. 교회의 선교가 세 대륙(아시아, 아프리카, 라틴 아메리

---

4 *Ibid.*, 157-158.

카)으로만 향한 것이 아니라 6대륙을 향한 것이라는 깨달음이 함축하는 의미들을 우리는 이제 막 보기 시작했다. 뉴델리 총회는 우리를 향한 그리스도의 뜻인 참된 일치에 도달하기 위해서 교회들은 '책임지는 위험'을 감당하고, 과거 형태들의 종식 가능성을 직면할 준비가 필요하다는 데 의견의 일치를 봤다. 우리가 취해야 하는 위험은 불확실한 미래를 향한 것이기 때문에 위험하지만 미래의 주가 되시는 그리스도께서 인도하시기 때문에 책임지는 위험이 된다.[5]

(2) 방콕대회(1973년)

1분과는 타종교인과의 대화, 기독교인의 정체성과 인종적 정체성, 문화적 변화와 회심을 다뤘다. 인종적 정체성과 관련해서 백인의 인종차별을 유색인으로부터 인간으로서의 정체성을 빼앗아가는 것이라 비판했다. 그리스도인이 인종차별의 상황을 묵인하는 것은 구원의 복음을 배반하는 것이다. 개인의 정체성 문제는 문화적 정체성의 문제와 긴밀하게 관련되어 있다. 그렇지만 복음을 받아들이는 자들의 문화는 선교사에 의해 무시되거나 비난을 받았다(선교적 소외). 개종이 강요된 외국 모델을 복제하는 대신에 그리스도의 목소리에 어떻게 책임 있게 응답하는가 하는 것이 문제다. 인종적 정체성과 문화적 정체성은 하나님의 선물이다. 많은 (서구) 기독교인은 그리스도에 대한 사람들의 반응(신학)이 특정 상황과 관련되어 있기 때문에 그 반응의 다양성이 본질적이며, 서로 보완적이라는 인식 대신에 그들 자신의 특수한 반응에 보편적 유효성을 부여하려고 했다. 서구신학은 인간의 모든 영역에서 받아들일 만한 것과 그렇지 못한 것에 대

---

[5] *Ibid.*, 158-160.

한 결정권을 자신이 지닌 것처럼 월권을 했다. 흑인신학은 서구신학의 이 거만한 주장을 거절했기 때문에 많은 기독교인을 분개하게 만들었다. '구원의 대행자들'이 억압자의 편에 설 때 기독교 메시지는 왜곡되고, 기독교 선교는 위험에 빠진다.[6]

여성과 관련해 여성으로 하여금 책임을 지게 하고, 의사결정을 하는 지위를 여성에게 허용하기 위한 모든 노력을 해야 한다. 남성과 여성은 모두 하나님의 형상으로 지음을 받았다. 남녀 간의 협력이 이뤄질 때 인류를 향한 하나님의 구원이 성취될 수 있다. 가부장제 사회에서는 하나님의 남성적 목소리만 들린다. 하나님의 여성적 목소리가 들리는 때는 여성들이 신학적 사고를 하여, 교회 전체 생활에 기여할 수 있을 때이다.[7]

회심은 개인이나 집단의 실재와 행동에 대한 사고와 관점을 변화시키기 때문에 개인적 회심은 항상 사회행동으로 이끄는 데 그 형태는 상당히 다양하다. 기독교공동체와 문화는 기독교공동체가 문화 안에 참여하면서도 비판적 거리를 유지하게 하는 변증법적 관계다. 이러한 변증법적 관계는 우리로 하여금 정의와 자유를 찾는 데 이웃과 함께 참여하는 것을 방해하지 않는다. 성서는 그리스도께서 자신을 가난한 자들과 일치하는 것을 보여주기 때문에 우리의 선교방향을 제시하지만 주님의 현존의 정확한 위치를 보여주는 것은 아니다.[8]

---

6 WCC, *Bangkok Assembly 1973: Minutes ad Report of the Assembly of the Commission on world Mission and Evangelism of the World Council of Churches December 31 1972 and January 9~12, 1973* (Geneva: WCC Publications, 1973), 70-74.

7 *Ibid.*, 75.

8 *Ibid.*, 76-77.

(3) 멜버른 대회(1980년)[9]

　1분과 주제는 '가난한 자에게 복음을'이다. 예수가 선포한 하나님 나라는 정의, 사랑, 평화와 기쁨을 가져오고, 인간의 삶과 제도를 속박하는 악마적 권력인 정세와 권세로부터 그들을 해방시킨다. 하나님의 심판은 이 세상의 가치와 구조를 뒤엎음으로써 드러난다. 하나님 나라의 시각에서 볼 때 하나님은 가난한 자에게 우선권을 두신다(para. 1). 복음을 전해 받은 교회는 예수가 왕국의 축복을 허락하신 가난한 자들에 대한 하나님의 관심을 견지해야 한다. 가난한 자들이 복을 받은 것은 그들이 정의를 갈구하고, 해방을 소망하기 때문이다(para. 2). 부자들에게 복음은 하나님과 그의 풍성하신 자비에 신뢰를 둘 것과 회개를 요청한다. 부자들의 회개는 부와 물질적 소유의 안전이라는 우상을 포기하고, 부의 악마적 특성인 착취하는 권력을 포기하며, 가난한 자들에 대한 무관심과 적개심에서 돌아서서 억압받는 자들과 연대함을 의미한다(para. 3). 정의와 용서를 갈망하는 모든 사람에게 예수 그리스도는 제자직을 제공하고, 섬김을 요구한다(para. 4).

　오늘날 WCC는 가난한 자가 누구인지에 대한 공동의 이해에 도달하는 데 큰 어려움을 겪는다. 그 이유는 WCC 회원들의 상황이 다르고, 성서를 다양하게 읽고, 하나님 나라의 서로 다른 측면을 강조하기 때문이다(para. 5). 가난한 자에 대한 강조점을 어디에 둬야 하는지에 대해서 일치하지는 않지만 오늘의 세계에서 가난한 자들을 인식하는 세 가지 방식에 대해서 말할 수 있다. 즉 생활필수품이 부족

---

[9] WCC, *Your Kingdom Come: Mission Perspectives, Report on the World Conference on Mission and Evangelism, Melbourne, Australia 12~25 May 1980* (Geneva: WCC CWME, 1980).

한 가난, 물질적 풍요 속 가난, 자발적 가난 등이다(para. 8). 아프리카에서는 가난한 아프리카인들이 편안하게 예배드리는 교회를 선호했기 때문에 아프리카독립교회가 시작되었다(para. 9). 아시아의 여러 교회가 아시아기독교협의회를 통해 민중의 투쟁에 함께한 결과 고용주, 지주, 정부 관료, 다국적기업들에 맞서 정의와 인간 존엄을 위해 싸우는 민중 조직을 만들었다(para. 12). 라틴 아메리카에서는 대도시와 농촌에서 가난한 가톨릭 신자들로 조직된 기초공동체가 그들과 함께 사는 교리교사와 사제에 의해 인도되고 있다. 기초공동체는 가난한 자들의 교회가 된다(para. 14).

오늘날 세계교회 중 일부를 볼 때 복음화의 새 시기가 동트고, 가난한 자들이 복음을 선포하고 있다는 것을 알게 된다. 라틴 아메리카의 기초공동체는 그들의 가난과 억압 속에서도 나눔으로써 정의로운 사회를 이루고 착취를 종식하려는 투쟁을 하는 가난한 자들의 교회이다(para. 17). 다른 더 많은 교회들은 가난한 자들의 상황에 무관심하거나 그들을 가난하게 만드는 세력들과 적극적으로 연합하기도 한다. 자본주의 체제에서 교회는 기존 체제의 일부이거나, 국민과 자연뿐 아니라 자기 나라의 가난한 자들을 착취하는 현 체제의 유지를 돕는다. 예수는 자신의 생애와 사역에서 가난한 자들과 자신을 동일시한 반면에 오늘날 교회는 문 앞에 있는 거지 나사로를 보지 않으려는 사람들로 가득 차 있다(para. 18). 교회가 선포하는 메시지는 말로 전하고 쓰고 가르치는 메시지뿐 아니라 교인들의 삶의 방식, 그들이 행하는 것, 행하지 않는 것도 메시지로 전한다(para. 19). 가난한 자들의 투쟁에 연대하는 교회, 착취와 빈곤화의 권세들에 맞선 투쟁에 동참하는 교회, 교회 내 가난한 자들과 새로운 관계를 형성하는 교회, 하나님 나라를 위해 기도하고 일하는 교회가 되는 것을 권면한다

(para. 20).

(4) 산 안토니오 대회(1989년)[10]

1분과 주제는 '살아 계신 하나님께로 돌아섬'이다. 삼위일체 하나님은 선교하는 하나님이며, 교회 선교의 자원이며, 유지자이다. 교회의 선교는 모든 피조물에 대한 하나님의 돌봄과 모든 사람에 대한 무조건적 사랑, 인간과의 일치와 교제에 대한 관심으로부터 흘러나온다(para. 1). 우리는 인간의 투쟁의 맥락에서 선교를 실천하도록 부름 받았고, 지구가 잘 살아남도록 도전을 받으며, 인간 존엄성을 증진하도록 부름 받았다. 왜냐하면 살아 계신 하나님은 천지의 창조주이시며, 고아와 과부와 나그네의 보호자이시기 때문이다. '물질적 복음'과 '영적 복음'은 예수의 사역에서처럼 하나가 되어야 한다. 세상에서 가난한 자들은 복음을 아직 듣지 못한 자들이다. 가난한 자들에게 복음뿐 아니라 정의를 주지 않은 것은 이중적 불의를 저지른 것이다. 가난한 자들과의 연대 없이는 복음 전도가 없다. 다가오는 하나님의 통치라는 메시지를 가난한 자들과 나누지 않으면 그들과 연대는 없다(para. 5). 회심과 하나님 통치를 섬기도록 하는 부르심은 그 부르심을 실천하는 사람의 회심과 더불어 시작한다. 주의 기도에 나오는 "아버지의 뜻이 이뤄지소서"라는 기도는 회개와 죄 용서의 필요성을 상기하게 한다. 오늘날 갱신된 삶의 양식은 복음을 선포하고 살아가는 가장 참되고 명백한 길이다(para. 6).

현 에큐메니칼 운동은 기독교인의 분열이 스캔들이요, 교회의 증

---

[10] Frederick R. Wilson (ed.), *The San Antonio Report: Your Will be Done; Mission in Christ's Way* (Geneva: WCC Publications, 1990).

거의 장애가 된다는 확신에서 나왔다. 오늘날 교회들 중에는 그리스도인의 일치와 선교적 소명, 에큐메니즘과 복음화 사이에 불가분의 관계가 있다는 인식이 커지고 있다(para. 8). "그리스도의 방식대로 하는 선교"라는 대회 주제는 일치와 선교를 불가분의 관계로 설정한다. 교회는 성령의 능력 안에서 화해의 사역에 대해 공동의 증거를 하도록 부름 받았다(para. 9). 우리의 분열은 가난한 자들과 연대하며 살려는 노력을 약화한다. 비록 우리는 교회의 존재와 활동을, 신앙과 행동을, 신학과 참여를 분리할 수는 있지만, 선교 일치와 정의 옹호는 에큐메니칼 운동의 다른 국면들이 아니다(para. 11). 선교에서의 일치와 관련해 가장 큰 쟁점의 하나는 개종(타교단 기독교인을 우리 교단 기독교인으로 만듦) 문제였다. 복음 전도의 목적은 그리스도의 몸을 세우고, 세상에서 섬기고, 하나님의 영광을 위한 것이어야 한다. 때로 복음 전도는 교단의 확대를 위한 프로그램으로 변한다. 우리는 다른 기독교인들과 좋은 관계를 증진하지 않는 복음 전도는 반드시 의문시해야 한다. 우리의 증거는 참된 증거에 반하는 것으로 전락함으로써 결국 다른 기독교인들의 신앙 체험의 진실성을 부인하게 된다. 선교 사역에서 불건전한 경쟁은 선교의 왜곡된 형태를 만들어내기 때문에 피해야 한다(para. 14).

세속 사회에서의 증거와 관련해 교회는 노동자와 청년과 다른 많은 사람과의 생생한 접촉을 놓쳤다. 이 상황은 너무 절박해서 에큐메니칼 운동의 우선적 주의를 요구한다(para. 15). '세속화'는 한편으로 인간을 옛 세력으로부터 해방하는 복음의 열매이지만, 다른 한편으로는 하나님과의 관계없이 인간이 사는 닫힌 체계다(para. 16). 이런 부정적 측면들(실용주의, 기능주의)을 일부 교회들은 받아들일 뿐 아니라 적극 전파하기도 하여, 삶을 '공적' 영역과 '사적' 영역으로 나눠

종교를 '사적' 영역에 한정된 것으로 본다. 또 개인주의의 발흥은 공동체의 붕괴를 초래했다. 특히 우리가 복음을 증거하면서 영적인 것과 육적인 것, 말과 행동을 구분하는 이분법을 흡수하여 총체적 욕구를 지닌 인간에 대한 성서적 증거를 왜곡한다(para. 19). 세속주의의 긍정적 효과의 하나는 교회로부터 권력을 빼앗아감으로써 세상에서 섬기는 자가 되게 한 것이다(para. 20). 교회는 항상 시대정신에 굴복하려는 유혹과 게토로 물러서려는 유혹에 저항해야 한다. 이렇게 저항하는 길은 소유와 개인주의 대신에 나눔과 연대를 우선시 하는 단순한 삶, 이 세상의 양식에 순응하기를 거부하는 담대함, 신앙과 섬김의 길에서 회복력의 유지 등이다(para. 21).

2) 하나님의 선교

(1) 멕시코 시 대회(1963년)

2분과 보고서의 주제는 '세속 사회에서 사는 사람들에게 기독교인들의 증거'이다. 세속화는 새로운 자유의 가능성을 열었지만 새로운 노예화의 가능성도 열었다. 교회는 이제 세속 사회 안에 사는 평신도에게 가서 합류할 때가 되었다. 우리 주님이 성육신하신 것처럼 주님은 교회로 하여금 세속 사회 안으로 들어갈 것을 요구하신다. 세속화 사회에서 선교를 이해하려면 세속 사회를 알아야 한다. 세속화는 과학과 기술을 통해 인간의 자연에 대한 지배를 증가시켰다. 자연에 대한 인간의 지배를 하나님의 의도라고 이해한다. 그렇지만 많은 그리스도인은 이런 주장에 대해 주저한다. 자연에 대한 인간의 지배에는 애매모호함이 있다. 기독교의 창조론은 하나님을 인간 역사 안에서 이해함을 보여준다. 뒤진 민족과 사람들이 인간의 자연에 대한 지배로 인한 열매를 나눌 것을 요구한다. 인간은 자연의 지배로 인한 열매를 서로 나눔으로써 불평등을 극복할 수 있다. 세속화는 자연의 지배뿐 아니라 사회에 대한 인간의 지배를 포함한다. 세속화 과정은 인종과 계급, 민족과 직업의 역사적 한계를 깨뜨려간다. 세속 사회의 구조는 생산, 교육, 정치적 권력 행사를 위한 새로운 관계를 초래함으로써 사람을 섬기는 하나님이 주신 기능을 행한다. 그렇지만 이런 기능이 사회구조 자체를 섬기거나 인간을 대상이나 기능으로 환원할 때 하나님이 주신 목적을 부정하게 된다. 화해는 인간과 하나님, 인간과 인간 사이에 일어나는 것으로 화해는 인간뿐 아니라 기관과 국가와 국제적 삶을 포함한다. 하나님의 화해 역사에 참여할 인간을 부르기 때문에 그런 화해는 권력구조 안에서, 권력구조를 향해 인간이 증거하는 것이다. 그것은 혁명적 항거를 의미할 수 있다. 우리의 가능성이 무엇이든지 거기에는 항상 십자가가 있을 것이다. 우리의 성공이 무엇이든지 하나님은 인간의 체제를 시험할 것이다. 인간의 실패가 무엇이든지 하나님의 자비와 하나님을 향한 불굴의 희망이 있다.[11]

4분과 보고서는 민족과 교단의 경계를 넘어서는 교회의 증거를 다룬다. 세상 끝까지 그리스도의 증인이 됨은 엄청난 일이고, 또한 매우 긴급한 일이다. 기독교의 증거는 말뿐 아니라 삶으로 증거한다. 이는 민족과 교단의 경계를 넘어감을 요구한다. 오늘날 가장 중요한 경계들은 민족과 인종 사이의 경계, 이데올로기적, 문화적 집단 사이

---

[11] Ronald K. Orchad (ed.), *Witness in Six Continents: Records of the Meeting of the Commission on World Mission and Evangelism of the World Council of Churches held in Mexico City December 8th to 19th, 1963* (New York: Friendship Press, 1964), 150-153.

의 경계들이다. 이런 다양한 집단은 하나님의 피조물의 일부로 환영되어야 하지만 죄 때문에 이들 경계들은 기독교의 증거가 보편적이라면 반드시 넘어야 하는 큰 장애물들이다. 기독교인들이 예수 그리스도를 증거하기 위해서 이러한 장애물들을 넘어설 때 기독교인들의 분열이 또 다른 장애물을 만드는 것을 발견한다. 교단과 교단의 선교기관들은 그들의 분열로 인해 자신의 증거를 모호하게 만든다. 세상이 분열된 교회를 바라보고, 교회의 다양한 주장을 들을 때 세상은 예수 그리스도가 구원자이며 평화의 왕 되심을 믿을 수 없게 된다. 그러므로 교회들은 교단의 경계를 넘어서서 온 세상을 위해 공동의 선교적 과제를 감당해야 한다.[12]

선교에 대한 순종을 완성하고 화해의 복음을 성취하기 위해 기독교인들은 민족과 교단의 경계를 계속 넘어가야 한다. 혁명과 국가건설의 시대에 모든 교회는 하나의 하나님의 선교를 위해, 하나의 새로운 세계를 위해 서로에게 창조적으로 연결되어야 한다. 특정 지역에서 한 민족, 한 인종, 한 교단에 의한 전통적 선교 접근 방식은 시대착오이다. 이제 교회는 선교적 사명을 감당하기 위해 동역자를 만들 수 있어야 한다. 자원이 풍부한 부자 교회들은 다른 교회로부터 영적 도움을 필요로 하는 것은 아닌지 물어야 한다. 청년 기독교인들은 그리스도의 종으로서 세상 어디에서 그리고 어떤 자격으로 하나님께서 그들을 선교사로 원하는지를 스스로에게 물어야 한다. 그런데 교회의 선교적 본질에 대한 인식이 때로는 세계 선교에서 교단의 경계를 강화하는 경향이 있다. 전 세계적인 교단 기구들, 교회들, 선교회들은 일부 지역에서는 유기적 연합을 이루는 데 도움을 주지만, 다른

---

12 *Ibid.*, 161-162.

지역에서는 이러한 영향력이 지역의 연합을 방해한다. 효과적인 교회 지도력은 그 지역의 민족의 손에 있어야 하며, 선교협력을 하는 외국인들은 그 나라 지도자의 권위하에서 사역하는 것을 배워야 한다. 선교를 위한 연합활동은 다음 단계이다. 분열된 교회는 많은 사람을 걸려 넘어지게 하는 스캔들일 뿐 아니라 그들 영혼의 죽음에 책임이 있다.[13]

(2) 방콕대회(1973년)

2분과의 주제는 '구원과 사회정의'로 하나님의 구원행동과 사회정의를 위한 투쟁 사이의 관계를 다룬다. 2분과 보고서는 '오늘의 구원'이라는 전체 주제의 핵심 부분이다. 복음의 사회적, 경제적, 정치적 함의에 주목하는 것은 구원의 개인적 차원과 영원한 차원을 부인하는 것이 아니다. 오히려 구원의 인격적, 사회적, 개인적, 집단적 측면은 서로 밀접하게 연결되어 분리할 수 없다. 이 보고서는 혁명적 변화, 경제적 착취, 국가 계획, 지역의 투쟁 등 네 가지 영역의 사회정의 문제를 다룬다.[14]

이 보고서는 하나님의 선교의 맥락에서 경제정의, 인간 존엄성, 연대와 희망을 제시한다. 그리스도를 통해 인간은 자유롭게 되고, 메시야 사역에 참여하도록 모든 힘과 가능성을 부여받았다. 하나님의 선교로부터 자신을 분리시키는 자는 구원으로부터 자신을 분리시킨다. 구원은 분열된 삶에 포괄적 온전함을 제공한다. 영혼과 육체, 개

---

¹³ *Ibid.*, 163-165.

¹⁴ WCC, *Bangkok Assembly 1973: Minutes ad Report of the Assembly of the Commission on world Mission and Evangelism of the World Council of Churches December 31 1972 and January 9~12, 1973* (Geneva: WCC Publications, 1973), 87-88.

인과 사회, 인간과 피조물이라는 이분법적 사고방식을 극복해야 한다. 하나님의 선교는 경제적 정의, 정치적 자유, 문화적 갱신을 위한 투쟁을 통해 세상의 총체적 해방을 이룬다. 구원과 해방은 먼저 교회와 기독교인에게 적용되어야 한다. 지배계급, 인종, 민족의 이익에 대한 포로에서 교회가 먼저 구원을 받지 못하면 구원하는 교회가 있을 수 없다. 모든 교회와 기독교인은 그들이 그리스도와 그의 구원 사역만 섬기는지 아니면 동시에 비인간적 권력도 섬기는지에 대한 질문에 직면한다. 억압적 폭력에 대항하는 해방을 위해 물리적 폭력을 사용하는 문제에 대해 기독교 전통은 폭력을 합리화하지도 않지만 정치적 권력을 거부하지도 않는 애매한 태도를 취하고 있다. 제도화된 폭력, 구조적 불의와 공인된 부도덕성의 경우 사랑은 저항의 권리와 학정을 진압할 의무를 지닌다.[15]

경제적 착취와 관련한 소분과는 교회와 선교회가 권력의 문제를 무시해왔고, 종종 현상 유지를 받아들이는 죄를 범했다고 직시했다. 선교 확장이 자본주의 체제의 착취적 본질과 밀접한 관련을 갖는다는 주장이 종종 제기되었다. 오늘날까지도 선교와 복음 전도의 노력의 상당 부분이 오직 개인 구원에만 관심을 갖고, 사회 불의의 원인들을 다루지 않으려고 한다. 몸과 정신, 개인과 공동체라는 잘못된 이분법이 선교사의 신학과 방법에 영향을 끼친다. 복음은 억압적 권력에 대항하여 힘없는 자들을 강하게 만들고, 그들을 해방하는 힘이다. 십자가 위에서 그리스도의 무기력함은 죽음과 고통에 대해 해방하는 능력이라는 맥락에서 보아야 한다.[16]

---

15 *Ibid.*, 88-90.
16 *Ibid.*, 93.

국가계획과 관련한 구원을 다룬 소분과는 국가계획, 보건, 교육을 다룬다. 국가계획은 삶의 좀 더 인간적 조건들을 만들어내려는 노력이다. 국가계획 입안자들은 가난한 자들에게 훨씬 더 인간적인 삶과 공동체의 의미를 갖도록 하는 데 우선권을 두어야 한다. 민족 내에서 권력의 변형이 일어나지 않는 한 가난한 자들의 삶의 향상(더 나은 주택, 정의로운 토지 분배, 양질의 교육과 의료)이 이뤄지지 않을 것이다. 국가계획의 근저에는 인권에 대한 연구가 있어야 한다. 일부 해외 자본가들은 개발도상국에 투자하기 전에 이익에 대한 보장을 요구하는데 이 보장은 파업권 같은 노동자의 권리를 억압하고, 이익을 책정할 권한을 제한하지 않는 것을 포함한다. 개발도상국가는 단기적 이익을 얻지만 인간 존엄성이나 자유 등 많은 것을 잃게 되며, 경제 제국주의라는 새로운 구조가 형성된다. 주택 제공에서 문화적·사회적 가치가 파괴되어서는 안 된다. 한 국가에 의한 다른 국가의 노동, 자원, 농업 생산물의 착취는 자국의 자원을 스스로 개발하도록 다른 나라가 돕는 프로그램으로 대체되어야 한다.[17]

(3) 멜버른 대회(1980년)[18]

2분과 주제는 '하나님 나라와 인간의 투쟁'이다. 하나님은 하나님 나라를 이루기 위해 종교적·이데올로기적 수단뿐 아니라 다양한 문화적·역사적 수단을 사용한다. 교회들은 인간의 투쟁 속에서 예언자적 사명을 자각할 필요가 있다. 인간의 투쟁 중 하나님 나라에 부합

---

[17] *Ibid.*, 94-95.

[18] WCC, *Your Kingdom Come: Mission Perspectives, Report on the World Conference on Mission and Evangelism, Melbourne, Australia 12~25 May 1980* (Geneva: WCC CWME, 1980).

하는 것에는 "예"라고 하고, 인간 존엄성과 자유를 왜곡하는 것에 대해서는 "아니오"라고 말해야 한다(para. 2).

기존 교회 지도력은 하나님 나라가 이 세상에 속한 것이 아니라는 것을 근거로 이 세상과의 투쟁에 직면하는 것을 회피하려는 유혹을 받는다. 하나님 나라는 이 세상에 속한 것은 아니지만 예수 그리스도의 삶에서 계시된 것처럼 세상의 정세와 권세와 대결한다(para. 3). 교회는 자신이 세상 정세와 권세에 이데올로기적으로 순응하는지를 성찰해야 한다(para. 4). 교회는 인간 투쟁의 한복판에서 화해의 도구가 되어야 한다. 이것은 투쟁과 갈등 속에서 매우 특별한 입장을 취할 것을 요청한다(para. 5).

다음의 주제는 해방과 자기결정을 추구하는 국가에서 일어나는 민중의 투쟁과 하나님 나라의 관계를 다루는 것이다. 어떤 그리스도인들은 자신의 교회나 회중을 하나님 나라의 징표로 인식할 수 없다고 느낀다. 왜냐하면 교회나 교회 지도력은 자신을 복음화할 의지가 없기 때문이다(para. 8). 변화하는 세계에서 그러한 변화에 반응하지 않는 교회는 예외적인 것이다. 교회는 인간의 투쟁 속에서 복음이 의미하는 것이 무엇인지 그리고 구체적 상황에서 복음의 일꾼으로서 교회의 역할이 함축하는 것을 새롭게 보다 더 심층적으로 발견해야 한다. 기성사회에서 기존 제도의 일부가 된 교회는 예외적인 것이다(para. 10). 많은 교회가 아직까지도 다른 나라들에 의해 전해진 형태와 구조에 의해 속박되어 있다. 교회는 복음과 지역문화 사이의 긴장 속에서 살아야 한다. 모든 교회는 자신의 상황과 관련하여 혼합주의의 위험에 직면해 있다. 그러한 위험 때문에 교회가 지역문화를 하나님 나라로 연결하려고 씨름하는 것을 회피해서는 안 된다(para. 11).

우리 사회의 구조는 여성과 남성이 발전하여 생명의 풍성함에 이

르는 일을 방해하거나 억압하거나 심지어는 금지함으로써 하나님이
주신 여성의 존엄성과 성장의 권리를 부인한다(para. 13). 인권이 침
해되는 영역으로는 불의한 경제구조, 목소리를 내지 못하는 민중, 군
사주의와 국가안보 정책의 강화, 다른 국가의 주권에 대한 심대한 침
해, 비상사태 선언처럼 인권을 보호한다는 거짓 명목하에서 인권을
침해하는 상황 등이다(paras. 14~18). 교회와 교인이 인권을 위한 투
쟁에 참여하는 이유는 하나님 나라의 주되신 예수 그리스도께서 인
권을 박탈하는 모든 시도에 대해 급진적으로 도전하는 분으로 이해
되기 때문이다. 인권을 위한 투쟁의 목표는 복음이 요구하는 적을 향
한 사랑과 용서와 화해이다(para. 19).

계획경제국가에서 교회의 불일치, 교회의 삶에서의 모순, 아주 오
래전부터 시작된 가난한 자들로부터의 이탈, 권력과의 협상 등은 기
독교 신앙의 신뢰성을 손상시킨다(para. 24). 참된 기독교적 삶의 방
식은 도덕적 기준을 추구하는 어떤 이데올로기를 신앙과 동일시하
는 것을 넘어서서 재정의되어야 한다. 좀 더 나은 사회를 만드는 데
적극적으로 참여하기 위한 기독교 신앙의 측면들은 공감, 화해, 원수
사랑, 용서, 역사에 대한 종말론적 비전 등의 우선성이다(para. 26).
새로운 사회를 세우기 위한 투쟁 속에서 하나님 나라를 증거하는 것
은 투쟁 안에서 투쟁하는 것에 참여하는 것이다. 왜냐하면 우리의 씨
름의 대상은 혈과 육이 아니기 때문이다(para. 27).

자본주의 사회는 인생의 잘못된 목적들을 설정하게 하고, 사람들
의 탐심을 이용해 착취한다. 이 사회에 사는 그리스도인들은 더 많은
부를 쌓고 과소비하도록 유혹을 받는다. 물질적 필요에서 해방된 사
람들은 새로운 형태의 노예가 된 자신을 발견한다. 물건의 양이 인생
의 질보다 더 중요시되고, 개인적 만족이 타자에 대한 관심을 대체한

다. 대도시의 발달로 빈부격차가 심화된다(para. 29). 제도로서의 교회는 자신이 속한 소비사회의 가치를 반영한다. 이런 상황에서 하나님 나라는 교회의 신뢰성에 도전이 된다. 십자가에 달리셨다 부활하신 그리스도는 천박한 삶의 방식을 심판하고, 교회로 하여금 회개케 하고 새로운 삶으로 초대한다. 교회의 갱신된 삶의 방식은 복음을 가장 참되게 선포하고 사는 방법이다. 하나님 나라를 기다리는 사람들에게 떡 덩어리의 누룩, 세상의 소금, 다가오는 하나님 나라의 징표가 될 것이 요청된다(para. 30). 교회는 이익을 위한 탐욕과 소비 등에서 기인하는 불의와 착취, 비인간화에 대해 교인들을 의식화하도록 요청받는다. 행동 속에서의 증거는 인종적·종교적 소수자, 여성, 장애인, 난민 신청자들의 투쟁에 참여하는 것을 의미한다(para. 31).

(4) 산 안토니오 대회(1989년)[19]

2분과 주제는 '고난과 투쟁에 참여'이다. 고난과 투쟁에 참여함은 하나님의 선교의 핵심이고, 세상을 향한 하나님의 뜻이다. 이러한 참여는 성육신에 대한 우리의 이해에서 중심적이다. 교회는 성령의 능력 안에서 십자가의 표징을 지닌 그리스도의 방식대로 세상에 보내진다. 모든 것이 풍성한 생명을 누리도록 하기 위해서 고난과 투쟁에 참여함은 '하나님의 뜻이 이루어지이다. 그리스도의 방식대로의 선교'라는 주제에 대한 논의의 핵심 부분이다(para. 1). 에큐메니칼 운동에서 권력을 다루는 견해는 두 가지다. 첫 번째 주장은 권력을 부정적으로, 냉소적으로 다룬다. 두 번째 주장은 부정적으로 다루며 주

---

19 Frederick R. Wilson (ed.), *The San Antonio Report: Your Will be Done; Mission in Christ's Way* (Geneva: WCC Publications, 1990).

로 권력 남용을 지적함으로써 권력을 거부하는 입장(1980년 멜버른 대회)이다. 우리 논의의 출발점은 가난한 자들에게 도움이 되고 그들을 억압에서 해방하는 데 작용하는 권력의 창조적 능력을 이해하려는 열린 마음이다(para. 2). 이러한 창조적 권력은 성육신 이해에 중심적이지만 때로 힘없는 자들의 권력으로 오해되기도 했다. 교회는 십자가의 창조적 권력을 통해 세워졌지만 신앙공동체를 세우는 데 필요한 창조적 권력을 제공한 것은 오순절 성령 강림이었다. 성령은 사회에서 불의를 타파하고 모든 인간의 해방을 이루도록 사람을 인도하는 창조적 권력을 행하는 분이다. 이 창조적 권력은 생명을 방해하는 모든 구조를 타파하는 권력이다. 창조적 권력은 항상 정의의 맥락에서 존재한다(para. 3).

종종 에큐메니칼 논의에서 '정의'라는 용어가 분배적 정의와 인과응보적 정의를 의미하는 것으로만 제한적으로 이해되기도 했다. 우리는 사람들과 교제하는 공동체, 하나님과 교제하는 공동체, 자연과 교제하는 공동체를 기초하고 세우고 조직하는 것으로서의 정의의 근원적 역할을 망각하는 경향이 있다. 민중이 자기 안에 있는 하나님의 형상을 더럽히는 정세들과 권세들과 투쟁할 때 그런 공동체는 창조적 권력을 표현하는 것이 가능하다. 사람들이 갇혀 있던 무덤을 깨뜨리고 나올 때 이 창조적 권력을 이해할 수 있다. 이는 사람을 죽이고 포로로 잡아 가두는 모든 사물의 질서에 맞선 부활이요, 새로운 부활이다(para. 4). 창조적 권력은 십자가에 달려 깨어짐, 죽음을 풍성한 생명으로 변화시키는 데 근거한다. 성만찬은 교회를 위해 창조적 권력의 갱신을 제공한다. 성만찬은 엄청난 불의의 세력에 맞서 저항하고 투쟁하도록 사람들을 지탱해준다. 창조적 권력은 정의를 위해 공동체를 세우는 것을 지지하고 지탱한다(para. 5). 교회는 민중

조직의 고난과 투쟁에 역사하는 하나님의 창조적 권력을 인식하도록 초대받았다(para. 7).

예수는 악한 권력에 저항했기 때문에 몸에 상처를 입었다. 그러므로 그를 따르는 자들도 악한 권력에 저항하도록 초대를 받는다(para. 8). 공동체가 악한 권세에 맞서 투쟁하는 데 적극 참여할 때 저항은 창조적 권력이 된다. 저항은 억압자가 부과한 사회의 비전을 받아들이기를 거부하고, 평등과 정의와 사랑 등을 지닌 대안사회를 계획한다(para. 10). 저항하고 불의한 상황에서 변화의 효과를 초래하기 위한 선택은 고난을 포함한다. 그리스도의 방식은 우리의 희생을 요구한다. 왜냐하면 그리스도의 방식으로 억압에 대항하고 사회적·경제적·정치적 정의를 위한 투쟁에서 대립과 고난은 불가피하다. 그리스도의 방식은 큰 용기, 하나님에 대한 영원한 신앙, 이러한 고난을 무릅쓰는 하나님의 백성을 요구한다. 적극적인 저항은 사람들로 하여금 자신의 위엄을 알게 하고, 공동체를 강화한다. 교회는 불의한 구조를 합리화하는 것을 멈춰야 하고, 그 태도와 구조를 변화시켜 가난한 자들의 편에 서야 하며, 불의한 권력에 저항하면서 가난한 자들에 합류하며, 이 세계의 변화를 향하여 지역적인, 전 지구적인 행동에서 비롯된 영성을 발전시키는 것을 도와야 한다(para. 11). 다양한 형태의 억압, 군사주의, 경제 불의, 인종차별 등에 대해 투쟁하며 고난을 받는 국가의 민중은 억압 세력에 저항함으로써 생명을 긍정하는 하나님의 선교를 증거한다(para. 12).

문화와 공동체는 고난을 투쟁으로 변화시키는 힘을 갖고 있다. 성령은 죄와 심판을 깨닫게 하여 공동체를 갱신하도록 보냄을 받는다. 그래서 우리 문화는 변화될 수 있으며, 사람들은 정의롭고 돌보는 공동체를 건설할 힘을 얻게 된다. 사람들이 정의와 자유, 평화를 얻도록 힘 주는 분은 성령이다(para. 14). 사람들이 자기 정체성을 정의하는 것은 공동체와의 관련 속에서이다. 공동체와 문화는 몸과 영혼처럼 서로 연결되어 있다. 문화와 공동체가 사람들을 연합하는 데 반해 문화와 공동체는 절대화될 수 있으며, 그들의 힘은 다른 사람들을 배제하고 억압하는 데 악용될 수도 있다(para. 15). 타문화권 복음화는 구원의 복음을 가져오는 것 이외에 종종 복음을 받는 사람들에게 문화적 규범을 강요한다. 어떤 경우에 그들에게 부과된 것은 이데올로기적으로 왜곡된 복음이다. 다른 지역에서는 복음화가 문화파괴의 수단이 되기도 했다. 복음은 문화의 억압적 측면이 지닌 힘을 깨뜨리는 해방하는 힘으로 체험되기도 했다. 문화 자체는 절대적 가치를 갖고 있지 않다(para. 16). 문화가 긍정적 측면과 부정적 측면을 갖지만 공동체는 생명의 풍성함을 위해서 핵심적이다. 삼위일체 하나님은 신적 공동체이다. 인간은 하나님의 형상을 따라 완전한 사랑 안에서 서로에게 묶여 생명을 구성하도록 부름을 받았다. 한 분 하나님/공동체 하나님은 사랑으로 수립되고 유지되며, 인간을 위한 계획을 세운다. 어떤 개인도 하나님의 형상을 홀로 이룰 수 없다. 정의롭고 사랑하는 인간 사이의 관계가 근원적이다. 인간의 삶은 오직 공동체 안에서만 삼위일체 하나님의 삶을 반영할 수 있고, 하나님의 뜻에 순종하게 된다(para. 18). 토착부족민에게 그들이 태어나고 조상과 역사와 유산에 속한 땅은 그들의 개인적·공동체적 정체성이고, 그들 자신의 일부이다. 그들은 땅을 소유하지도 땅 위에 살지도 않는다. 그들은 자신을 땅과 분리될 수 없는 부분으로 여긴다. 이런 사람들에게서 조상의 땅을 폭력이나 억압으로 빼앗는 것은 그들의 정체성, 자유, 자기결정권, 삶의 풍성함을 빼앗는 것이다(para. 19).

3) 다종교 상황에서 선교

(1) 멕시코 시 대회(1963년)

1분과 보고서는 타종교인들을 대하는 태도가 모든 사람에 대한 사랑, 성실함에 대한 존중, 효과적 증거가 되는 방법을 찾기 위한 인내의 태도여야 한다고 제안한다. 타종교인이 신을 추구하는 성실함이 하나님의 섭리 속에서 기독교 증거를 위한 기회가 될 수도 있다. 타종교인에게 기독교를 증거하는 자에게는 말과 행동으로 더욱더 겸손하고 설득력 있는 증언이 요구된다. 이때 기독교인들은 이미 하나님께서 성령을 통해 그 사람 마음속에서 역사하시며, 그를 결단으로 이끄심을 알아야 한다. 타종교인들 중에는 교회에 출석하지 않는 감춰진 교인들과 믿음에는 이르지 못했지만 기독교 진리에 영향을 받는 사람들이 있다. 이런 사람들에 대해 기독교인들은 지속적인 책임이 있다. 하나님의 섭리 가운데 주님은 그들을 자신의 신앙공동체에서 사역하도록 하실 수 있다. 그렇지만 기독교인이 됨은 신앙공동체에 참여함을 뜻한다. 타종교인들에 대한 선교는 개인만 상대하지 않고, 언론매체나 기독교 문서나 타종교에 대한 학술연구 등을 사용한다. 유대인들에 대해서는 예수 그리스도가 길과 진리와 생명이 되심을 증거해야 하지만 동시에 반유대주의에 대해서는 싸워야 할 의무가 있다. 타종교인에 대한 기독교 증거는 종교다원주의와 종교혼합주의에 맞설 용기를 요청한다.[20]

---

[20] Ronald K. Orchad (ed.), *Witness in Six Continents: Records of the Meeting of the Commission on World Mission and Evangelism of the World Council of Churches held in Mexico City December 8th to 19th, 1963* (New York: Friendship Press, 1964), 144-146.

다음으로 1분과 보고서는 대화의 본질을 다룬다. 타종교인과의
참된 대화는 복음과 타종교인에 대한 관심을 요구한다. 전자가 없으
면 대화는 즐거운 대담이 되고, 후자가 없으면 대화는 선교와 무관하
거나 오만한 대담이 된다. 대화는 상대방이 말하는 것에 귀를 기울이
고, 그 안에 어떤 진리가 있는지를 인식하려는 투명한 의지를 요구한
다. 타종교인과 대화할 때 기독교인은 타종교인이 그들의 모든 생각
과 행동을 지배하는 그들의 종교와 공동체에서 분리될 수 없음을 깨
닫고, 그의 종교적 체계와 대면해야 한다. 대화의 기초는 성실함이다.
성실함은 대화에 참여하는 자신의 잘못을 겸손하게 받아들이고, 복
음이 자신의 삶에 도전함을 받아들이는 것이다. 종교의 다양성을 고
려할 때 타종교인과의 대화에서 다양한 종교를 비기독교라는 하나
의 범주로 취급하고, 그 모든 종교에 대해 하나의 접근방식을 취하는
것은 비효과적인 출발이다.[21]

1분과 보고서는 증거에로의 부르심으로 마친다. 현대사회에는 교
통과 커뮤니케이션의 발달로 타종교인과의 만남이 급증하고 있다.
교회는 교인들로 하여금 타종교인들을 두려워하거나 회피하는 대신
에 타종교인과의 만남을 환영하도록 도와야 한다. 일반 기독교인의
가장 중요한 증거는 사람들에 대한 사랑의 섬김과 돌봄에 의해 이뤄
진다. 기독교인의 삶은 복음에 일치해야 한다. 행동은 증거의 핵심적
부분이다. 그렇지만 증거는 행동과 동일하게 입으로 전하는 말씀을
요청한다. 타종교인에 대한 기독교인의 근본적 접근은 그들을 위해
서 그리스도께서 이미 모든 장벽을 무너뜨리셨다는 인식이다. 타종
교인에게 증거할 때 목표는 그리스도를 증거하고, 그리스도께서 주

---

[21] *Ibid.*, 146-147.

신 경험을 나누며, 그를 제자로 초대하는 것이다. 그렇지만 기독교인은 회심이 성령의 활동임을 깨달아야 한다.[22]

(2) 방콕 대회(1973년)

1분과는 타종교와의 대화를 다룬다. 태국의 불교 승려와 대화모임에 참석했던 참여자들은 상대방을 이해하고 소통하기 위해서는 상대방에게 귀를 기울여야 할 필요성을 느꼈다. 그들은 대화 상대방의 질문과 탐구로 인해 자신의 기독교 신앙이 훨씬 뚜렷해지고, 신앙에 대한 표현이 더욱 구체화되는 체험을 했다. 대화의 요청은 신앙에서 비롯한다. 대화의 출발점은 예수 그리스도 안에 있는 구원에 대한 확신과 불의와 억압으로부터의 해방, 개인의 삶과 공동체의 삶의 완성, 내적 영성생활의 발전이다. 대화의 핵심은 그리스도의 십자가와 부활 속에서 십자가의 옹호이다. 대화 참여자들은 모든 사람이 구원을 받고 진리를 알게 되기를 희망한다. 대화 속에서 양자 사이의 공통점을 발견하여 기뻐하고, 차이점을 발견하기를 갈망한다. 화해할 수 없는 명백한 차이에 대해서는 성령께서 진리 가운데로 인도하시리라는 주님의 약속을 기억해야 한다(요 16:13). 대화와 복음 전도의 관계는 회피할 수 없는 긴장관계는 아니다. 점차 선교는 복음 전도의 긴급성을 감소하지 않고 대화의 정신으로 수행된다. 다원주의적 사회에서 각 종교들은 선교적 활동을 하고 있다. 상호 선교의 결과에서 나오는 대립과 대화는 상대방에 대해 더 깊이 이해하게 되고, 서로에 대한 무지를 제거하고, 선교 헌신의 명령을 예리하게 한다.[23]

---

[22] *Ibid.*, 147-148.

[23] WCC, *Bangkok Assembly 1973: Minutes ad Report of the Assembly of the Commission on world Mission and Evangelism of the World Council of Churches December 31*

(3) 멜버른 대회(1980년)[24]

다양한 종교들과 종교들의 부흥에는 긍정적 측면과 부정적 측면이 있다. 어떤 종교나 그 종교의 부흥이 인간 존엄성, 인권, 사회정의를 증진하고, 모든 사람에게 해방과 평화를 가져올 때 하나님께서 거기에서도 활동하실 수 있다(Sec. II, para. 21). 종교의 부흥이 시민의 자유를 부식시키고, 종교의 자유를 억압하는 일부 국가의 경우 그리스도인들이 성령 안에서 강해져서 겸손과 인내로 하나님 나라를 증거하고, 억압에 대해 사랑으로 응대함으로써 하나님께서 그들의 고난을 통해 그들의 신앙을 갱신하도록 세계교회는 기도한다. 종교 간 갈등의 상황에서 교회는 교인들로 하여금 그들의 기본적 충성을 재확인하고, 이웃종교를 믿는 이웃에 대해 더 잘 이해하도록 돕는 것을 요청받는다. 교회는 자신의 상황에서 이웃종교인들과 대화와 협력을 위한 만남의 장소를 만들어야 한다. 대화와 협력의 전제는 이웃종교인들에 대해 교회와 교인들이 열린 마음, 존경, 진실함뿐 아니라 예수 그리스도 안에 있는 희망의 이유에 대해 설명할 용기를 갖는 것이다(para. 22). 1979년 WCC 중앙위원회가 승인한 '종교 간 대화지침'에서 밝힌 것처럼 이웃종교인에 대한 대화적 접근법은 선교와 모순되지 않는다. 예수 그리스도에 대해 증거하는 우리의 선교는 결코 포기될 수 없다. 온 세계를 향한 복음의 선포는 모든 그리스도인에게 긴급한 의무로 남아 있으며, 십자군이나 공격적 정신이 아니라 우리 주님의 정신으로 실천되어야 한다(para. 23).

1972 and January 9~12, 1973 (Geneva: WCC Publications, 1973), 78-79.

[24] WCC, *Your Kingdom Come: Mission Perspectives, Report on the World Conference on Mission and Evangelism, Melbourne, Australia 12~25 May 1980* (Geneva: WCC CWME, 1980).

(4) 산 안토니오 대회(1989년)[25]

1분과의 주제는 '타종교인에게 증거하기'이다. 에큐메니칼 운동이 복음 전도의 명령을 재확인하면서 우리는 하나님의 진리에 대한 완전한 이해를 갖고 있다고 결코 주장할 수 없다. 우리는 다만 하나님의 은혜를 받아들이는 자들일 뿐이다. 이웃종교인들에게 증거하는 사명은 우리가 그들과 함께 현존하고, 그들의 깊은 신앙적 헌신과 경험에 대한 민감성을 갖고, 그리스도를 위하여 그들의 종이 되려는 의도를 품고, 하나님이 그들 가운데 이미 역사하심에 대해 확언하는 것 등을 전제한다. 그리스도 안에 있는 하나님의 신비가 인간의 이해 능력을 넘어서고, 하나님의 구원 능력에 대한 우리의 지식이 불완전하기 때문에 그리스도인들은 다른 사람들에게 그리스도의 증인으로 부름 받았지, 그들의 심판자로 부름 받지 않았다. 우리는 비공격적이며 동시에 선교적일 수 있음을 확언한다. 사실 이런 태도야말로 참된 선교사가 되는 유일한 길이다(para. 25). 우리는 예수 그리스도 이외에 구원받는 다른 길을 제시할 수 없다. 동시에 우리는 하나님의 구원하시는 능력에 제한을 둘 수 없다. 때로 구원에 대한 토론이 다가올 개인 영혼의 운명에 대해서만 초점을 둔다. 반면에 하나님의 뜻은 지금, 여기에서 충만한 생명이다(para. 26).

증거와 대화는 양방향 관계를 전제한다. 증거가 대화를 방해하는 것이 아니라 초대하고, 대화가 증거를 방해하지 않고 증거를 확장하고 심화한다(para. 27). 대화는 그 자신의 위치와 온전함을 지니며, 증거나 선포에 반대되거나 양립할 수 없는 것이 아니다. 이웃종교인

---

[25] Frederick R. Wilson (ed.), *The San Antonio Report: Your Will be Done; Mission in Christ's Way* (Geneva: WCC Publications, 1990).

과의 대화가 신앙이 요구하는 책임을 수용하고 표현하는 데서 나오는 것이 아니라면 그런 대화는 겉치레에 불과하다. 대화에서 우리는 하나님께서 이웃종교인의 삶 속에서 우리를 만나실지도 모른다는 가능성에 주목하도록 초대받는다. 반면에 우리가 이웃종교인과 정의와 평화, 환경을 돌보는 노력을 서로 나눔은 우리로 하여금 삶의 대화에 참여하게 한다(para. 28). "예수 그리스도에 대해 증거하는 우리의 선교는 결코 포기될 수 없다"(멜버른 대회). 이러한 확신과 증거의 사역은 하나님께서 이웃 신앙인들 속에 현존하시고 역사하신다는 우리의 확신과 긴장관계에 있음을 잘 알고 있다. 우리는 이러한 긴장을 인식하지만 그 긴장을 해소하려고 시도하지 않는다(para. 29). 우리는 종교가 다르다고 차별하거나 괴롭히거나 핍박하는 것과 종교적, 이데올로기적 광신주의를 개탄한다. 우리는 자신의 신앙 때문에 고난당하는 모든 기독교공동체에게 그들의 종교적 신조가 무엇이든지간에 그 신조를 지킬 것을 권한다(para. 30).

4) 생명선교: 산 안토니오 대회(1989년)[26]

3분과의 주제는 '지구는 하나님의 것'이다. 온 피조물은 삼위일체 하나님께 속한다(para. 1). 하나님은 우리에게 정의로써 청지기직을 수행하고, 창조 보전과 지구의 제한된 자원 나눔, 모든 생명의 유지를 요구하신다. 하나님이 지구를 소유한다는 확언은 자연을 착취하고, 땅을 상품으로 보며, 지구의 각 부분을 배타적으로 특정국가가

---

[26] Frederick R. Wilson (ed.), *The San Antonio Report: Your Will be Done; Mission in Christ's Way* (Geneva: WCC Publications, 1990).

소유하고, 특권을 보호하기 위해 문화적 요소를 고안하고 유지한다는 주장에 도전한다(para. 2). 하나님이 지구의 소유권을 가졌다는 확언은 사적 소유에 대한 포로로부터 해방되어 나눔의 자유로 이끌 수 있고, 인류가 진보나 국가안보의 이름으로 지구를 파괴할 권리를 가졌다는 가정에 도전하게 한다. 우리는 때가 찰 때 하나님의 화해의 사역에 참여하도록, 모든 것을 하나님 안에서 연합하도록 부름을 받았다(para. 4). 출애굽으로부터 알려진 것처럼 창조의 기초는 정의에 의해 수립되고 뿌리를 내린다. 시편은 창조와 계약 사이에 밀접한 관련이 있음을 보여주고, 정의와 창조 보전 사이에 깨뜨릴 수 없는 연결이 있음을 강조한다(para. 6). 현대 농업과 기술은 양가적이다. 한 편으로는 지구의 자원을 적절하게 사용하지만, 다른 한편으로는 하나님의 피조물을 파괴적으로 남용한다. 이러한 남용의 이유는 살아 계신 하나님으로부터 돌아서서 인간 탐욕의 지배, 권력 남용, 피조물의 고난의 사실을 감추는 기만 등이다(para. 10).

이번 대회의 주제인 "당신의 뜻이 이루어지소서"라는 주의 기도에 대해 성찰하면 회심이 요구되는 것을 알 수 있다(para. 11). 그리스도의 방식대로의 선교는 하나님의 피조물에게로 확대되어야 한다. 지구가 하나님께 속한다면 지구를 향한 교회의 책임은 교회 선교의 중요한 부분이다. 성만찬은 모든 피조물을 위한 하나님의 구원의 사랑을 확언한다. 함께 모여 떡을 뗴는 것은 지구의 선물을 우리가 서로 나누는 능력을 강화해준다. 이는 그리스도 방식으로의 선교의 일부로서 삶의 방식의 변화를 요구한다(para. 12). 우리는 교회로 하여금 창조보전의 도전을 그리스도 방식대로의 선교의 핵심적 차원으로 감당하게 하려 한다(para. 16). 우리는 피조물을 남용함으로써 어린 이들이 정신적, 물질적으로 어떻게 영향을 받고 파괴되는가를 본다

(para. 17).

점증하는 원주민, 가난한 농민, 농장 노동자, 노숙인 등이 땅에 대한 접근권이 부인되는 반면에 땅에 대한 통제가 점점 더 소수의 부자와 권력자 손에 들어간다. 토지에 대한 권리와 토지에 접근할 권리에 대한 부정은 원주민과 문화의 파괴에 직접적으로 책임이 있다(para. 20). 토지와 관련된 불의는 토지소유권이 소수의 손에 있고, 대부분의 사람은 토지소유권을 박탈당했다는 사실에 기인한다. 토지는 이렇게 소수의 손에 포로 됨으로부터 해방되어야 하며, 토지는 사람들에게 정의롭게 분배되어야 한다(para. 21). 토지는 정기적으로 쉬게 해야 하며, 이전에 관리하던 사람에게로 되돌려져야 한다. 그러므로 토지는 상품이 될 수 없다(레 25:23, para. 22). 이런 상황에서 선교는 토지의 정의로운 분배를 위한 투쟁을 지지하는 것이다(para. 33). 대회는 WCC와 회원교회에게 토지소유권과 토지분배에 대해 권면한다(para. 35).

하나님께서 지구를 인간에게 맡기시고 그 자원을 나누며 모든 생명을 유지하라는 위임에 대한 반응으로 지구에 대한 청지기직은 인류의 일치와 하나의 포괄적 공동체로서의 갱신된 인류 가족이라는 목표를 함축한다. 사도 바울은 갈라디아 3장 28절에서 그리스도 안에서 모든 장벽이 무너졌다고 말했다. 이는 인종적, 종교적, 사회적, 성적 차이는 더 이상 차별과 분리의 핑계가 될 수 없다는 뜻이다. 교회는 하나님의 선교에 참여하면서 이를 선포할 뿐 아니라 그것을 실천하며 살아야 한다. 인간 가족 안에서 차이가 분열의 효과를 내는 것은 우리의 문화와 관련이 있다. 인간이 만들어낸 문화는 하나님의 뜻에 대한 신실한 대응과 인간의 죄를 반영한다. 문화는 관습과 언어, 가치 등을 보존하고 다음 세대에 전해주는 집단기억을 표상한다.

문화의 이런 요소들이 소속감의 기초를 제공하지만 종종 이 요소들은 타자를 배제하기도 한다. 그래서 하나의 포괄적 인간 가족이라는 하나님의 뜻을 위반한다. 우리의 문화 안에는 사회적 위계질서와 차별을 합리화하거나 억압을 강화해주는 요소들과 요인들이 있다. 그것들을 식별해야 하고, 비판해야 한다(para. 48).

2. WCC 선교 이해의 특징과 과제

1) WCC 선교 이해의 특징

WCC 선교 이해의 특징은 다음과 같다. 첫째, WCC는 선교를 상황과 연결지어 부단히 재정의한다. 멕시코 시 대회에서 선교를 6대륙에서 행해지는 것으로 이해가 변한 것은 제2차 세계대전 이후 식민지 국가들이 독립하면서 식민지에 기대어 선교하던 19세기 선교 방식이 더 이상 유효하지 않게 되었기 때문이다. 그리고 이웃에 대한 이해가 변했기 때문에 선교 개념에 대한 이해가 변해야 한다. 상황 변화에 따른 선교 개념의 변화는 불확실성을 제거할 수 없기 때문에 '책임지는 위험'이라는 말을 사용했다. 방콕대회가 선교를 구원과 연결지은 것은 1960년대 말 전 세계적인 변혁이라는 시대상황과 밀접한 관계가 있다. 인종적 정체성과 문화적 정체성과 관련해서 기독교인이 억압자의 편에 설 때 복음 메시지가 왜곡되고 선교가 위험에 빠진다. 따라서 선교에 참여하는 자는 먼저 회심하고 그 결과로 사회행동에 참여해야 한다.

멜버른 대회는 가난한 자들에게 복음을 전하는 것을 선교로 이해했다. 남미의 기초공동체와 아프리카독립교회 등 가난한 자들의 교회로부터 영향을 받은 선교 이해였다. 산 안토니오 대회는 교회 일치와 선교 사이에 밀접한 관련이 있다는 것에 주목했다. 동방정교회 지역에서 복음주의 출신 선교사/선교 단체의 공격적 선교에 대한 정교회의 문제제기라는 맥락에서 다른 교단 기독교인을 자기 교단 교인으로 만드는 개종 강요는 선교를 왜곡하는 것이다. 아울러 교회와 생생한 관계를 유지하지 못하는 노동자와 청년 등에 대해 에큐메니칼 운동의 우선적 관심을 촉구했다. 그렇지만 WCC의 선교 이해가 상황에 매몰된 것은 결코 아니다. 멜버른 대회의 2분과 보고서는 교회가 (불변하는) 복음과 자신의 지역문화 사이의 긴장 속에서 살아야 한다면서 모든 교회는 자신의 상황과 관련하여 혼합주의의 위험이 있다는 것을 지적했다. 그러면서도 그런 위험 때문에 지역문화를 하나님 나라로 연결하려는 씨름을 회피해서는 안 된다고 했다(para. 11).

둘째, WCC 선교 이해는 복음 전도를 포기한 적이 결코 없었고, 오히려 복음 전도를 지속적으로 강조해왔다. 멕시코 시 대회의 4분과 보고서는 세상 끝까지 그리스도의 증인이 됨은 엄청난 일이고, 또한 매우 긴급한 일이라고 했다. 방콕 대회의 1분과 보고서는 선교가 복음 전도의 긴급성을 감소하지 않고, 대화의 정신으로 수행되고 있다고 했다. 멜버른 대회의 2분과 보고서는 예수 그리스도에 대해 증거하는 우리의 선교는 결코 포기될 수 없다고 했다. 온 세계를 향한 복음의 선포는 모든 그리스도인에게 긴급한 의무로 남아 있다고 했다(para. 23). 산 안토니오 대회의 4분과 보고서는 선교를 경계선을 넘어간다고 할 때 먼저 우리 문턱을 넘어서서 이웃과 친구들에게 선교하지만 또한 그리스도의 명령을 따라 땅 끝까지 이르러 증인이 되기 위해 밖으로 나아가도록 부름을 받았다고 했다(para. 13). 이처럼

WCC 선교 이해에는 이웃에 대한 선교와 땅 끝까지 예수 그리스도의 증인 되는 일을 모두 포함하고 있으며, 복음 전도의 긴급성을 결코 간과하고 있지 않다.

셋째, 다종교 상황 선교에서 이미 본 것처럼 WCC의 선교 이해는 결코 종교다원주의가 아니다. 멕시코 시 대회 1분과 보고서는 타종교인이 신을 추구하는 성실함이 하나님의 섭리 속에서 기독교 증거를 위한 기회가 될 수 있다고 하면서 타종교인에 대한 기독교 증거는 종교다원주의와 종교혼합주의에 맞설 용기를 요청한다고 했다. 방콕 대회의 1분과 보고서는 태국 승려들과 대화를 경험했던 참석자들의 증언처럼 대화를 통해 기독교 신앙이 더 뚜렷해지고 신앙 표현이 구체화되었다고 했다. 대화의 핵심이 그리스도의 십자가와 부활 속에서 십자가의 옹호라고 했다. 멜버른 대회의 2분과 보고서는 종교 간 갈등의 상황에서 이웃종교인들과 대화와 협력의 장소를 만들되 우리의 주 되신 예수 그리스도 안에 있는 희망의 이유에 대해 설명할 용기를 갖는 것이 대화의 전제임을 명확히 했다(para. 22). 그리고 앞에서 언급한 것처럼 예수 그리스도를 증거하는 것은 결코 포기될 수 없는 선교적 과제이며 모든 그리스도인의 긴급한 의무라 했다(para. 23).

1979년 WCC 중앙위원회가 승인한 '종교 간 대화지침'은 이웃종교인에 대한 대화 접근법이 선교와 모순되지 않는다고 했다. 산 안토니오 대회의 1분과 보고서에 따르면 우리는 예수 그리스도 이외에 구원받는 다른 길을 제시할 수 없다. 동시에 우리는 하나님의 구원하시는 능력에 제한을 둘 수 없다(para. 26). 우리의 구원 확신과 하나님께서 이웃종교인들 속에 현존하시고 역사하신다는 확신 사이에 긴장관계가 있음을 알고 있지만 그 긴장을 해소하려 하지 않는다(para.

29). 후자의 입장은 종교다원주의가 아니라 구원이 인간의 판단 능력을 넘어선 하나님의 주권에 속한 것임을 말하고 있다.

넷째, WCC의 선교 이해의 핵심은 하나님의 선교이다. 멕시코 시 대회의 2분과 보고서는 당시 세속화 논의에 크게 영향을 받았다. 그렇지만 세속화가 자유의 가능성뿐 아니라 새로운 노예화의 가능성도 열었다고 비판적으로 봤다. 하나님의 선교의 중요한 동역자가 평신도임을 밝혔고, 민족과 교단의 경계를 넘어가야 함을 강조했다. 방콕 대회의 2분과 보고서는 하나님의 구원행동과 사회정의를 위한 투쟁 사이의 관계를 다뤘다. 구원의 개인적 측면과 집단적 측면은 서로 밀접하게 연결된다. 구원은 분열된 삶에 포괄적 온전함을 제공하기 때문에 영혼과 육체, 개인과 사회, 인간과 피조물이라는 이분법적 사고방식은 극복되어야 한다. 잘못된 이분법이 선교 신학과 선교 방법에 영향을 준다. 교회와 그리스도인은 그리스도와 그의 구원 사역만 섬기는지 아니면 비인간적 권력도 섬기는지에 대해 답변해야 한다. 경제적 착취와 관련해 교회와 선교회는 권력의 문제를 무시했고, 현상 유지를 받아들이는 죄를 범했다. 해외 자본이 개발도상국에 투자할 때 이익 보장을 요구하는 것은 파업과 같은 노동자의 권리를 억압하는 것을 뜻한다.

멜버른 대회의 2분과 보고서는 하나님 나라와 인간의 투쟁을 다뤘다. 인간의 투쟁 중 그리스도인이 참여할 기준을 하나님 나라로 제시했다(para. 2). 문제는 기성사회에서 기존 제도의 일부가 된 교회는 본래적인 교회가 아니라 변칙이라는 점이다(para. 10). 행동 속에서의 증거는 인종적·종교적 소수자, 여성, 장애인, 난민 신청자들의 투쟁에 참여하는 것을 의미한다(para. 31). 교회는 인간 투쟁의 한복판에서 화해의 도구가 되어야 한다(para. 5). 인권을 위한 투쟁의 목표는 복음이 요구하는 원수 사랑, 용서와 화해이다(para. 19). 산 안토니오 대회의 2분과 보고서는 고난과 투쟁에의 참여를 다뤘다. 교회가 십자가의 창조적 권력을 통해 세워졌지만 이 창조적 권력을 제공한 것은 오순절 성령 강림 사건이었다. 즉 성령은 사회에서 불의를 타파하고 인간의 해방을 이루도록 창조적 권력을 사용하게 하는 하나님이다(para. 3). 정의의 근원적 역할은 인간과 하나님, 인간과 인간, 인간과 피조물 사이에 공동체를 세우는 것이다(para. 4). 문화와 공동체는 고난을 투쟁으로 변화시키는 힘을 갖는다. 성령은 죄를 깨닫게 하여 공동체를 갱신해 문화를 변화시킬 수 있고, 사람들에게 정의로운 공동체를 건설할 창조적 권력을 준다(para. 14).

한국교회가 WCC에 반대하는 이유로는 복음 전도를 하지 않는 잘못된 선교 이해, 종교다원주의, 좌경용공 등을 제시하지만 실제로 가장 큰 문제는 하나님의 선교에 대한 반대라고 생각한다. 정교분리의 입장에서 볼 때 인간의 해방투쟁에 참여하는 것이 선교라는 것을 받아들이기 힘들 것이다. 멜버른 대회의 2분과 보고서는 교회 지도자들이 하나님 나라가 이 땅에 속한 것이 아니라는 것을 근거로 이 세상과의 투쟁에 직면하는 것을 회피하려는 유혹을 받지만 예수 그리스도의 삶에서 계시된 것처럼 주님은 세상의 정세와 권세와 대결하신다(para. 3). 교회는 이 세상 정세와 권세에 자신이 순응하는지 여부를 성찰해야 한다(para. 4). 한국교회의 복음주의자들 중에는 정교분리를 선택적으로 하는 경우가 있다. 즉 군부독재 시절 조찬기도회에 참석한다든지, 최근에도 총선이나 대선에서 여당 후보자를 일방적으로 지지하는 설교나 광고를 하는 경우이다. 이 문제는 신학적인 문제이고, 특히 성서를 보는 시각과 관련이 있다. 그리고 교회사적으로도 관련이 있다. 지금과 같은 정교분리의 태도로는 얼마나 많은 그리스도인들이 3·1운동에 참여할 것인지 의문이다. 1907년 대부흥운동도 성령 강림으로 인한 회개운동이 일어났지만 가정과 사회의 변화로 이어진 것을 선교사들은 증언하고 있다. 자기 노비를 면천하거나 심지어는 수양딸로 삼기도 했고, 결혼을 할 때 상대방을 미리 만나 믿음의 가정을 어떻게 이끌어나갈지 대화를 나누는 변화가 일어나기도 했다.[27]

다섯째, WCC의 선교 이해에는 변화와 발전이 보이고, 한계를 솔직히 인정하고 있다. 각 선교대회에서 동일한 주제들을 다루기도 하지만 생명선교는 산 안토니오 대회에서 처음으로 다뤘다. 권력에 대한 이해도 부정적으로 다루거나 멜버른 대회처럼 권력 남용의 문제를 다뤘다. 산 안토니오 대회는 창조적 권력을 제시하면서 권력의 긍정적 측면에 주목하기 시작했다. 방콕 대회의 3분과 보고서는 선교와 교회의 관계와 관련해서 '선교와 동역자 관계'가 너무 오랫동안 공허한 구호로 남아 있음을 스스로 비판했다.

마지막으로 WCC 선교 이해에는 갈등하는 주장들 사이에 조화와 균형을 유지하고 있다. 하나님의 선교와 관련해서 멜버른 대회는 인간의 투쟁을 하나님 나라와 연결했지만 인권을 위한 투쟁의 목표를 복음의 핵심인 원수 사랑과 용서, 화해에 두었다. 멜버른 대회는 선교와 교회의 관계를 다루면서 사회적 활동을 하는 그리스도인들과 기도, 연구, 예전에 헌신하는 그리스도인들 사이에 분리가 있다고 지적하면서 제자도의 두 가지 측면이 그리스도인의 삶에서 통합돼야 한다고 했다(para. 31).

---

[27] 황홍렬, "1907년 대부흥운동과 사회개혁 그리고 그 현재적 의미," 장신대 세계선교연구원 엮음, 『선교와 신학』 제18집(2006년), 90-98.

2) WCC 선교 이해에 나타난 CWME의 과제

우선 CWME의 주체의 문제이다. 1973년 방콕 대회에서 의장인 사디크 주교는 CWME가 더 이상 앵글로 색슨 중심이 아니라 세계기독교공동체의 다양한 구성원들이 조화를 이뤘다고 천명했다. 당시 CWME의 총무인 필립 포터는 WCC가 북대서양 중심의 기구라는 점은 극복했지만 WCC의 활동 방식에서는 그런 점을 아직 극복하지 못했다고 말했다.[28] 전 세계 기독교 인구는 1980년을 기점으로 비서구 지역으로 역전했다. 현재 전 세계 기독교인의 2/3는 비서구 지역 기독교인이다. 에큐메니칼 운동은 이러한 인구 비중을 참여자 비율만이 아니라 의제 선정과 의제를 다루는 방식에도 적용해야 한다. 그렇지만 필자가 교단 대표로 2012년 3월 마닐라에서 열린 CWME 선교대회에 참여해서 "선교와 복음전도: 에큐메니칼 확언" 문서 30주년을 기념한 후속 문서의 초안을 검토하면서 느낀 점도 동일했다. "이 문서 작성과 평가 방법이 매우 분석적인데 이는 에큐메니칼 의제와 이를 다루는 방식이 아직도 서구 중심적이라는 것을 보여준다고 생각한다."[29]

둘째, CWME의 의제 선정은 아직도 서구, 백인, 남성 중심을 탈피하지 못한 것으로 생각한다. 예를 들어 산 안토니오 대회의 3분과 보고서는 이주민을 다루는데 이주노동자나 결혼이민여성보다는 난민을 중심으로 다룬다. 물론 난민의 입지가 다른 이주민보다 훨씬 더

---

28 WCC, *Bangkok Assembly 1973: Minutes ad Report of the Assembly of the Commission on world Mission and Evangelism of the World Council of Churches December 31 1972 and January 9~12, 1973* (Geneva: WCC Publications, 1973), 3-6.

29 황홍렬, "WCC CWME대회를 다녀와서,"「한국선교신학회 2012년 2차 정기학술대회 미간행 자료집」(2012년 4월 21일, 한일장신대학교), 12.

절박하기 때문에 그럴 수 있다. 그렇지만 WCC가 전 세계적으로 큰 이슈가 되는 이주노동자 문제보다는 난민 문제에 초점을 맞추는 것은 문제가 있다. 전 세계 기독교인들의 상당수가 노동자이거나 노동자의 가족인데도 노동자의 문제를 우선적 관심사로 제안하는 정도로 다루며, 그나마 언급도 많지 않다.

셋째, WCC가 협의체이기 때문에 CWME의 결정이 회원교회와 지교회에 미치는 영향은 극히 제한되어 있다. 에큐메니칼 진영의 논의와 결정을 목회자나 교인들이 잘 알게 하는 통로가 너무 부족하다. 신학교육도 문제다. 총회는 에큐메니즘 과목을 필수과목처럼 가르치도록 권한다. 현실적으로는 필수과목이 아니기 때문에 매년 개설하기 어렵고, 선택과목인 경우 신대원 3년 동안 수강하지 않고 졸업할 수 있다. 상당수의 WCC 회원교회들도 총회나 여러 대회의 결정을 행동으로 따르지 못하는 경우가 많다고 알고 있다. 그렇지만 일부 교회들이 WCC 문서를 2~3년에 걸쳐 전체 교회들이 회람하고 의견을 수렴하여 WCC에 제안하기도 한다. 2013년 WCC 부산 총회가 한국교회에 지역 에큐메니즘을 일으키는 단초가 되기를 소망한다.

마지막으로 산 안토니오 대회는 생명선교를 언급했지만 1986년 체르노빌 핵발전소 폭발 사고를 언급하지 않았다. 이는 유럽과 유럽교회의 1980년대 평화운동이 핵무기 철거에 주력했기 때문이다. 2011년 후쿠시마 핵발전소 폭발 이후 일부 한국교회와 교인들은 핵발전소의 위험에 대해 심각하게 고민하고 핵 없는 세상을 위해 투쟁하고 싸웠다. 필자도 2012년 3월 마닐라 대회 폐회예배에서 결의문을 부산으로 받아오면서 '마닐라로부터 부산으로'라는 답사를 했다. 여기서 부산의 고리 핵발전소의 폭발 사고 위험에 대해 언급했다.[30] 2013년 부산에서 열릴 WCC 10차 총회는 핵무기뿐 아니라 핵발전소의 위험에 세계교회가 주목하여 핵 없는 세상을 만드는 것을 에큐메니칼 운동의 과제로 삼게 되기를 희망한다.

나가는 말

지금까지 CWME의 네 번의 선교대회를 중심으로 선교 이해, 하나님의 선교, 다종교 상황에서 선교 그리고 생명선교를 살펴보고, WCC의 선교 이해의 특징과 과제를 제시했다. 주요결과를 정리하면 다음과 같다.

첫째, WCC 선교 이해를 보면 복음 전도를 부인하지 않고 오히려 복음 전도의 긴급성과 땅 끝까지 복음을 전해야 함을 역설한다.

둘째, WCC 선교 이해에는 종교다원주의가 없고, 이웃종교인들과 대화를 통한 선교가 복음에 대한 확신 속에서 이뤄지고 있음과 오히려 종교다원주의와 종교혼합주의를 경계하고 있음을 보았다.

셋째, WCC 선교 이해의 핵심에는 하나님의 선교가 있다. 여기에는 정교분리의 입장만으로는 받아들이기 어려운 내용들이 있다고 할 수 있지만 그것은 신학적·성서적으로는 비판받을 여지가 거의 없다고 생각한다. 교회사적으로도 3·1운동과 1907년 대부흥운동은 정교분리의 입장보다는 출애굽 신앙을 현재화하고, 오순절 성령 강림 사건이 개인의 성화로부터 사회 성화로 나아가는 것을 보여준다.

넷째, 2013년 WCC 부산 총회는 한국교회에게는 에큐메니칼 운동을 배우고 지역 에큐메니즘이 활성화될 수 있는 계기가 되고, 부산

---

30 위의 글, 10.

총회에서 핵 없는 세상이라는 의제를 추가하기를 소망한다.

참고문헌

Duraisingh, Christopher. (ed.) *Called To One Hope: The Gospel in Diverse Cultures*. Geneva: WCC Publications, 1998.

Matthey, Jacques. (ed.) *Come Holy Spirit, Heal and Reconcile!: Called in Christ to be Reconciling and Healing Communities*. Geneva: WCC Publica- tions, 2008.

Orchad, Ronald K. (ed.) *Witness in Six Continents: Records of the Meeting of the Commission on World Mission and Evangelism of the WCC held in Mexico City December 8th to 19th, 1963*. London: Edinburgh House Press, 1964.

WCC. *Bangkok Assembly 1973: Minutes and Report of the Assembly of the Commission on World Mission and Evangelism of the WCC December 31, 1972 and January 9~12, 1973*. Geneva: WCC Publications Service.

______. *Your Kingdom Come: Mission Perspectives*. Geneva: WCC, 1980.

Wilson, Frederick R. (ed.) *The San Antonio Report: Your Will be Done, Mission in Christ's Way*. Geneva: WCC Publications, 1990.

8장

한반도에서 남북의 화해와 평화통일을 위한 한국교회의 평화선교 과제*

들어가는 말

냉전 종식 이후 새롭게 맞는 21세기가 평화의 세기가 될 것을 인류는 염원했다. 그렇지만 인류가 직면했던 21세기 첫 10년은 경제적 풍요로움이 아니라 인류 역사상 전례가 없는 국내적·세계적 양극화로 인한 빈곤층의 양산, 인종 간 갈등 심화와 내전의 확대, 9·11 테러로 인한 미국의 아프가니스탄 침공과 이라크 침공, 2008년 미국발 경제위기, 이주민과 본토인의 갈등, 2004년 동남아 쓰나미, 2008년 중국 쓰촨 성 대지진, 2010년 아이티 대지진 등 자연재해, 후쿠시마 원전 폭발 등으로 지구생명공동체의 생존 자체가 심각하게 위협받

---

* 이 글은 황홍렬, 『한반도에서 평화선교의 길과 신학: 화해로써의 선교』(서울: 예영 B&P, 2008)의 7장 "한반도에서 화해로써의 선교와 신학", 8장 "한국교회의 평화선교와 평화통일선교"를 토대로 2012년 10월 19일 기독교공동학회시 선교학회에서 발표한 동일한 제목의 글을 수정한 것이다.

고 있다.

한반도에서는 2000년 남북 정상회담 이후 남북관계에 많은 진전이 있었다. 그렇지만 2002년 '북핵 위기' 이후 전쟁 위험이 고조되었다가 2·13 합의로 북핵 폐기와 평화체제로 나아가려 했다. 이명박 정권이 이전의 남북관계를 인정하지 않고 일방적인 대북정책을 펼치다가 남북관계는 악화를 거듭하고, 한반도는 전쟁의 위협이 상존하고 있다. 남한은 저출산 고령화 사회가 되고 이주노동자들과 결혼 이주민들이 증가하면서 다문화, 다인종 사회로 점차 변하고 있다.

세계교회협의회(WCC)는 폭력극복10년(2000~2010년)을 전개했고, 아시아기독교협의회는 "모든 사람을 위한 평화의 공동체 세우기"라는 주제로 2005년 총회를 열었다. WCC의 세계 선교와 복음전도대회(CWME)는 "치유와 화해를 위해 부름받은 공동체"라는 주제로 2005년 아테네에 모였다. 20세기도 폭력의 세기였지만 21세기 역시 폭력이 계속되고 있기 때문에 세계 교회와 아시아 교회들은 평화, 화해, 치유를 중요한 선교과제로 여기고 실천하려 하고 있다. 인간 사이의 갈등과 인간과 피조물 사이의 갈등을 화해로 이끄는 것은 교회의 평화선교의 중요한 과제이다. 그리스도 안에 있는 새 사람들, 신앙공동체가 하나님 나라를 이뤄가는 데 있어서 위의 두 측면은 밀접한 관계가 있다. 즉 가난한 자들에 대한 착취와 피조물에 대한 착취는 서로 뗄 수 없는 관계이다. 가난한 자들은 환경 파괴의 최전선에 서 있지만 바로 그런 이유 때문에 부자들의 환경오염으로 인한 피해를 가장 먼저 입게 된다. 이 글은 샬롬의 세 차원(하나님과 인간, 인간과 인간, 인간과 피조물) 가운데 인간 사이의 갈등, 그중에서도 한반도에서 남북의 갈등으로부터 화해와 평화통일로 나아가는 데 초점을 맞추고자 한다.

이 글은 과거의 글을 발전시킨 것이다. 이 글과 과거의 글과의 차이점은 우선 평화선교에 대해 좀 더 포괄적 접근을 한 점이다. 둘째, WCC의 폭력극복10년운동의 과정과 신학 그리고 2011년 킹스턴에서 모인 결과로 나왔던 〈정의로운 평화〉 문서, 2005년 아테네 WCC CWME 대회 등의 논의를 포함했다. 셋째, 글렌 스타센 같은 기독교 현실주의자들이 제시하는 "정의로운 평화 만들기"로부터 배운 구체적으로 현실에 적용이 가능한 제안들을 제시하고자 했다. 넷째, 갈등/분쟁지역에서 적용 가능한 평화운동에 대한 전략을 제시하고자 했다. 다섯째, 이 글은 화해보다는 평화에 초점을 맞추고 있다.

1장에서는 한반도에서 평화선교를 논하기 위해 이명박 정권의 대북정책과 남북관계의 총체적 위기를 검토했다. 화해와 평화에 대한 성서적 이해는 새로운 것이 추가되지 않았고 논문의 분량 때문에 기존의 글을 참조하도록 했다.[1] 2장에서는 화해와 평화에 대한 신학적 고찰을 했다. 3장에서는 기존의 남북의 화해와 평화통일을 위한 11가지 제안을 보완하거나 새롭게 추가할 사안들로 비폭력 대화, 평화를 세우는 사람들, 평화교육, 희년공동체, 미디어, 공공 영역에서의 평화선교, 갈증/분쟁 지역에서의 평화선교 등을 제시한다. 비록 비슷한 주제를 다루고 있지만 여러 가지 자료, 특히 WCC의 폭력극복 10년 과정과 결과에서 얻은 성찰들을 추가하고, 평화교회와 기독교 현실주의적 견해를 일부 수용하여 보완함으로써 이전에 다루지 못했던 영역을 다룬 것이 진전이라고 생각한다. 다만 포괄적 접근을 하니 범위가 넓어져 분량도 많아지고, 일부 중복되는 부분도 있고, 화

---

1 황홍렬,『한반도에서 평화선교의 길과 신학: 화해로써의 선교』(서울: 예영 B&P, 2008), 249-251 참조.

해와 평화, 평화와 정의의 관계에 대한 신학적 심화를 하지 못했으며, 좀 더 구체적인 제안을 해야 할 것 등이 앞으로의 과제라고 생각한다.

1. 이명박 정부의 대북 정책과 한반도 안보와 남북관계의 총체적 위기[2]

이명박 정부의 대북 관련 목표는 '상생·공영의 남북관계발전'이고, 3대 과제는 '비핵·개방·3000' 이행준비, 상생의 경제협력 확대, 호혜적 인도협력 추진 등이었다. 직전의 양대 정부가 대북정책을 잘 못했다는 평가를 내리면서 대안으로 '비핵·개방·3000' 구상을 제시했다. 이 구상은 북한이 핵을 포기하고 개방에 나서면 1인당 국민소득 500달러의 경제수준을 3,000달러가 되도록 400억 달러 상당의 국제협력자금을 투입하도록 하고, 연평균 17%가 성장하도록 협력하겠다는 것이다. 대북관계에서 소위 '잃어버린 10년'의 내용은 북의 핵개발을 저지하지 못했고, 일방적으로 '퍼주기'만 하고 북의 변화는 이끌어내지 못했으며, 대북지원과 관련해 투명성을 보장하지 못하면서 남남갈등만 부추겼고, 국군포로 및 납북자 문제를 해결하지 못했다는 것이다.[3]

이명박 정부의 대북정책의 원칙은 실용주의, 보편주의, 상호주의

---

2 남북한 사이의 평화통일을 위한 한국교회의 노력과 과거사 청산에 관련된 사항은 황홍렬, 『한반도에서 평화선교의 길과 신학: 화해로써의 선교』(서울: 예영 B&P, 2008), 244-249와 325-330 참조.

3 전현준, "남북관계 문 닫고선 '경제살리기'도 어려워져," 『남북이 함께 하는 민족21』(2008년 5월), 31-32.

로 요약할 수 있다.[4] 실용주의는 대북관계에서 이념의 잣대가 아니라 실용의 잣대로 풀어가야 한다는 것이다. 보편주의는 북한의 특수성을 인정하지 않고 남북관계를 국가 대 국가의 보편적 관계로 본다는 입장이다. 이명박 대통령이 인정하는 1992년에 발효된 남북기본합의서는 남북관계를 '특수 관계'로 보기 때문에 북한을 '특수하게' 여긴다. 그러나 남북관계는 국가 대 국가의 일반적 관계도 있지만 분단국가라는 특수성도 있기 때문에 보편주의를 지나치게 강조하는 것은 문제가 될 수 있다. 상호주의는 북한이 남한의 인도적 지원에 합당한 만큼의 변화가 없다는 문제의식에 기초하여 1:1 상호주의는 아니지만 인도적 차원부터라도 변화를 보여주는 '호혜적 상호주의'라고 이름붙일 수 있는 방향을 지향하고 있다.

이명박 정부의 대북정책의 특징은 첫째, 북핵 폐기와 한미동맹 강화에 근거한 안보와 대북 협력정책 추구를 통해 새로운 평화구조를 창출하려 한다. 둘째, 민족보다는 동맹을, 남북관계보다는 한미관계를 중심으로 국제공조를 통한 외교적 해결을 중시한다. 셋째, 이념보다는 실용성을 강조하며 국제관계 차원의 외교적 보편성을 강조한다.[5] 이러한 대북정책의 특징의 근저에는 남북정상 간에 합의한 6·15 남북공동성명과 10·3 합의에 대한 부정이 있다.

이명박 정부의 대북정책에 대한 평가는 한반도 안보와 남북관계의 총체적 위기이다.[6] 남북 간 군사충돌 가능성이 고조되고, 북핵 문

---

4 서보혁, "연계와 단절의 딜레마에 직면한 이명박 정부의 초기 대북정책: 조기처방의 필요성과 대안," 새로운 코리아 구상을 위한 연구원, 『KNSI 현안진단』 제114호(2008년 3월), 4.

5 정영태, "신정부의 대북정책 과제와 전망," 한국전략문제연구소, 『전략연구』 제42(2008년 3월), 126-127.

6 홍현익, "이명박 정부의 대북정책 평가와 개선방안," 민주정책연구원, 『IDP 정책연구』

제의 실마리를 찾기는커녕 문제 심화 및 위기 상황으로의 반전 가능성이 있으며, 남북경협이 위축되고, 북한 경제의 중국에 대한 의존이 증가하며, 통일기반 조성사업이 중단되고 통일비용이 증가할 가능성이 커졌다. 또 북한 주민의 고초가 심각해지고 있으며, 전쟁 가능성과 북한에 대한 국제구호가 활발히 전개되어도 남한의 참여가 미미하여 국가신인도가 하락하고, 유라시아 대륙과 단절의 심화 및 외교 고립의 가능성이 대두하고 있다. 특히 KDI의 연구보고서에 따르면 북한이 개방을 하지 않고 급격한 붕괴를 맞이할 때 통일비용은 약 2,525조원으로 점진적 개방 후 통일을 이룰 때 비용 379조원의 약 7배가 된다. 이러한 위기 원인은 대북정책 설정이 지닌 문제점으로 '비핵·개방·3000'이 지닌 정책 실현 가능성을 경시했고, '상생·공영의 대북 실용정책'은 구호로만 그쳤다는 데 있다. 그리고 정책 우선순위에 국익을 최우선 순위로 두어야 하는데 원칙을 우선시 하여 우선순위가 역전되었다. 또 정책의 합목적성이 결여되었으며, 정책의 성과나 부작용에 대한 객관적 평가와 정책수립 작업이 미흡했다. 그리고 정치와 도덕을 혼동했다.

2. 화해와 평화에 대한 신학적 고찰

1) 화해에 대한 신학적 성찰

화해의 신학은 로버트 쉬라이터, 미로슬라프 볼프, 그레고리 존

2011-06, 1-12.

스, 도날드 쉬라이버의 화해신학을 정리한 것이 있다.[7] 여기에서는 WCC CWME 아테네 대회의 문서의 제안대로 화해의 6가지 측면[8]을 살펴보기로 하자.

(1) 진실

권력 남용이나 잔혹 행위가 침묵 속에서 일어났기 때문에 과거의 진실을 확정하는 것은 쉽지 않다. 과거의 상처를 치유하는 데에는 이러한 침묵을 깨뜨려야 하며, 과거의 진실이 드러나야 한다. 억압적인 정권에서는 과거의 진실이 조직적으로 왜곡된다. 화해라는 단어가 잘못 사용될 때도 있다. 가해자들이 자신의 악행을 피해자들이 잊어야 한다는 의미로 화해를 요구할 때다. 가해자들이 속히 화해하자고 피해자들에게 제안할 때도 마찬가지다. 피해자들의 요구는 제대로 다뤄지지도 못하게 되기 때문이다. 피해자들이 기독교인이면 속히 화해하지 못한 데 대해 죄의식을 갖게 하려고 가해자들이 화해를 서두르기도 한다. 인종차별을 국가정책으로 지속해왔던 남아프리카공화국에서 인종차별이 철폐된 이후 추진된 '진실과화해위원회'는 과거의 진실을 세우는 것이 얼마나 어려운지 그리고 과거의 진실이 화해와 치유에 얼마나 중요한지를 강조했다.[9]

---

[7] 황홍렬, 위의 책, 258-286 참조.

[8] "Mission as Ministry of Reconciliation," in Jacques Matthey (ed.), *Come Holy Spirit, Heal and Reconcile!: Called in Christ to be Reconciling and Healing Communities*, Report of the WCC Conference on World Mission and Evangelism, Athens, Greece, May 9-16, 2005 (Geneva: WCC Publications, 2008), 77, 화해와 치유의 6가지 측면으로 제시한 것을 따라 신학적 성찰을 해보았다.

[9] 위의 글, 77-78.

(2) 기억

기억은 과거의 진실과 긴밀하게 연결되어 있다. 그렇지만 현대사회는 다양한 방식으로 기억을 부인한다.[10] 현대인들은 종교를 통해 권태와 두려움, 스트레스 등을 극복하고 행복과 기쁨, 사랑 등을 얻기를 희망한다. 종교에 대한 개인주의적 조화의 추구 이면에는 정치로부터의 도피, 과학적·합리적 사고의 포기 그리고 전통에 대한 흥미 상실 등 종교적 소비주의라고 불리는 것이 있다. 이것은 신앙공동체의 결속을 느슨하게 만들고, 이국적이며 비기독교적인 개념들과 기독교 신조를 혼합하기도 한다.

근본주의자들도 기억을 부인한다. 근본주의의 특징은 분명한 답변, 절대 진리 옹호, 선교적 열정이다. 근본주의자들은 역사의 특정 국면을 절대 진리로 주장하기 때문에 그들 나름대로 '기억의 말살'(*extinctio memoriae*)을 추진한다. 기억의 말살은 불가피하게 교회 정체성에 위기를 초래한다. 교회 정체성의 문제는 교회공동체, 교회 신앙, 교회론적 권위의 삼중적 위기에서 보인다. 주일 예배 참석자가 심각하게 줄어들면서 교회는 인간의 삶의 제한된 영역에 대해서만 영향을 끼치게 된다. 교회의 권위가 현대인들에게 인정받지 못하고 오히려 교회가 현대사회의 시장 정신에 적응하라는 압력을 받고 있다. 이는 교회의 권위를 안으로부터 부식시키는 결과를 초래한다. 우리는 '기억의 말살'을 과거에 대한 향수 때문이 아니라 우리 개인과 공동체의 정체성을 위해서 반드시 경계해야 한다.[11]

---

10 Hanspeter Heinz, "The Celebration of the Sacraments and the Teaching of the Commandments in the Age of Religious Consumerism, or History and Memory in Christian Communities since the Second Vatican Council," in Michael A. Signer (ed.), *Memory and History in Christianity and Judaism* (Notre Dame, University of Notre Dame Press, 2001), 148-149.

메츠(Johann Baptist Metz)는 이성, 자유, 자율이라는 계몽주의의 원리와 자본주의 사회에서 부상한 중간계급 사이의 수렴이라는 기독교의 사회역사적 상황으로부터 계몽주의를 재검토하려 했다. 기독교 신앙을 신비주의와 정치의 실천으로 이해한 메츠는 중간계급의 기독교에 대해 다음과 같이 비판했다.[12] 계몽주의에 의해 초래된 가장 심각한 위기를 기독교의 사유화라고 본 그는 기억의 상실, 죽은 자를 기억하는 전통의 상실을 주요 위기로 지적했다. 기억은 비판적 의식의 내적 요소가 되기 때문이다. 그리고 이성의 위기다. 칸트의 계몽 개념은 폭군적 형태의 형이상학을 무너뜨렸다. 그런데 계몽주의 프로그램은 가난한 자들의 삶의 향상을 다루지 않는다. 새로운 엘리트의 관심사는 시장의 이익으로 기술적 이성은 모든 것을 시장과 이익에 부합하느냐 여부로 환원시킨다. 메츠는 역사의 참된 주체를 희생자로 제시했다. 기억은 인간 구원, 사회 구원, 종교적 정체성의 범주다. 위험한 기억은 인간 주체, 역사와 종교의 구원의 가능성을 담보한다. 그는 기억의 종류로 죽은 자, 고난 받는 자, 종말론적 희망, 예수 그리스도의 고난과 부활을 제시한다.[13]

(3) 회개

갈등의 상황에서 화해가 이뤄지기 전에 먼저 회개가 요구된다. 증오나 소외를 초래한 개인적 또는 집단적 잔혹행위가 일어났기 때문에 죄를 지은 자들이 회개하지 않는 한 화해는 이뤄질 수 없다. 예수

---

[11] 위의 글, 150-154.

[12] Bruce T. Morill, *Anamnesis As Dangerous Memory: Political and Liturgical Theology in Dialogue* (Minnesota, A Pueblo Book, 2000), 20-26.

[13] Flora A. Keshgegian, *Redeeming Memories: A Theology of Healing and Transformation* (Nashville: Abingdon Press, 2000), 135-137.

가 하나님 나라를 선포했을 때 회개의 요청을 동반했다(막 1:15). 참된 회개는 위협이나 두려움의 결과가 아니라 죄를 깨닫고 용서에 근거한 새롭게 화해된 관계에 대한 희망으로부터 온다(행 2:38).[14]

(4) 정의

정의는 화해 작업의 핵심이다. 세 가지 종류의 정의가 필요하다. 첫째, 잘못을 행한 자가 자기 행동에 대해 대가를 치르는 인과응보다. 이는 과거의 잘못을 인정하고, 미래에 그러한 잘못이 용납되지 않음을 천명하는 것이다. 인과응보는 법적으로 구성된 정부의 책무이다. 둘째, 피해자가 부당하게 빼앗긴 것을 직접 또는 상징적 방식(배상 또는 보상)으로 회복하는 회복적 정의다. 누가복음에서 예수를 만났던 삭개오 이야기는 그리스도를 만난 데서 비롯된 참된 회개가 철두철미한 배상의 형태로 나아갔음을 보여준다. 가해자나 피해자가 사망했을 때에는 공적으로 기념 행위를 통해 화해가 이뤄질 수 있다. 셋째, 사회제도가 개혁되어 과거의 불의가 미래에 일어나지 못하도록 방지함으로써 성취되는 구조적 정의다. 경제적 정의를 성취하기 위해서는 전 지구적 무역법과 무역의 메커니즘이 개혁되어야 한다. 성차별, 인종차별은 구조의 개혁을 필요로 한다.[15]

(5) 용서

교회사에 나타난 용서에 대한 왜곡은 용서를 교회정치 권력의 도구로 남용한 것, 용서를 사유화하고 수직적 차원만 강조한 것 그리고

---

14 WCC CWME, "Mission as Ministry of Reconciliation," 79.
15 위의 글, 79.

희생자들보다 가해자에 관심이 집중된 것을 들 수 있다.[16] 도널드 쉬라이버는 중세 천 년 동안(500~1500년) 용서가 성례전의 포로(Sac-ramental captivity of forgiveness)가 되었음을 비판했다.[17] 그러나 현대문화 안에도 성서적 용서와 화해를 왜곡하는 것이 있다. 그레고리 존스는 서구 현대문화를 대표하는 인물로 경영인, 유능한 운동선수 그리고 치료사를 들었다. 이 가운데 치료사는 기독교의 용서를 개인주의적, 사적인 영역으로, 개인 간의 문제로 환원시켰다고 비판한다. 그리고 이런 경향이 목회상담 안에도 들어와 죄의 문제를 회피하고 인간 스스로에 의한 인간의 치료(치료적 용서)와 구원이라는 논의를 전개하고 있다고 비판한다. 이에 대한 대안으로 그는 종말론적 하나님 나라와 관련된 치유와 용서를 제시한다.[18]

(6) 사랑

기독교의 가장 중요한 특징은 사랑이다. 하나님의 형상대로 지음 받고 세례를 통해 재창조된 인간에게 성령을 통해 하나님의 사랑이 부어졌다(롬 5:5; 갈 5:22). 이 때문에 원수를 사랑하라는 계명은 성취되기가 불가능한 계명이 아니다. 원수 사랑은 하나님의 선물이며, 인간은 그리스도와 일치를 통해 거룩한 삶으로, 그의 존재와 생각에 기여하게 된다. 사랑은 화해의 참된 징표로 화해의 전 과정을 포함한다.[19]

---

16 Geiko Müller-Fahrenholz, *The Art of Forgiveness: Theological Reflections on Healing and Reconciliation* (Geneva: WCC Publications, 1997), 9-15.

17 Donald W. Shriver Jr., *An Ethic for Enemies: Forgiveness in Politics* (New York, Oxford: Oxford University Press, 1995), 49-52.

18 L. Gregory Jones, *Embodying Forgiveness: A Theological Analysis* (Grand Rapids, Michigan: William B. Eerdmans Publishing Company, 1995), 35-69.

2) 평화에 대한 신학적 성찰

부시가 제시했던 '악의 축'에 대해 미국 기독교교회협의회 사무총
장인 밥 에드거는 악의 축을 만연한 가난, 환경 파괴와 대량살상무기
라고 했다. 아리아라자는 폭력과 전쟁의 시대에 평화의 축을 정의,
화해, 비폭력으로 제시했다.[20]

(1) 정의: 평화의 조건[21]

성서에서 정의는 개인적 관계와 사회적 관계를 수립하는 다음의
세 가지 차원과 관련 있다. 첫째 개인적, 사회적 관계를 규정하는 권
력의 사용, 분배와 접근, 둘째 인간 존엄성의 보호와 유지, 셋째 소외
된 사람들에 대한 우리의 접근방식이다. 권력이 남용되고, 인간 존엄
성이 짓밟히고, 사회적으로 경제적으로 정치적으로 불이익을 당하
는 자들에게 식량이 제공되지 않는 사회는 정의가 있을 수 없다.

모든 인간관계는 불가피하게 권력의 차원을 지닌다. 권력이 인간
관계를 활성화하도록 사용되어야 하기 때문에 권력이 사용되는 방
식의 문제는 인간 상호작용에서 매우 중요한 이슈다. 여기서 권력과
정의가 만난다. 권력행사는 개인의 관계뿐 아니라 지역사회와 국가
의 관계도 규정한다. 불의한 관계는 권력의 남용에서 비롯된다. 개인
적 관계에서 정의로운 관계는 법에 의해 강요될 수 없고, 개인에 의
해 개발되어야 한다. 정의로운 개인관계를 함양하는 가치들은 개인

---

19 WCC CWME, "Mission as Ministry of Reconciliation," 81.

20 S. Wesley Ariarajah, *Axis of Peace: Christian Faith in Times of Violence and War* (Geneva: WCC Publications, 2004), 112.

21 위의 책, 114-122.

에게 스며들어야 한다. 그런데 가치 주입을 통해 관계 형성에 영향을 끼치는 종교들이 폭력적 상황에 쉽게 협력하고 증오를 부추기는 데 종교적 감정이 이용되는 이유의 하나는 종교의 자기 정의나 교리 안에 이미 배타적, 비관용적, 반(反)관계적 태도가 있기 때문이다. 종교는 이론상 정의, 평화, 사랑을 선호하지만, 대부분 종교의 교리와 구조는 정의로운 관계의 영성을 증진하거나 함양하지 않는다. 종교뿐만 아니라 미디어도 관계를 형성하는 데 큰 영향을 미친다. 폭력이 오락과 게임 산업의 중심에 있는 사회는 폭력을 극복할 것으로 기대할 수 없다. 인종차별, 성차별, 카스트 제도, 다양한 소수자 차별과 같은 사회적 불의가 사회적 단계에서 일어나는 불의이다. 그런데 사회적 단계에서 나오는 불의한 관계들을 정당화하고 영속화하고 유지시키는 사회적 단체는 종교가 으뜸이다. 종교적 비전들은 대부분 위계적이고 가부장적이며, 권력의 불의한 분배를 정당화한다. 그러므로 다양한 현장에서 폭력을 극복하기 위해서는 권력 문제와 권력 영역에서 종교의 역할과 종교의 연루에 주목하지 않으면 안 된다.

참된 종교와 참된 정의는 모든 사람의 존엄성을 확정하는 것과 관련이 있어야 한다. 인간 존엄성을 보호하고 보존하지 않는 인간 조직 형태는 부패하고 불의하며 폭력적이다. 폭력은 증상만 다뤄서는 극복할 수 없다. 오직 그 근원을 치유해야만 극복할 수 있다. 이렇게 근본 원인을 치유하는 것은 정의를 세우는 것과 관련이 있다. 성서는 이 땅에 소외된 자들, 불이익을 당하는 자들이 항상 있을 것이라고 말한다. '평등한 기회'라는 신화와 원하기만 하면 모든 사람은 성공할 수 있다는 정서 때문에 사람들은 정의의 문제에 눈을 감는다. 반면에 성서는 소외된 자들, 가난한 자들의 편에 선다. 성서의 통찰력은 전체의 행복이 구성원들의 행복과 긴밀한 관련을 갖는다고 본다는 데

있다. 테러리즘이나 자살 폭탄 공격, 국내 갈등 등 오늘날 세계 곳곳
에 만연한 폭력은 주변부에서 곪아터지는 것을 허용하는 것에서 비
롯된다. 주변부에서 정의를 부정하는 폭력은 중심부에 대응폭력을
낳게 한다. 이것이 정의가 사회의 주변부에서 실현되기까지는 세계
에서 진정한 평화는 있을 수 없는 이유이다.

(2) 화해: 평화로 가는 길

화해가 평화로 가는 길이지만 이미 앞 절에서 화해에 대한 신학적
성찰을 했기 때문에 여기서는 생략하기로 한다. 다만 한국의 전통 속
에 있는 화해/평화 이해로 동학 창시자 최제우의 "한울님 곧 하느님
과 자연과 인간은 유기체적으로 관계하며 상생한다는(天地人 三才)
한국의 전통적 세계관을 비판적으로 계승하고 창조적으로 종합"[22]
한 것과 증산교의 창시자 강일순이 주장한 해원상생 사상 그리고 한
을 풀어내기 전에 삭임 과정을 통해 한이 지닌 "공격성과 퇴영성은
초극되고, 우호성, 진취성이 이룩"[23]된 후에 풀어내는 과정이 향후 화
해의 신학적 성찰에 도움이 될 것이다.

(3) 비폭력: 평화를 위한 희망

국가를 방어하기 위해서 무기를 사용하거나 학살을 방지하기 위
해서 무장 개입을 한다면 우리는 동일한 폭력으로 끝을 보게 될 것이
며, 그러한 이유들은 폭력의 사용을 정당화할 수 없다. 오늘 우리에
게는 전적인 비폭력만 유일한 참된 선택이다. 우리가 어떤 이유에서

---

[22] 정경호, 『함께 부르는 생명평화의 노래: 생명평화신학을 향하여』(서울: 한들출판사, 2009), 99.
[23] 천이두 지음, 『한의 구조 연구』(서울: 문학과지성사, 1993), 236-237.

든 폭력을 '합리적으로' 사용하고, 폭력의 사용을 합리화하기만 하면 우리는 폭력에 빠져서 헤어날 수 없게 된다. 해방투쟁에 사용된 폭력에 대한 연구는 이와 관련된 위험을 보여준다. 폭력은 한 번 방법으로 정당화되고 채택되면 그 한계를 설정하기가 어렵게 된다. 곧 자기 집단 안에서조차도 대의를 배반하거나 다르게 생각하는 사람들을 숙청하기 위해서 폭력을 사용할 수밖에 없게 된다. 폭력을 사용하게 되면 폭력을 사용하는 사람이나 조직의 성격이 변화된다. 즉 폭력은 암과 같아서 내부를 소리 없이 갉아먹는다. 우리가 학살을 방지하기 위해서 폭력을 사용하기로 결정할 때 우리는 하나의 잘못을 교정하기 위해 다른 잘못을 사용할 것을 강요받게 된다. 우리가 문제 해결을 위해 폭력에 의지하는 것은 그것이 겁쟁이의 쉬운 선택이기 때문이다. 폭력은 하루아침에 극복되는 것이 아니며, 평화를 수단과 목적으로 확정하기 위해서는 작은 단계들을 통해야 한다. 우리는 폭력의 문화를 평화의 문화와 비폭력의 문화로 변형해야 한다. 정의는 평화가 부상하기 위해 요구되는 조건이다. 화해는 평화를 위한 길이다. 왜냐하면 평화는 현재 그리고 계속되는 여정에서 치유를 요구하기 때문이다. 비폭력을 선택하는 것은 궁극적으로는 평화에 이르는 유일한 기회이기 때문이다.[24]

WCC는 제2차 세계대전 직후 열린 창립총회에서 전쟁을 하나님의 뜻에 반하는 것이라고 선언했지만 교회의 실천과 관련해서는 합의에 이르지 못했다. 1970년대에는 WCC가 인종차별철폐 프로그램 등을 통해 남아공의 인권단체를 지원하는 것과 관련해서 비폭력 문제를 놓고 격론을 벌였다. 유럽에서 활발히 전개되고 있던 평화운동

---

[24] S. Wesley Ariarajah, *Axis of Peace*, 133-137.

을 배경으로 개최된 1983년 밴쿠버 총회는 핵무기에 의한 전쟁 억제 전략을 거부하고 핵무기 사용, 저장, 생산을 인류에 대한 죄로 선언 했고, 대량살상무기를 사용하는 전쟁을 복음과 그리스도의 정신과 부합되지 않기 때문에 거부한다고 선언했다. 1990년 서울에서 열렸 던 정의·평화·창조보전 대회는 전쟁의 금지와 비폭력 실천에 헌신 하기로 다짐했다. 1994년 요하네스버그에서 열린 중앙위원회는 인 종차별철폐 프로그램을 이어 폭력극복 프로그램을 실시하기로 결의 했다. 전자를 WCC가 주도했다면 후자에 대해서 WCC는 동기를 부 여하는 자가 되고자 했다. 후자의 시대적 배경은 냉전 종식 이후 폭 력의 양태가 전통적 전쟁과는 전혀 달라진 시대이다. 또 WCC는 다 양한 형태의 폭력에 교회가 연루되어 있음을 깨달았다. 그래서 비폭 력에 초점을 둔 것이 아니라 폭력을 극복하는 것으로 정했다. 그리고 폭력 극복 프로그램은 폭력 극복이 교회에서 10년 후에 성취될 수 있는 것이 아니라 의식의 변화, 정신의 변화가 일어날 것을 목적으로 한다.[25] 이는 WCC 회원교회 중에는 비폭력을 지향하는 교회도 많지 만 폭력을 갈등 해결의 불가피한 선택으로 여기는 교회도 많다는 현 실을 반영한다.

(4) 정의로운 평화

WCC는 "폭력극복10년 2001~2010: 화해와 평화를 추구하는 교 회" 활동과정에서 얻은 여러 통찰에 근거해서 2010년 킹스턴에서

---

[25] Konrad Raiser, "Remarks to the Bienenberg Consultation," in Fernando Enns, Scott Holland & Ann Riggs (eds.), *Seeking Cultures of Peace: A Peace Church Conversation* (Geneva, Scottdale: WCC Publications, Herald Press, 2004), 20-25.

"하나님께 영광을, 땅에는 평화를"이라는 주제로 열린 국제 에큐메니칼 평화대회에서 "정의로운 평화를 향한 에큐메니칼 부르심"이라는 문서를 채택했다.[26] 이 문서에 나타난 정의로운 평화는 윤리적 실천에서 근본적 패러다임의 전환을 보여준다. 정의로운 전쟁이나 평화주의의 대안으로서 정의로운 평화가 제시되었다.[27] 정의와 평화는 서로 뗄 수 없는 짝이다. 정의와 평화는 인간 사회에서, 우리를 지구와 역동적으로 연결하는 데서, 피조물의 보존과 행복에 있어서 올바르고 지속가능한 관계를 가리킨다. 불의와 가난, 질병, 무력 갈등, 폭력과 전쟁 등이 인간과 사회와 지구의 몸과 영혼에 상처를 낼 때 평화는 상실된다. 이런 상황은 하나님의 평화를 향한 부르심에 인간이 응답하는 데 실패한 것을 보여준다. 하나님의 평화 위에 세워진 신앙공동체만이 가정과 교회, 사회에서 그리고 전 지구적 수준의 정치적, 사회적, 경제적 구조 안에서 화해와 정의로운 평화의 대행자가 될 수 있다(para. 3, 5, 6, 7).

정의로운 평화는 우리 삶으로 증거하도록 우리를 초대한다. 평화를 추구하기 위해 우리는 인종, 카스트, 젠더, 성적 지향, 문화와 종교 등의 차이로 인한 폭력, 개인적 폭력, 구조적 폭력, 미디어에 의한 폭력을 제거하고 방지해야 한다. 정의로운 평화를 실천하는 길의 중심에는 비폭력 저항이 있다. 비폭력 전략은 시민불복종과 불응의 행위를 포함할 수 있다(para. 8, 9, 11).

정의로운 평화는 인류와 피조물을 향한 하나님의 목적으로 나아

---

[26] WCC, "An Ecumenical Call to Just Peace," in WCC, *Just Peace Companion: Guide our feet into the way of peace (Luke 1:79)* (Geneva: WCC Publications, 2011), 1-13.
[27] 위의 글, 84-95.

가는 여정이다. 이 여정이 어려운 것은 우리가 종종 자신을 속이며 폭력에 우리가 연루된다는 것을 깨닫기 때문이다. 그래서 이 여정은 우리의 잘못을 고백하고, 용서를 주고받으며, 화해를 이루는 것을 배우는 데서 출발한다. 원수와 화해하고 깨어진 관계를 회복하는 것은 꼭 필요한 목표이지만 오랜 시간이 걸리는, 피해자와 가해자 모두 변형되는 과정이다. 타자는 이방인이나 적대자가 아니라 정의로운 평화라는 여정을 함께 걷는 동료 인간이다(para. 12, 13, 14, 20).

갈등을 변형시키는 것이 평화 만들기의 핵심이다. 갈등을 변형시키는 과정은 폭력을 폭로하고 감춰진 갈등을 드러내는 데서 시작한다. 갈등의 변형은 적대자에게 갈등하는 이익을 공동의 선으로 방향을 돌리도록 하는 것을 목표로 한다. 극단적 상황에서 치명적 위협에 놓인 약자들을 보호하기 위해서 불가피하게 사용되는 무력에 대해서도 심각한 실패의 상징이요, 정의로운 평화의 길에 장애물로 여긴다. 인간 존엄성과 인권에 대한 인식은 정의로운 평화 이해에 핵심적이다. 자연세계에 대한 착취와 유한한 자원을 오용하는 것은 다수의 희생 위에 소수가 이익을 취하는 형태의 폭력이다. 정의로운 평화의 비전은 공동체 안에서 올바른 관계를 회복하는 것을 넘어서 인간으로 하여금 지구를 우리의 가정으로 돌볼 것을 요청한다. 우리는 이웃 종교인들과 협력하여 평화의 문화를 수립하기 위해 헌신해야 한다. 우리는 평화를 만드는 데 여성의 기여와 가치를 인정한다. 우리는 종교 지도자들이 이기적 목적으로 자신의 권력을 남용하거나 문화적·종교적 유형의 폭력과 억압에 기여한 것에 대해서 개탄한다. 우리는 공격적 수사와 가르침이 종교의 가면을 쓰고 전파되거나 미디어를 통해 확장되는 데 대해 염려한다. 정의로운 평화는 화해, 용납, 사랑의 공동체를 세우는 데 헌신하도록 한다. 평화교육은 평화 활동의 전략을 가르치는 것을 넘어서 인격, 가정, 교회, 사회를 영적으로 형성하는 근원적 활동에 기여한다. 평화교육은 평화의 정신을 함양하고, 인권을 존중하게 하며, 폭력에 대한 대안을 받아들이도록 한다(para. 21, 22, 25, 26, 27, 28, 29).

세계화로 인해 전 지구적 폭력과 인권 침해가 난무하는 속에서 평화가 이뤄져야 할 곳은 지역사회, 지구, 시장, 사람들 사이이다. 교회는 평화의 문화를 세우는 자가 된다. 평화의 문화는 교회와 이웃 신앙공동체로 하여금 미디어 오락, 게임, 음악 등에 만연한 폭력과 구조적·습관적 폭력에 도전할 것을 요구한다. 인간이, 특히 여성과 어린이가 성폭력으로부터 안전하고 무력 갈등으로부터 보호받을 때, 무기가 금지되고 제거될 때, 가정폭력이 다뤄지고 멈출 때 평화의 문화가 실현된다. 교회가 평화를 세우는 자가 되려면 교회 내 폭력에 대한 침묵의 문화를 깨뜨려야 하며, 지역사회 안에서 일어나는 폭력을 극복해야 한다(para. 30, 31, 32).

인간의 삶의 형태의 결과인 기후변화는 정의로운 평화에 대한 전 지구적 위협이 된다. 지구온난화, 해수면 상승, 빈발하며 심각해지는 가뭄과 홍수는 세상에서 가장 취약한 사람들에게 해를 끼친다. 하나님의 소중한 선물인 피조물을 돌보고 생태학적 정의를 추구하는 것이 정의로운 평화의 핵심 원리들이다. 생태적인 교회들과 녹색교회들이 지역에서 더 필요하다. 지구가 좀 더 살 만한 곳이 되도록 정부와 기업을 통제할 국제조약을 제정하고 실행하기 위해 에큐메니칼 옹호가 필요하다(para. 33~35).

사회경제적 격차가 한 국가 안에서, 국가들 사이에서 점차 확대되는 것은 시장지향적 경제자유화 정책의 효율성에 대해 심각한 의문을 제기하며 경제성장을 사회의 최우선 목표로 삼는 데 대해 도전하게 한다. 이러한 불일치는 정의와 사회통합과 공공선에 심각한 도전이다. 과소비와 빈곤은 모두 폭력이다. 시장의 평화는 '생명의 경제'를 만듦으로써 양성된다. 생명의 경제의 기초는 평등한 사회경제적 관계, 노동자의 권리 존중, 자원의 정의로운 분배와 지속가능한 사용, 모두를 위한 건강하고 알맞은 식량, 경제적 의사결정 과정에 대중의 참여 등이다. 교회는 지속가능한 생산과 소비, 재분배의 확대, 정당한 세금, 공정한 무역, 깨끗한 물과 공기와 다른 공공재의 보편적 제공을 위한 대안적 경제정책을 증진시켜야 한다. 구조와 정책에 대한 규제들은 금융을 경제적 생산뿐 아니라 인간의 필요와 생태학적 지속성과도 연결해야 한다. 모든 사람에게 충분한 식량과 숙소, 교육과 보건을 제공하고, 기후변화에 대처하기 위해서는 군비 지출을 상당 부분 줄이도록 해야 한다. 인간 안보와 생태 안보가 국가 안보보다 더 경제적 우선순위가 되어야 한다(para. 36~38).

인류 역사는 평화 추구와 갈등의 전환, 법치 등 도덕적 가치를 추구한 것도 보여주지만 그 정반대의 가치인 외국인 혐오, 공동체 내 폭력, 증오 범죄, 전쟁 범죄, 노예제, 인종 학살 등으로 오염된 것도 보여준다. 핵으로 인한 대량살상과 기후변화로 인한 인간 생명에 대한 위협은 정의로운 평화를 위한 전망과 엄청난 생명을 파괴할 수 있다. 두 가지 위협 모두 창조물에 내재한 에너지를 폭력적으로 남용한 것이다. 교회는 국가 간 상호책임과 갈등 해결을 위한 조약뿐 아니라 국제인권법의 강화를 위해 활동해야 한다. 교회는 전쟁을 방지하고 무기를 제거하기 위해서 이웃종교인들과 협력하고 신뢰를 증진해야 한다(para. 39~41).

(5) 희년과 경제정의: AGAPE

1994년 WCC는 폭력극복 프로그램을 시작했는데 정의, 평화, 창조 보전(JPIC)은 이 프로그램에 사고의 틀을 제공했다. 도시농어촌선교(URM)는 중산층 교회에 큰 도전이 된다. 교회는 점증하는 경제적 불의가 지구화와 현 세계의 금융체제에서 유래한다는 것을 인식하고, 그것이 노동의 권리와 지속가능한 생태계에 주는 영향을 고려해야 한다. 또 인종 청소나 대학살에 대해 교회들은 지역적, 국가적, 지구적 차원에서 강력하게 대응해야 한다. 무력 갈등과 폭력에 대한 교회의 대응은 정의로운 평화 만들기, 갈등의 전환과 화해를 포함해야 한다. 교회의 개입은 특정한 상황에 적절해야 하며, 옹호, 예언자적 발언과 명상을 연합한 역할이어야 한다.[28]

지구화의 비전은 그리스도인들의 인류의 일치와 하나님의 세계에 헌신하는 비전과 경쟁한다. 그리스도인들은 자신을 지구화의 비전에 종속시켜서는 안 되고, 다양성 안에서 가시적 일치, 신앙과 연대를 향한 대안적 비전을 강화시키도록 해야 한다. 그리스도인들은 전 지구적 차원에서의 일방적인 경제적·문화적 지배라는 지구화의 논리에 저항해야 한다. 그리스도인들은 초국적기업들과 다양한 경제기구들의 행동에 대안적 반응을 형성하고, 외채를 탕감하며, 토빈세를 포함한 대안적 금융체제를 만들고, 지구화로 인한 실직과 노동조건의 악화를 개선하고, 지역경제를 세우고, 소비패턴과 생활양식을 바꾸며, 교회의 부동산 보유, 재정, 금융 방식을 재고해야 한다. 한 마디로 경제를 신앙의 문제로 보아야 한다.[29]

---

[28] Diane Kessler (ed.), *Together on the Way* (Geneva: WCC Publications, 1999), 56, 133, 139.

[29] 위의 책, 183-184.

안병무는 희년의 절실성을 깨달은 것은 포로기로 자기 땅을 빼앗긴 후에야 남의 땅을 빼앗았던 과거를 반성하게 되었다고 보았다. 희년을 십계명과 긴밀한 관계에서 보아야 하며, 땅을 하나님의 것으로, 토지공개념을 신학적으로 보아야 한다. 그런데 안병무는 희년의 한계는 유대인의 기득권을 인정하고, 민족의 범위 내에서 이뤄졌고, 희년의 실현에 대해 백성들의 광범위한 동의를 얻지 못한 데 있다고 보았다. 그러나 예수가 선포한 하나님 나라는 희년을 넘어선다고 했다. 산상설교는 기득권 포기를 넘어서서 원수를 사랑하고 가해자를 위해 기도함으로써 기존 체제의 와해를 대망하는 것이다.[30]

WCC 제9차 총회는 아가페(Alternative Globalization Addressing People and Earth, 민중과 지구를 중심에 두는 대안적 세계화) 문서를 채택했다. 아가페는 연대의 경제와 지속가능한 공동체를 발전시킴으로써 가난과 불평등을 근절하고 국제무역에서 정의를 수립하며, 전 지구적 재정시장을 규제하고 무제한적인 채무를 탕감하며, 토지와 자연자원을 지속가능하게 사용하고 공공재와 공공 서비스의 사유화에 반대하며, 토지개혁과 생명농업을 지지하고 노동자들의 품위 있는 일자리와 정당한 임금을 옹호하며, 성서적·신학적 관점에서 권력과 제국의 문제를 성찰하는 데 헌신할 것을 우리에게 요구한다.[31]

---

[30] 안병무, "성서의 희년사상, 그 가능성과 한계," 채수일 편, 『희년신학과 통일희년운동』 (서울: 한국신학연구소, 1995), 18-42.

[31] Luis N. Rivera Pagán (ed.), *God, in your grace... Official Report of the Ninth Assembly of the World Council of Churches* (Geneva: WCC Publications, 2007), 218-223; 세계교회협의회 지음, 김승환 옮김, 『경제세계화와 아가페(AGAPE) 운동』(서울: 한국기독교교회협의회, 한국기독교생명농업포럼, 2007).

3. 한국교회 평화선교의 과제

필자는 한국교회 평화선교의 과제로 전쟁 기억 치유를 통한 민족의 화해, 한국전쟁 전후 민간인 학살 진상규명, 일제의 왜곡된 역사 극복과 올바른 한일관계 정립, 베트남 민간인 학살에 대한 진상규명과 사과, 희년운동/평화를 이루는 교회 10년 운동, 군축과 평화체제 구축, 민족 코이노니아와 하나님의 경제 수립, 평화운동과 평화의 사도 훈련, 평화교육, 아시아 교회/민간단체와 함께 하는 교회의 날, 비무장 지대를 생태공원/생태지대로 만들기 등을 제시한 바 있다.[32] 이 장에서는 이 내용을 보완하거나 추가해야 할 내용만 다루기로 한다.

모잠비크 출신의 난민 25,000명을 스와질란드에서 5년간 돌본 메리 홀소플은 난민에게 제공되었던 자원들을 난민 상황을 연출한 전쟁을 막는 데 사용할 수는 없는가 하는 질문을 던졌다. 그녀는 부자 국가들이 난민들에게 엄청난 지원을 하지만 전쟁을 막기 위한 지원은 무척 제한적인 것을 알게 되었다. 이것은 마치 서로 전쟁을 해서 죽고 다치고 난 후 난민이 생기면 우리가 도울 수 있지만 전쟁을 막기 위해 학교를 세우고 병원을 세우는 데에 지원할 만한 자원이 없다는 메시지처럼 들린다고 했다. 우리가 원하기만 하면 가난의 심각성을 줄이고 갈등이 전쟁으로 비화하기 전에 갈등을 약화할 수 있다고 그녀는 확신했다. 평화를 위해 지역사회를 개발하고 공공 보건에 초점을 맞추는 것이 필요했다.[33]

---

[32] 황홍렬,『한반도에서 평화선교의 길과 신학: 화해로써의 선교』(서울: 예영 B&P, 2008), 299-309.

[33] Mary Yoder Holsopple, Ruth E. Krall and Sharon Weaver Pittman, *Building Peace: Overcoming Violence in Communities* (Geneva: WCC Publications, 2004), 5, 7.

1) 비폭력 대화

로젠버그는 우리의 대화가 도덕주의적 판단, 비교하기, 책임을 부정하기 등으로 인해 대화 참여자들이 소통하지 못함으로써 폭력적이 되고, 인간관계가 깨져 사회적 갈등을 심화하는 결과를 초래한다고 생각하고, 대안으로 비폭력 대화를 제시했다. 비폭력 대화는 우리 마음 안에 폭력이 가라앉고 인간 본성인 연민의 상태로 대화를 하는 것으로, 상대방에 대한 비판이나 상대방 언행에 대한 분석이 아니라 상대의 언행에 대한 관찰, 그에 대한 나의 느낌 그리고 내가 무엇을 원하는지 그 요구를 명확히 알고, 그것을 상대방에게 구체적으로 부탁하는 것으로 구성된다. 그는 우리의 대화에서 나오는 비판이나 분석을 사회 지배층이 다수를 지배하기 위해서 심어놓은 교육이나 사고방식에서 비롯된 것으로 여긴다. 비폭력 대화가 가능하려면 사회의 지배 엘리트가 제시하는 규정을 따르지 말고, 자신의 느낌이나 요구를 분명하게 제시해야 한다. 그는 지난 30년 동안 비폭력 대화방식을 갈등하는 개인관계뿐만 아니라 갈등하는 사회나 단체 사이에 적용해서 좋은 효과를 보았다.[34] 이러한 비폭력 대화를 가정이나 교회에서, 직장이나 사회에서 그리고 갈등 관계에 있는 당사자들 사이에서 사용한다면 갈등의 양이나 질이 줄어들 뿐 아니라 인간관계와 사회관계에서 평화를 누리게 될 수 있을 것이다.

---

[34] 마셜 B. 로젠버그, 캐서린 한 옮김, 『비폭력 대화: 일상에서 쓰는 평화의 언어, 삶의 언어』(서울: 바오출판사, 2004).

2) 평화를 위해 일하는 사람들: 주도권의 전환과 평화운동 8단계

정의와 평화를 위해 일하는 사람들을 양육하기 위해서는 우선 주도권의 전환에서 시작해야 한다. 글렌 스타센에 따르면 정의와 평화를 인간이 성취하는 것이 아니라 하나님께서 하신다는 하나님의 주도권으로 전환해야 한다. 둘째, 정의와 평화에 관한 이상이 아니라 그것을 실천할 수 있는 행동 모형에 관심을 가져야 한다. 셋째, 복음을 전 지구적인 안전(정의와 평화)을 향해 한 걸음씩 분쟁을 해결하는 방법과 제도로 전환해야 한다. 넷째, 정의운동/평화운동이 새로운 상황(냉전 종식) 속에서 새롭게 이해되어야 한다.[35] 그의 주도권의 전환은 성서적으로는 산상수훈[36]과 사도 바울의 평화의 복음[37]에 근거를 두고 있다.

평화를 위해서 일하는 사람들을 위해 스타센은 평화운동의 8단계를 제시했다.[38] 첫째, 우리 삶 속에 엉켜 있는 폭력과 죄의 악순환의 과정을 인식하고 구원의 길을 열어주는 하나님의 은혜를 인식하며, 하나님의 은혜와 사랑에 의해서 악순환이 평화로 전환되기를 간청한다. 둘째, 우리가 가해자, 적, 원수라고 여기는 사람과 대화하고 화해를 해야 한다. 셋째, 원수 갚듯이 저항하지 말고 오리를 가라면 십리를 가고, 겉옷을 달라고 하면 속옷을 주는 전환의 주도권을 행해야 한다. 이는 악순환에 종속됨을 거부하고, 하나님의 은혜의 구속에 참여하는 것이다. 넷째, 돈을 예배하는 삶에서 하나님의 통치와 하나님

---

[35] 글렌 H. 스타센, 신상길 · 김동선 옮김,『평화의 일꾼』(서울: 한국장로교출판사, 2003), 15, 16, 30, 40.
[36] 위의 책, 35-56.
[37] 위의 책, 57-62.
[38] 위의 책, 62-95.

의 공의를 추구하는 삶으로 전환이 필요하다. 공의는 공동체를 회복하는 정의로서 법정과 시장(경제)을 통해 이뤄진다. 다섯째, 원수를 사랑하고 원수의 타당한 이익을 지켜주는 것이다. 하나님의 평화의 정치는 원수를 원수로 남아 있지 않게 하는 것이다. 이로써 원수를 제거하고 친구를 얻는 이중의 승리(마틴 루터 킹)를 하게 된다. 여섯째, 원수를 위해 꾸준히 기도하는 것이다. 기도는 하나님의 뜻에 우리를 맞추는 것이다. 일곱째, 판단하지 말고 회개하고 용서해야 한다. 평화운동을 위한 주도권의 전환은 상대방을 변화시키기 위함이 아니라 우리 자신의 회개와 용서를 위해 일할 것을 요청한다. 여덟째, 평화운동을 교회 차원에서 실천해야 한다.

3) 평화교육: 평화 문화와 평화의 영성 함양

학교는 어린이와 학생들에게 우정을 맺는 기술, 갈등 해결책, 분노 조절, 공감, 충동 통제, 서로의 차이를 축하하는 것 등을 가르쳐야 한다. 유치원이나 어린이집은 나누고, 서로를 존중하며, 친절하고, 집단에 적절하게 동참하는 방법에 대해 교육할 수 있다. 어린이들은 인종, 연령, 장애, 종교, 경제적 상태 등이 다른 사람들의 현실을 바르게 인식하고, 더불어 사는 교육을 받을수록 문화적 다양성 속에서 살 능력을 갖추게 된다. 학교에서 다른 학생들을 괴롭히는 학생들을 위한 프로그램은 방관자의 역할과 괴롭히는 행동에 대해 비폭력적으로 대응하는 방법을 다룬다. 학교는 정책과 활동의 우선성을 사후처리보다는 예방에 두어야 한다. 존경받는 어른의 역할 모델이 중요하다. 어른들은 어린이나 청소년들 사이에 건전한 또래 관계를 형성하도록 격려해야 한다. 부모는 어린이들이 텔레비전, 비디오, 인터넷,

컴퓨터 게임 등을 통해 폭력에 노출되는 정도를 알아야 한다. 부모가 학교교육과 협력하는 것이 필요하다.[39]

평화교육은 지역사회에서도 실시되어야 한다. 대중을 대상으로 학교가 평화교육을 제공한다. 지역사회에서 폭력을 줄이는 방법은 언론 캠페인을 통해서도 가능하다. 평화교육을 위해서 참여하는 전문가들의 팀워크가 필요하며, 평화교육을 담당하는 자들에 대한 지속적인 재교육이 필요하다. 평화교육에 참여하는 단체와 개인들은 평화를 세우는 노력에 에너지와 자원을 우선적으로 집중하고 평등하게 집행되도록 교육부와 지방 교육청의 정책 변화를 위한 입법 활동을 위해서도 노력해야 한다.[40]

평화운동에서는 원수를 위해 기도하는 것이 중요하다. 기도가 평화운동에서 결정적으로 중요한 이유는 용서가 기도의 힘에 달려 있기 때문이다. 평화운동이 지속적으로 유지되고 사회에 영향을 끼치려면 평화운동에 참여하는 자들의 영성훈련에 대해 강조해야 한다. 존 디어는 간디의 비폭력 저항을 통한 인도의 변혁을 위한 그 일생이 "하루하루 자기 비움과 기도, 연구 그리고 커다란 희생을 치러야 하는 철저한 삶의 실험을 통해 느리고 고통스럽게 이루어진 과정"이라고 정리한다. 간디는 자신의 삶을 "진리와 비폭력은 오래된 것"으로 "이 둘을 할 수 있는 한 폭넓게 실험한 것이 내 삶의 전부였다"고 하면서 "지금껏 30년 동안 성취하려고 애써온 것은 자아실현(깨달음)이요, 얼굴과 얼굴을 맞대고 하느님을 봄이요, 모크샤(구원)에 도달함"

---

[39] Mary Yoder Holsopple, et. al., *Building Peace: Overcoming Violence in Communities*, 28-37.

[40] 위의 책, 37-45. 평화교육의 좋은 사례에 대해서는 콜먼 맥카시, 이철우 옮김, 『19년간의 평화수업』(서울: 책으로여는세상, 2007) 참조.

이라고 했다. 그렇지만 그는 이런 노력의 한계를 다음과 같이 고백했다. "끊임없이 몸부림쳤지만 아직도 이 세 겹(생각과 말, 행동)의 정화가 내 안에서 이뤄지지 않았음을 나는 안다. 세상의 칭찬이 달갑지 않고 오히려 가시가 되어 찌르는 이유가 여기에 있다."[41] 도르테 죌레는 18세기 퀘이커 교도인 존 울먼을 통해 신비주의와 저항 사이에 밀접한 관계가 있음을 주장한다. 울먼이 노예제를 반대하고, 간소한 생활을 주장하고, 전쟁을 반대한 평화운동의 바탕에는 신비주의적 경건이 있다고 말한다. 즉 그가 하나님과 하나됨이 그를 사회변화를 위한 활동가로 이끌었다는 것이다.[42]

4) 보건 영역: 폭력 희생자에 대한 돌봄과 폭력 예방 프로그램

세계보건기구가 권장하는 프로그램 중 개인과 관련해서는 폭력적이거나 폭력적이 될 위험이 높은 개인, 폭력의 희생자, 가해자 치유 프로그램, 가정과 관련한 관계 접근방식으로는 폭력에 노출될 위험이 높은 어린이의 부모훈련 프로그램, 반사회적 행동을 할 위험이 높은 어린이들에 대한 멘토링 프로그램, 가족치유 프로그램, 갈등 조절을 포함한 인간관계 훈련 프로그램, 지역사회와 관련해서는 전체 지역사회를 대상으로 하는 대중교육 캠페인, 안전을 위해 밤에 조명을 더 밝게 하고 어린이를 위한 운동장 확보, 폭력적 행동의 위험이 높은 청소년들에게 방과후 활동, 다양한 폭력에 적절하게 대응하기

---

41 존 디어 엮음, 이재길 옮김, 『내 삶이 내 메시지다: 한 권으로 만나는 간디 사상의 에센스』(서울: 샨티, 2004), 11, 63, 65, 94.

42 Dorothee Soelle, "Mysticism and Resistance," in Robert Herr and Judy Zimmerman Herr(eds.), *Transforming Violence: Linking Local and Global Peacemaking* (Scottdale: Herald Press, 1998), 48-52.

위해 보건 관련 전문가들을 위한 훈련 프로그램, 병원과 보건소에 근무하는 전문인들을 위한 훈련 프로그램, 사회적 접근과 관련해서 사회적 불평등을 줄이고 가족을 지원하는 정책 변화, 인종차별·성차별·종교차별의 문화 바꾸기, 법의 변화, 군축 프로그램, 국제조약 변화 등이 있다. 대부분 보건 관련자들은 개인의 돌봄에 초점을 맞추고, 주로 폭력이 일으킨 문제를 다룬다. 더욱 중요한 것은 폭력에 대한 예방에 그들의 활동의 초점을 맞춰야 한다는 점이다.[43]

5) 평화 메시지 전달자로서 미디어

텔레비전이 보급된 도시나 국가에서는 놀이터에서 폭력 발생 빈도가 증가하고, 15년 후에는 살인 빈도가 두 배로 증가한다. 텔레비전이 보여주는 폭력이 직접 사람을 죽이는 것은 아니지만 우리의 폭력에 대한 면역체계를 파괴하고, 폭력으로부터 오는 즐거움을 추구하도록 우리를 길들인다. 텔레비전, 영화, 비디오 게임은 폭력 사용을 강화하고, 폭력이 정상화되는 분위기를 만들어낸다는 수많은 연구보고가 있다. 그러므로 지속적으로 미디어 폭력에 노출되면 어린이나 어른들은 폭력에 덜 민감해지고, 폭력을 살기 위해 필요하며 정상적인 방법으로 받아들이게 된다. 우리는 폭력의 이미지를 비판적으로 생각하고 그 효과를 경감하는 교육을 해야 하고, 폭력의 강력한 메시지를 해체해야 한다. TV의 어린이 프로그램이 폭력보다는 선입견이나 편견을 변화시키고, 인간의 상호의존성, 다양한 문화전통에

---

43 Mary Yoder Holsopple, et. al., *Building Peace: Overcoming Violence in Communities*, 47-49.

대한 존중, 갈등에 대한 이해와 창조적 해결, 자신과 타자에 대한 존중, 관계 형성 등에 대해 제시하도록 해야 한다. 어린이와 가족에 대해 적절치 않은 방송에 대한 보이콧 운동, 미디어를 통한 평화 캠페인 실시, 지역사회의 다양한 집단과 함께 미디어의 변화 요청, 좋은 뉴스와 나쁜 뉴스 사이에 균형 갖추기, 사회적 기업 소개 및 비폭력적 프로그램 제작 등을 요구하며, 미디어에 대한 비판적 활동을 전개할 수 있다.[44]

6) 공적 영역에서의 평화선교

지역사회 복지를 다루는 공적 영역에 대한 접근방식은 지역사회에서 평화문화를 수립하는 데 성패를 좌우한다. 가정과 학교, 이웃에서 폭력을 줄이고, 평화를 수립하기 위해서는 반드시 공적 영역을 포함해야 한다. 지역사회는 매년 다문화 잔치를 통해 다양한 인종과 문화를 직접 접함으로써 문화적·인종적 다름을 수용하고, 서로 배우는 기회를 통해 평화교육을 할 수 있다. 경찰관들에게 갈등해결과 분노조절에 대한 교육을 실시할 수 있다. 그리고 지역사회에서 시민, 공적 영역 서비스 제공자, 사회봉사기관 사이에 광범위한 협력관계를 구축해야 한다. 풀뿌리 네트워크를 동원하기 위해 지도자를 발굴하고 강화하는 것은 대중의 변화를 위해 필요하다. 지역의 문제에 대해 자유롭게 의사를 표명하는 이웃 간 모임은 모든 주민에게 이익을 주는 사회정책을 수립하는 데 필요하다.[45] 국가정책은 예산과 밀접한

---

44 위의 책, 74-81.
45 위의 책, 83-87.

관련을 갖는다. 미국의 전직 장군들과 고위 장교들은 예정된 사업을 변경하지 않고도 국방성 예산을 15% 정도 줄일 수 있다는 데 동의한다. 중앙정부나 지방정부의 예산을 평화를 위해 사용하도록 함으로써 교도소가 넘쳐나는 대신에 어린이와 청소년들에게 평화교육을 실시하고, 건강과 복지를 위한 예산을 제대로 지원함으로써 범죄를 예방하고 폭력에 연루되는 기회를 줄이는 정책을 시행하도록 해야 한다.[46]

7) 갈등/분쟁 지역에서의 평화선교 전략

듀에인 프리즌은 교회가 평화를 만들기 위해 세상에서 해야 할 다섯 가지 차원의 행동을 제시한다.[47] 그는 전쟁을 유발하는 근본 원인 중 하나는 전쟁이 분쟁의 해결책이 되며, 이를 정당화하고 합법화하는 신념체계 때문이며, 교회 역시 이러한 불의한 구조들을 합법화하는 데 중요한 역할을 해왔다고 비판한다. 그렇지만 교회는 전쟁을 불법이라 규정하고, 정의로운 사회구조를 창조하기 위해 갈등을 비폭력적 형태로 해결하는 방법을 지지하도록 준비하는 역할을 함으로써 사회의 평화적 에토스를 형성하는 데 기여할 수 있다. 이러한 에토스는 먼저 가정과 학교, 언론 매체에 뿌리를 내려야 한다.

둘째, 교회는 사회에서 정의와 비폭력을 예시할 수 있다. 1950년대 미국 조지아 주의 클라렌스 조단의 코이노니아 농장은 흑인과 백인이 공동 노동과 공동생활을 통해 흑백 인종차별의 사회에서 대안

---

[46] 위의 책, 88-93.
[47] 듀에인 프리즌, 박종금 옮김, 『정의와 비폭력으로 여는 평화: 국제갈등과 기독교적 실천』(서울: 대장간, 2012), 285-305.

적 삶의 방식을 사회에 제시했다.

셋째, 교회는 인간의 필요를 충족시키기 위한 제도를 조직화한다. 교회는 교육과 건강 증진 기관들, 재소자 사회복귀를 위한 프로그램, 농촌과 공동체 발전 프로젝트 등 평화와 정의를 가능케 하는 사회적 조건들을 조직하는 데 기여할 수 있다.

넷째, 교회는 공공정책을 만들거나 국가가 정책을 결정하는 데 영향을 미칠 수 있다. 교회가 직면한 딜레마는 한 국가 안에서 행하는 선교가 위기에 봉착하지 않으면서 억압받는 사람들과 가난한 자의 주장을 얼마나 옹호할 수 있는가 하는 것이다. 자원봉사단체를 통해 평화운동에 참여하는 것이 중요하다.

다섯째, 그리스도인들은 자신이 일하는 기관을 통해 평화와 정의를 증진하는 것이 필요하다. 교회는 소명의식을 갖고 평화에 접근해야 한다. 소명은 평화와 정의 같은 폭넓은 문제들과 관련된 사회적 목적을 포함한다. 평화의 일꾼은 지역적 차원에서 일하거나 국제적 차원에서 일할 수 있다.

글렌 스타센은 독일의 정치학자, 활동가, 교회 지도자들의 경험과 논거를 근거로 정의로운 평화운동의 일곱 가지 원칙을 제시한다.[48]

첫째, 공동의 안전을 확언하라. 우리와 적 사이의 평화와 정의의 질서는 배제의 정치가 아니라 포괄의 정치에 바탕을 두어야 한다.

둘째, 독자적인 주도권을 취하라. 적대국 사이에 힘의 균형이론은 군비증강과 전쟁 위험을 증가시킨다. 상대방의 반응을 전환시키는 것을 목적으로 삼기 위해서는 독자적인 주도권이라는 새로운 전략

---

48 위의 책, 102-120.

이 필요하다. 독자적 주도권은 현실적 상호협상을 위해 군비축소를 일방적으로 진행하는 전략이다. 원수를 사랑한다는 것은 상대방이 먼저 첫발을 내딛는 것이 아니라 내가 먼저 시작하는 것을 요구한다.

셋째, 상대편과 대화하라. 분쟁을 해결할 방법을 사용하면서 협상할 방법을 모색한다. 정부에 협상을 택하도록 하기 위해 유엔의 역할을 강화하는 것이 필요하며, 대륙 규모의 안보협력기구를 통해 대화하도록 요청해야 한다.

넷째, 인권과 정의를 구하라. 인권 문제를 가볍게 여기는 것은 평화의 부재를 의미하기 때문에 약자를 위해 인권과 정의를 구해야 한다. 인권 박탈, 인종적인 민족주의, 경제적 파국은 폭력적 갈등이나 전쟁의 요인이 될 수 있다. 인권은 시민권, 경제권, 참정권을 포함하는 포괄적 개념이다.

다섯째, 악순환을 인식하고 평화운동의 과정에 참여하라. 우리와 적을 폭력이나 증오에 얽매는 악순환에 대한 인식과 평화운동에 참여할 필요성은 밀접하게 연결되어 있다.

여섯째, 도덕적 판단의 선전을 중지하고, 자신의 잘못을 인식하고 고백하라. 인식되지 않은 죄는 도덕적 죄일 뿐 아니라 화해의 강력한 장벽이기도 하다. 그러므로 정직한 인식은 도덕적으로 당당한 선택일 뿐 아니라 평화운동을 향한 본질적 단계이다. 동독 교회는 인종주의와 반유대주의, 복음의 이름으로 전쟁을 치른 것에 대해 회개했다.

일곱째, 진리를 위해 시민단체와 함께 일하라. 교회는 국가의 정책수립 과정에 정확한 정보와 목소리를 가진 시민단체에 참여해야 한다. 정부는 자신들의 이념을 정당화하고, 관료제도를 영속화하며, 군산복합체의 이익을 추구하는 데 열중한다. 교회와 시민단체들이 정부에 압력을 가하지 않으면 정부는 평화운동의 방향에 동참할 수 없다.

글렌 스타센이 제시한 주도권의 전환은 이론으로 그치는 것이 아니라 미국과 소련 사이에 미사일 철거에 실제적으로 적용되었다.[49] 아이젠하워 대통령 시절 오스트리아에서 소련이 철수한 것도 주도권의 전환에서 비롯되었다.[50] 이렇게 주도권의 전환을 현실 정치에, 국제관계에 실제로 적용하기 위해서는 정부가 독자적으로 주도권을 사용하도록 시민들과 교회가 압력을 행사하는 것이 필요하고, 지도자의 인식의 전환이 요구된다.

나가는 말

한반도에서 남북의 화해와 평화통일을 위한 한국교회의 평화선교의 과제에 대해 살펴보면서 얻은 중요한 점을 지적하는 것으로 결론을 대신하고자 한다.

첫째, 남북의 화해와 평화통일을 위한 평화선교의 과제는 포괄적으로 접근해야 한다. 과거 전쟁의 상처 치유를 통한 화해, 남북 간 다양한 교류와 협력, 평화교육, 경제교류 및 경제공동체 형성, 군축과 평화체제 구축, 핵무기 철폐 등을 함께 고려하는 포괄적 접근을 해야 한반도에서 남북 사이에 화해와 평화통일을 이룰 수 있다. 한반도의 화해와 평화통일에 대한 포괄적 접근은 평화를 이루기 위한 다양한 요소들을 함께 고려해야 하기 때문이지만 신학적으로는 샬롬이 세 가

---

49 위의 책, 122-146.
50 위의 책, 86-87.

지 차원(하나님과 인간, 인간과 인간, 인간과 피조물)을 지니기 때문이다.

둘째, 포괄적 접근은 기독교 현실주의자들의 제안처럼 구체적인 현실을 고려하여 효과적인 방식들을 제시하는 것으로 보완되어야 한다. 평화에 대한 포괄적 접근은 자칫 실현이 어려운 이상적 구호들만 제시하는 것으로 비칠 수 있다. 그렇기 때문에 포괄적 접근으로 제시한 것들을 구체적 현실에서 실현 가능한 효과적인 방법으로 제시해야 한다. 평화선교는 주의 기도에 나타난 것처럼 하나님의 뜻(샬롬)을 이 땅에 이루도록 구체적 활동을 통해 전개되어야 한다.

셋째, WCC의 폭력극복운동10년 과정에 나타났던 다양한 평화선교의 사례들과 신학 그리고 역사적 평화교회들(메노나이트, 퀘이커, 형제교회)로부터 비폭력 평화운동과 평화신학에 대해 배울 필요가 있다.

넷째, 평화선교는 교회 안과 지역사회에서의 평화교육을 통해 평화문화를 세우고, 평화의 영성을 함양하며, 교인들을, 특히 청년과 여성을 평화의 사도로 훈련시키는 것이 필요하다.

다섯째, 교회가 화해의 공동체, 치유공동체가 될 때, 주님의 평화를 거스른 죄를 회개할 때, 교회는 평화선교에 참여할 수 있다. 그 이전에 교회는 스스로 폭력이나 불의에 연루되거나 폭력이나 불의를 지지했던 잘못을 회개하고, 회개에 합당한 열매를 맺는 삶을 살 때 세상에서 샬롬을 예시할 수 있게 된다. 따라서 교회는 평화선교를 방해하는 교회적, 신학적 요소들에 대해 철저한 자기비판을 해야 한다.

참고문헌

안병무. "성서의 희년사상, 그 가능성과 한계." 채수일 편.『희년신학과 통일희년운동』. 서울: 한국신학연구소, 1995: 18-42.

정경호.『함께 부르는 생명평화의 노래: 생명평화 신학을 향하여』. 서울: 한들출판사, 2009.

천이두.『한의 구조 연구』. 서울: 문학과지성사, 1993.

황홍렬.『한반도에서 평화선교의 길과 신학: 화해로써의 선교』. 서울: 예영 B&P, 2008.

Ariaraiah, S. Wesley. *Axis of Peace: Christian Faith in Times of Violence and War*. Geneva: WCC Publications, 2004.

Dear, John. *Mohandas Gandhi: Essential Wrings*, 이재길 옮김.『내 삶이 내 메시지다: 한 권으로 만나는 간디 사상의 에센스』. 서울: 샨티, 2004.

Enns, Fernando. Holland, Scott & Riggs, Ann. (eds.) *Seeking Cultures of Peace: A Peace Church Conversation*. Geneva, Scottdale: WCC Publications, Herald Press, 2004.

Friesen, Duane K. *Christian Peacemaking & International Conflict: a real-istpacifist perspective*. 박종금 옮김.『정의와 비폭력으로 여는 평화: 국제 갈등과 기독교적 실천』. 서울: 대장간, 2012.

Holsopple, Mary Yoder & Ruth E. Krall & Sharon Weaver Pittman. *Building Peace: Overcoming Violence in Communities*. Geneva: WCC Publications, 2004.

Jones, L. Gregory. *Embodying Forgiveness: A Theological Analysis*. Grand Rapids, Michigan: William B. Eerdmans Publishing Company, 1995.

Keshgegian, Flora A. *Redeeming Memories: A Theology of Healing and Transformation*. Nashville: Abingdon Press, 2000.

Kessler, Diane. (ed.) *Together on the Way*. Geneva: WCC Publications, 1999.

McCarthy, Colman. *I'd Rather Teach Peace*. 이철우 옮김. 『19년간의 평화수업』. 서울: 책으로여는 세상, 2007.

Matthey, Jacques. (ed.) *Come Holy Spirit, Heal and Reconcile!: Called in Christ to be Reconciling and Healing Communities*. Report of the WCC Conference on World Mission and Evangelism, Athens, Greece, May 9~16, 2005. Geneva: WCC Publications, 2008.

Morill, Bruce T. *Anamnesis As Dangerous Memory: Political and Liturgical Theology in Dialogue*. Minnesota: A Pueblo Book, 2000.

Müller Fahrenholz, Geiko. *The Art of Forgiveness: Theological Reflections on Healing and Reconciliation*. Geneva: WCC Publications, 1997.

Rivera Pagán, Luis N.(ed.), *God, in your grace ⋯ Official Report of the Ninth Assembly of the World Council of Churches*. Geneva: WCC Publications, 2007.

Rosenberg, Marshall B. *Nonviolent Communication: A Language of Life*. 캐서린 한 옮김. 『비폭력 대화: 일상에서 쓰는 평화의 언어, 삶의 언어』. 서울: 바오출판사, 2004.

Shriver Jr., Donald W. *An Ethic for Enemies: Forgiveness in Politics*. New York, Oxford: Oxford University Press, 1995.

Signer, Michael A. (ed.) *Memory and History in Christianity and Judaism*. Notre Dame: University of Notre Dame Press, 2001.

Soelle, Dorothee. "Mysticism and Resistance." in Robert Herr and Judy Zimmerman Herr. (eds.) *Transforming Violence: Linking Local and Global Peacemaking*. Scottdale: Herald Press, 1998: 48-52.

Stassen, Glen H. *Just Peacemaking*. 신상길 · 김동선 옮김. 『평화의 일꾼』. 서울: 한국장로교출판사, 2003.

WCC. *Alternative Globalization Addressing Peoples and Earth*. 김승환 옮김. 『경제세계화와 아가페(AGAPE) 운동』. 서울: 한국기독교교회협의회, 한국기독교생명농업포럼, 2007.

______. *Just Peace Companion: Guide our feet into the way of peace(Luke 1:79)*. Geneva: WCC Publications, 2011.

9 장

신자유주의 지구화 시대의 생명선교*

들어가는 말

역사학자들은 20세기의 시작을 제1차 세계대전이 일어난 1914년으로 보고 있다. 21세기의 시작은 언제일까? 미국은 9·11이 일어난 2001년으로 본다. 유럽은 베를린 장벽이 무너진 1989년으로 본다. 아시아는 동남아시아에서 발생해 30만 명의 사망자를 발생시킨 지진해일이 일어난 2004년으로 보아야 하지 않을까?

냉전 종식 이후 인종 간 갈등으로 많은 희생자가 발생했고, 신자유주의로 인해 양극화가 심화되었다. 그렇지만 과학자들이 예측하고 우려하던 정도를 넘어선 환경재앙이 전 지구를 덮치고 있다. 우리나라에서는 새만금, 태안 기름유출 사고 그리고 기후변화(온대 → 아열

---

* 이 글은 죽임의 문화, 생명의 문화와 관련하여 "하나님 나라를 향한 교회의 문화선교적 과제," 예장총회교육자원부 편,『하나님의 나라와 문화』(서울: 한국장로교출판사, 2004), 318-334를 토대로 쓴 글이다.

대) 등으로 그 징후가 나타나고 있다. 21세기 인류의 긴급한 과제는 인간의 갈등 해소나 양극화를 넘어서서 지구생명공동체의 생존 자체이다. 그나나다슨은 오랫동안 정의 문제에 관여했던 사람들 가운데 상당수가 정의 문제에 비해 피조물에 대한 관심을 이차적인 관심사로 여기는 경향이 있다고 비판한다.[1]

미국발 금융위기가 미국뿐 아니라 전 세계를 강타하고 있다. 세계 금융경제를 이끌고 나아가던 투자은행들이 파산하거나 합병되거나 상업은행으로 전환했다. 부동산 거품이 꺼지면서 서브프라임 모기지 문제가 심각해지더니 금융 파상상품의 문제로 불똥이 튀면서 걷잡을 수 없는 세계적 경기 침체로 들어가고 있다. 7,000억 달러의 구제금융도 문제를 해결하지 못한다고 한다. 경제학자들은 '돈이 돈을 버는 경제'가 끝났다고 선언하기도 한다. 영국의 고든 브라운 수상은 시장에 대한 규제가 필요하다고 하고, 프랑스의 사르코지 대통령은 시장 만능주의는 미친 생각이라는 발언까지 했다. 신자유주의적 지구화/세계화가 빈부격차를 심화할 뿐 아니라 가난한 사람들과 국가들을 양산해 부메랑이 되어 글로벌 금융경제 자신을 무너뜨리려 하고 있다. 그런데 생태계 위기와 경제 위기는 긴밀한 관련을 갖는다.

우리나라는 미국 금융 위기로 가장 심각한 영향을 받은 나라가 되어 환율이 거의 환란 수준으로 올라가기도 했다. 그런데 이명박 정부는 투자은행을 여전히 고집하고 종부세 감면, 잘못된 환율정책 등으로 난파선에 올라타는 게 아닌가 하는 우려를 자아내고 있다. 북한의 핵실험과 그에 따른 대응은 한반도를 위기로 몰아갔다. 그러나 2·

---

[1] Aruna Gnanadason, "Women, Economy and Ecology," in David G. Hallman (ed.), *Ecotheology: Voices from South and North* (Geneva, Maryknoll, New York: WCC Publications, Orbis Books, 1995), 179.

13 합의를 통해 한반도는 새로운 평화체제로 나아가려 했지만 많은 암초가 있었다. 우여곡절 끝에 비핵화로 나아가고 있지만 쉽지 않은 길이다. 우리 사회에서 진행되는 빈부격차의 심화는 전 지구적인 규모로 일어나는 부자와 가난한 나라 사이의 격차의 심화와도 연결되어 있다. 이상과 같은 생태계 위기, 전쟁 위협이나 양극화 시대가 생명선교를 하지 않을 수 없는 시대적 배경이다. 이 글은 인간과 생태계의 생명을 앗아가는 죽임의 세력들을 죽임의 경제와 죽임의 문화로 밝히려 한다. 그리고 생명선교를 위해서 먼저 세계관의 변화를 요청하고, 생명선교의 신학적 방향을 제시한 후 생명선교의 과제로 살림의 경제와 살림의 문화 등을 제시하려 한다.

1. 죽임의 세력들

1) 죽임의 경제

(1) 신세계 질서[2]와 신자유주의적 지구자본주의

지구화는 경제, 정치, 사회, 문화 등이 하나의 세계적 구조로 통합되는 과정을 말한다. 지구화는 "인적 유동성의 증가, 커뮤니케이션의 발달, 무역과 자본 이동의 폭증, 테크놀로지 개발의 결과"로서 "지속적인 경제성장과 세계경제의 발전, 특히 개발도상국의 경제발전

---

2 '신세계 질서'라는 용어는 본래 개발도상국 위원회(South Commission)가 1990년에 사용했는데, 본래의 의미는 "지구사회에서 정의, 평등과 민주주의에 대한 개발도상국의 청원"이었다. 그러나 당시 미 대통령 조지 부시는 이 용어를 '걸프전'에 이용함으로써 그 의미를 변화시켰다. Noam Chomsky, *World Orders, Old and New* (London: Pluto Press, 1994), 4, 6을 보라.

에 새로운 기회를 준다. … 동시에 급격한 변화와 조정과정에 빈곤과
실업, 사회적 분열을 수반해왔다. 환경위험과 같은 인류의 복리를 위
협하는 요소들도 세계화(지구화)해온 것이다."[3] 이처럼 지구화는 양
면성이 있는데 여기서는 가난한 자들을 만들어내는 경제적인 측면
인 신자유주의적 지구자본주의를 먼저 다루기로 한다.

① 제3세계에서의 변화 - 퇴행: 현재의 변화된 세계에서 더 이상
혁명에 대해 말하는 사람은 없다. 이런 상황은 라틴 아메리카에도 적
용된다.[4] 이것은 제3세계에서 일어나고 있는 변화를 반영한다. 이런
변화는 1955년에 열린 반둥회의 참석자들의 제3세계의 미래에 대한
기대와 1990년 제3세계의 현재의 절망을 비교하면 금방 알 수 있다.
제3세계 지도자들이 반둥에 모였을 때 그들은 "공동의 번영과 그들
모두의 복지를 가져오는데 도움을 줄" 것으로 여겨지는 "우호 협력"
이라는 비전을 제시했다. "35년 후에 제3세계 대부분의 국가들의 문
제는 어떻게 공동의 번영을 이룩하느냐 하는 것이 아니라 어떻게 공
동의 비참으로 전락하는 데서 벗어나느냐 하는 것이다."[5] 월든 벨로
는 1980년대 "반전의 10년"(a decade of reversal)을 제3세계의 퇴행
의 주된 원인으로 제시한다. 아프리카는 지난 30년(1950~70년대)의
발전을 80년대에 상실했다. 라틴 아메리카는 80년대 10년을 잃어버
렸다. 남미에서 1990년 1인당 수입은 가까스로 1980년도의 수준에

---

[3] 주성수, "글로벌 시민사회, UN및 NGO," 조희연 편, 『NGO 가이드: 시민·사회운동과
엔지오 활동』(서울: 한겨레신문사, 2001), 86에서 재인용.

[4] José Comblin, *Called for Freedom: The Changing Context of Liberation Theology*
(Maryknoll, New York: Orbis Books, 1998), 64.

[5] Walden Bello, *Brave New Third World: Strategies for Survival in the Global Economy*
(London: Earthscan Publications Ltd., 1990), 1.

도달했다. 아시아에서는 일부 발전된 국가들이 있으나 나머지 국가들은 정체했다.[6] 그러므로 변화된 세계를 이해한다는 것은 1980년대 제3세계에서 일어난 '반전의 10년'을 이해하는 것이다. 이것은 제3세계에서의 혁명적 변화가 1980년대에 국한해서 일어났다는 것을 의미하지 않는다. 이것은 지구적 규모의 변화가 1980년 이전에 시작될 수 있으나, 그 변화가 다른 결정적 요인들과 함께 1980년대에 제3세계에 광범위한 영향을 주었음을 뜻한다.

② 지구자본주의: 지구자본주의의 가장 큰 특징은 "시장의 초국적화"(transnationalization)[7]이다. 시장의 초국적화 이전에는 미국의 거대 기업들이 제2차 세계대전 이후 외국에 투자를 해서 해외 경제에 침투해 전 지구적 규모로 확대됨으로써 세계시장이 국제화되었다. 이와 같은 시장의 국제화는 부분적으로 국가나 국제 정치기관들의 통제를 받았다. 1960년대 후반과 1970년대부터 전혀 새로운 현상이 일어났다. 그것은 경제가 국가의 정책을 지배하기 시작한 것이었다. 이것은 시장의 초국적화 때문에 가능해졌다. 생산과 무역 부문에서의 초국적화는 다국적기업에 의해 생산 가격이 지구상에서 가장 싼 장소를 찾아내는 행위(global sourcing)를 통해 수행되었다. 그러나 더욱 심대하고 훨씬 더 엄청난 결과를 초래한, 자본주의 시장경제에서 자본 축적과 규제의 혁명적인 방법은 금융시장의 초국적화였다.
변화의 핵심은 생산자본과 무역자본, 금융자본은 초국적(전 지구적)인 데 반해, 규제하는 정치 단위는 국가이거나 국제적인 데 머물

---

6 위의 책, 4-8.

7 Ulrich Duchrow, *Alternatives to Global Capitalism: Drawn from Biblical History, Designed for Political Action* (Utrecht: International Books, 1995), 69-75 참조.

러 있다는 것이다. 즉 (국가나 국제단위에 머문) 정치가 (초국적인, 전 지구적인) 경제를 규제할 수 없게 되었다. 세계 자본시장은 상업은행, 보험회사, 초국적 기업들에 의해 국가 규제를 넘어서 초국적으로 자신을 수립할 수 있게 되었다. 그들의 '신성한' 지구적 절대적 목적은 금융자산의 축적이거나 가능한 한 최단시간 내에 투자에 대한 최대의 이익을 얻는 것이다. 금융시장의 초국적화는 환투기와 신자유주의적 통화주의를 초래했다. 상업은행, 보험회사, 초국적 기업은 세계경제 분야에서 치외법권의 특권을 소유하게 되었다. 이들은 이런 특권을 이용해서 자신의 투자에 대한 위험 부담을 안거나 위험한 곳에 투자한 것에 대한 책임을 지지 않고, 가난한 채무국들에게 모든 것을 떠맡긴다. 이런 체제에서 채무국들은 그들이 진 빚의 원금의 몇 배되는 이자를 지급해도 원금은 한 푼도 갚지 못하는 빚의 노예가 되고 있다.

③ 신자유주의와 지구자본주의: 지구자본주의는 신자유주의에 의해 강력하게 지지를 받아왔다.[8] 개인의 자유, 사유재산의 보장, 이 두 권리를 보장하는 것을 국가의 주요 기능으로 이해하는 등 이 세 가지 원리를 주장하는 자유주의에 사회정의란 개념의 삭제와 '대안이 없다'(There Is No Alternative: TINA)는 원칙을 추가한 것이 신자유주의다.[9] 신자유주의는 자유시장이 모든 문제의 해결책이라고 주장한다. 신자유주의는 자본과 상품의 자유로운 흐름을 방해하는 모든 장벽이나 국경의 파괴를 주장한다. 만약 자유시장이 문제를 일으키면 그

---

[8] J. Comblin, *Called for Freedom*, 104.
[9] 박성원, "신자유주의 지구화와 세계교회의 대응," 「2006 기독교사회포럼 자료집」(2006년 4월 16일), 26-27.

해결책은 항상 더 큰 자유시장이다. 지구자본주의의 제조, 무역, 금융시장의 초국적화 논리는 신자유주의의 자유시장 이데올로기와 결합했다. 미국의 레이건 대통령과 영국의 대처 수상은 1980년대에 신자유주의 정책을 강력하게 이끌었다. 레이거니즘과 대처리즘하에서 세계 정부는 잘 활동하여 제3세계에 '반전의 10년'을 초래했다. 신자유주의는 정부에 의한 사회보장 프로그램을 비효과적인 것으로 보았다. 그러나 신자유주의의 가장 심각한 문제는 경제가 윤리로부터 해방되어 "신자유주의 이데올로기가 돈과 부를 신성화하고 돈을 우상화한다"[10]는 것에 있다. 콤블린은 의사소통의 관점에서 볼 때 신자유주의적 지구자본주의 사회는 "단 하나의 사고 유형만이 있고 비판이 사라지는 전체주의적 사회"라고 비판한다.

④ 신자유주의적 지구자본주의의 희생자들: 첫 번째 희생자들은 지난 500년간(1492~1992년) 착취당하고 불이익을 당해온, 현재 채무국들이다. 1982년부터 1989년 사이에 "제3세계의 가난한 나라들은 제1세계의 부자 나라들에게 2,362억 불을 지불함으로써 발전기금이 거꾸로(부자 나라들에게로) 흘러 들어갔다. … 1992년 통계에 따르면, 가난한 나라들은 채권 은행들과 국가들에게 매해 500억 불을 송금했다."[11] 이러한 신세계 질서는 가난한 사회 구조뿐만 아니라 서방 사회구조까지도 변화시켰다. 가난한 사회는 새 체제하에서 5%의 승자와 약간의 이익을 얻는 15%의 소수 그룹과 사회체제에서 배제된 80%의 패자들로 구성된다. 서방 사회는 1/3의 승자와 약간의 이익을 얻

---

[10] J. Comblin, *Called for Freedom*, 114.
[11] U. Duchrow, *Alternatives to Global Capitalism*, 78.

는 1/3의 불안정한 그룹과 1/3의 패자로 구성된다.[12] 국제노동기구 (ILO)의 한 보고서는 "세계 노동력의 약 30%가 1994년 1월 현재 실업상태이며, 최소한의 생활수준을 유지하는 데 필요한 만큼 벌지 못하고 있다. 이런 '장기적인 지속적인 실업'은 (1929년의) 대공황 규모의 위기"[13]라고 밝힌다. 신세계 질서하에서 제3세계, 특히 채무국들은 "빚의 노예"와 다르지 않다. 이것이 산살바도르에서 1994년에 열린 예수회 회의의 보고서에서 중미가 현재 겪는 지구화는 그들의 선조가 500년 전에 겪었던 정복과 식민화보다 훨씬 더 파괴적인 약탈이라고 토로한 이유다. 그러므로 "남반부의 '질서정연한' 국가들은 남반부의 점증하는 혼돈의 조건들을 만들고 있다."[14] 신세계 질서는 이처럼 제3세계에서, 남반부에서 엄청난 혼란을 초래하고 있다. 이 모든 희생자는 시장 이데올로기의 허위성에 대한 증인들이다. 이처럼 신자유주의적 지구자본주의는 빚진 노예를 양산하고, 10억의 인구로 하여금 기아와 영양실조에 시달리게 하며, 제3세계를 해체하고 가난한 자들을 무력화하며, 노동자들에게서 희망을 빼앗아가고 있다. 이것은 "만약 저항하지 않거나 방향 전환을 하지 않으면 죽음을 초래하는 경제"[15]이다. 그 죽음은 인간뿐 아니라 온 생태계의 파멸을 포함한다.

환경 전문가들은 천연재해의 80% 정도는 자연발생적이라기보다는 인위적인 것으로 추정하고 있다. 또 자연발생적이라 할지라도 결국 인위적인 요인으로 인해 피해 규모가 몇 배로 커지고 있다. 온실

---

12 위의 책, 118-119.

13 N. Chomsky, *World Orders, Old and New*, 188.

14 U. Duchrow, *Alternatives to Global Capitalism*, 110.

15 위의 책, 118.

가스가 현재와 같은 양으로 방출되면 금세기 말에는 지구 평균기온이 1도~3도 상승할 것이며, 해수면도 약 50cm 상승할 것이다. 오존층도 지난 100년 동안 매 십 년마다 5%~10% 감소했다. 이런 추세가 계속되면 다음 50년 사이에는 현재 지구상에 존재하는 생물 종의 50%가 소멸될 것이다. 생태계 위기는 대기권과 생물종 다양성의 위기와 직결되며, 이 둘의 관계에도 의존한다. 지구온난화와 오존층 파괴가 대기권 위기의 주된 원인이다. 생물종 다양성과 관련해서 자연에 대한 근본적인 인식의 전환이 필요하다.

1993년 발효된 '종 다양성 협약'은 동식물뿐 아니라 미세 유기체까지 보존할 것을 요구한다. 현재 12억 인구가 물 부족으로 고통을 당하고 있다. 아프리카 사막 주위 국가 중 2/5, 아시아 국가의 2/3, 라틴아메리카 국가의 1/5이 장차 사막화할 것으로 예측된다. 세계 인구가 1999년에는 60억이었는데 2050년에는 90억에 이를 것으로 추산하고 있다. 도시화로 인해 도시는 급격히 성장하고 농촌은 급속히 쇠퇴하고 있다.[16]

2) 죽임의 문화: 정체성과 공동체에 영향을 주는 사회·문화적 흐름들

우리 사회는 지난 30여 년 동안 산업화 과정을 압축적으로 거쳤다. 지난 1990년대 중반 이후부터 후기산업사회 또는 정보사회라는 새로운 사회현상이 나타나기 시작했다. 산업화가 공장과 기계에 기반을 두고 발전/개발을 통해 추진되었다면, 정보사회는 인터넷에 기

---

16 차명제, "글로벌화한 환경문제의 본질과 대안모색," 조희연 편,『NGO 가이드: 시민·사회운동과 엔지오 활동』(서울: 한겨레신문사, 2001), 162-174.

반을 둔 디지털 문화를 지향한다. 2002년 월드컵 응원이나 촛불 시위, 대통령 선거 등에 나타난 것처럼 새로이 부상하는 문화는 정치, 경제, 사회, 스포츠 등 거의 모든 부문에서 큰 변화를 초래한다. 레이먼드 윌리엄즈는 문화를 지배문화, 잔여적 문화, 출현하는 문화 등으로 구분한다.[17] 이런 구분법에 따르면 농경문화는 잔여적 문화, 산업사회 문화는 지배문화, 정보사회 문화는 출현하는 문화로 구분할 수 있다. 이 글에서는 지배문화인 산업사회 문화, 출현하는 문화인 정보사회 문화를 하나님의 나라의 관점에서 다루고자 한다. 산업사회와 정보사회를 이어주는 사회 · 문화적 흐름으로 지구화, 신자유주의, 자본주의를 들 수 있다.

(1) 산업사회와 자본주의

농경사회는 자연력과 함께 일하였다. 산업사회는 인간의 목적을 위해 자연력을 극복하려 했다. 농경사회는 모두 재생 가능한 자원을 사용했다. 산업사회는 재생 가능한 자원과 재생 불가능한 자원을 함께 사용하고 있다. 농업혁명 시대의 경제를 자연의 경제(economy of nature), 또는 위대한 경제(Great Economy)라 한다면, 산업혁명 시대의 경제는 인간의 경제, 또는 큰 경제(Big Economy)라 할 수 있다.[18] 자연의 경제가 순환에 바탕을 둔 지속가능한 경제라면, 큰 경제(현재의 지구자본주의)는 인간의 목적을 위해 결과적으로 인류의 생존을 의존하는 생태계를 파괴하는 지속불가능한 경제다. 자연의 경제가 생

---

[17] Raymond Williams, *Marxism and Literature* (Oxford: Oxford University Press, 1977), 121ff.

[18] Larry L. Rasmussen, *Earth Community Earth Ethics* (Maryknoll, New York: Orbis Books, 1996), 111-126.

물학적, 문화적 다양성에 의존한다면, 큰 경제는 단기간 이익의 극대화를 위한 단작농사의 확대와 획일적인 문화에 의존하고 있다. '발전'과 '진보'라는 이름하에 서구 자본주의의 특정 국면을 인류의 보편적 현상으로 강요하는 것이 큰 경제의 핵심 주장이다. 즉 산업화 이전 사회가 산업사회로 변화되는 것을 '발전'으로 여겼다. 산업사회는 가난과 질병과 고통을 풍요롭고 확장된 선택을 지닌 좋은 인생의 풍요로움으로 대체한다는 꿈과 약속을 했다. 중요한 것은 자연과 문화가 서구(자본가)의 통제하에 놓이게 된 사실이다. 1990년대에 세계 100대 기업은 전 세계 인구의 80%보다 더 큰 경제력을 지녔다. 생산력의 급증은 인구 폭발을 가져와 1800년에서 2000년 사이에 인구가 다섯 배 증가했다. 1980년 이후 매년 9천만 명이 증가하고 있다. 이는 2500년 전 전 세계 인구에 해당한다.[19]

산업사회는 자연을 인간이 사용하는 무제한적인 자원의 창고로 여긴다. 인간은 자연을 사용하고 통제할 권한을 갖는다. 인간의 삶의 질을 향상하는 방법이 경제 성장이다. 과학과 기술은 인간의 목적을 위한 중립적 수단이라고 본다. 훌륭한 인생은 생산적으로 노동을 하고 물질적으로 풍요로운 삶을 영위한다.[20]

산업사회의 문화적 특징은 현재는 인도에 편입되었지만 '작은 티베트'라고 불리는 라다크의 변화를 통해 분명히 드러난다.[21] 라다크는 1천 년 넘게 독자적인 언어와 문화에 뿌리를 둔 자급자족 공동체였다. 그들은 빈약한 자원만 갖고도 거의 완전 자립에 도달했고 전통

---

19 위의 책, 62-64.
20 위의 책, 61.
21 헬레나 노르베리 호지, 김종철 · 김태언 옮김, 『오래된 미래: 라다크로부터 배운다』(서울: 녹색평론사, 1996/2002).

적으로 모든 것을 재순환했다. 그들의 최우선 과제는 공존이고, 협동은 사회관습 속에 제도화되어 있다. 그런데 라다크에 '개발'의 바람이 불면서 상황이 역전되었다. 영화와 텔레비전은 서구적 사치와 힘의 이미지를 제공한다. 그들로 하여금 서구문화의 물질적인 면만 보게 한다. 결과적으로 라다크의 젊은이들은 서구문화에 대해 열등감을 갖게 된다. 땅에서 얻은 것으로 생활할 때에는 그들은 스스로 생활의 주인이었다. 새로운 경제가 의존성을 낳았다. 돈이 사람 사이를 멀게 한다. 기술이 초래한 변화도 심각하다. 기계와 같이 일을 하면 사람도 기계처럼 된다. 전통적 경제에서 생활은 인간적인 속도로 느리게 진행되었다. 이제 인간은 기술의 속도로 경쟁해야 하는 경제체제의 일부가 되었다. 기술의 변화는 빈부 차이를 커지게 한다. 현대 교육은 문화와 자연으로부터 인간을 떼어놓고 좁은 범위의 전문가가 되게 한다. 사람들은 자기의 자원을 사용할 줄 모르고, 자신의 세계에서 제 기능을 할 수 없는 사람으로 학교를 마친다. 라다크에서 교육은 공동체와 그 환경과의 긴밀한 관계의 산물이었다. 아이들은 조부모, 가족, 친구들로부터 배웠다. 이제 아이들은 전통적 기술을 경시하도록 배운다. 자신의 문화를 열등한 것으로 여기도록 배운다. 교육은 이들을 서로에게서 분리되고, 땅으로부터 유리되어, 세계경제라는 사다리의 맨 아래 칸에 자리 잡게 했다. 소비주의가 이 모든 과정에서 중심 역할을 한다. 또 남자와 여자의 역할이 분화되고 양극화된다. 결국 산업사회 문화는 전통 의료체계, 지역 농업, 전통 음식, 옷 등을 붕괴시켰다. 서구적 이상에 도달하려 하면 할수록 자신의 문화의 뿌리를 부정하고, 결국 자신의 정체성을 부인하게 된다. 소외는 분노와 원한을 불러일으킨다. 세계의 많은 폭력과 근본주의 뒤에는 바로 이 소외가 있다.

산업사회 문화의 전제에는 자연 자원의 무한성과 미래적 진보의 무한성이 있다. 그런데 이 무제한 성장 모델 안에 악마가 있다. 이 모델은 노동자, 농민, 제3세계, 자연/피조물의 착취와 파괴에 뿌리를 두고 있다. 가난한 사람들은 생존 때문에 장기적으로 자신의 생존 바탕인 자연을 약탈한다. 현대 사회 위기의 심각성은 민중, 국가, 계급에 직접 가해지는 사회·경제적, 정치적 폭력이다. 이것은 관계의 파괴, 기아, 질병, 죽음을 초래한다. 사회악과 생태악은 현재의 가난한 자들뿐 아니라 미래의 가난한 자들과 생태계를 착취한다. 무제한 경제 성장의 대안은 약한 자들 사이의 연대, 자급자족 경제다. 오늘날 덜 세계화되어야 하는 것은 자본, 시장, 과학이고, 더 세계화되어야 하는 것은 연대성, 생명 중시, 참여, 자연에 대한 경의다.[22]

자본주의가 발전할수록 인간을 끊임없이 사물로 전화하려 한다. 이런 현상을 물화(reification)라고 한다. 물화의 결과는 인간의 분열(정체성 혼돈), 주체의 파편화, 대상의 파편화 그리고 시간의 공간화다. 자본주의 문화는 인간의 정체성을 끊임없이 왜곡하거나 파편화하고 부정하려 한다. 이러한 물화 과정을 위해 다양한 사회제도가 동원된다.

문화산업은 한 예다. 생산물이 공장에서 일정한 계획과 목적에 따라 일정하게 생산되듯이 문화도 일정한 계획과 목적하에 만들어진다는 것이 그 전제다. "문화산업은 의도적으로 소비자들을 위로부터 통합시킨다. 문화산업에서 대중은 일차적이 아니라 이차적이며, 계산의 대상이다. 문화산업 자신은 대중에 잘 적응하지 않으면 거의 존재할 수 없지만, 대중은 척도가 아니라 문화산업의 이데올로기다."[23]

---

22 레오나르도 보프, 김항섭 옮김, 『생태신학』(서울: 가톨릭출판사, 1996).

문화산업은 대중에게 기만적 내용을 제공한다. 그것은 대중에게 매일의 고역으로부터 벗어나게 할 것을 약속하지만, 문화산업이 제공하는 것은 그들이 도망가려는 억압적인 일상생활 세계에 대한 칭찬이다. 문화산업의 기만적 형태는 광고다. 경제적으로는 광고의 비용 때문에 경쟁에 참여할 수 없는 가난한 외부자를 원천봉쇄함으로써 문화산업과 광고는 권력이 동일한 사람의 손에 머무는 것을 보증한다(이로써 '자유시장'은 '사이비 시장'임이 입증된다). 기술적으로 광고와 문화산업은 인간을 조작하기 위한 절차에 불과하다. 문화산업과 광고의 공동의 목표는 고객을 압도하는 것이다. 문화산업의 주요 효과는 대중에 의한 상상력과 성찰의 결여이며, 지배자가 그들에게 부과하는 것들(도덕, 신화, 이데올로기들)을 무기력하게 받아들이는 것이며, 지배자들 보다 더 이런 부과물에 철저하게 순종하는 것이며, 개인, 특히 생각하는 개인의 소멸이다. 그러므로 문화산업은 인간을 길들이고 유순하게 재생산하고, 사회의 위계제도에 순종하는 사람을 만들어낸다는 목적을 성취한다.[24]

　　문화산업을 통해 자본주의는 물화된 대중을 만든다. 개인이 소멸되고 대중이 지배자의 지배에 무의식적으로, 또는 알면서도 불가피하게 복종하게 된다. "기만당한 대중들도 오늘날 성공한 사람들보다 더 성공의 신화에 의해 포로가 되어 있다. 확고하게 그들은 자신을 노예화하고 있는 바로 그 이데올로기를 고집하고 있다."[25] 마치 "낙수가 돌을 뚫는" 것처럼 "문화산업의 이데올로기의 권능이 그토록 막강

---

[23] Theodor Adorno, *The Culture Industry: Selected Essays on Mass Culture*, J. M. Bernstein (ed.) (London: Routledge, 1993), 85-86.

[24] Theodor Adorno and Max Horkheimer, *Dialectic of Enlightenment* (London: Verso, 1995).

[25] 위의 책, 133-134.

해서 순응이 의식을 대체했다."[26]

　산업화와 자본주의는 서구 사회 특정 단계를 전 세계의 모든 사회가 거쳐야 할 모델로 제시하면서 비서구인의 정체성을 부정하거나 왜곡하고, 자신의 공동체와 문화를 수치스럽게 여기며 서구 문화에 순응하기를 서구인보다 더 심하게 집착하게 되었다. 이로써 서구와 자본주의의 지배가 강요에 의해서가 아니라 서구 문화의 지배를 통해 자발적으로 이뤄졌고, 그 과정에서 벌어지는 인간과 자연의 희생을 당연한 것으로 여기거나 무시했다.

(2) 지구화와 신자유주의

　경제적 지구화는 부의 축적에 초점을 둔 단일한 경제공동체를 추진하지만 가난과 실업을 증대하고, 가난한 자들을 더욱 소외시키며 생태계를 파괴한다. 경제적 지구화는 초국적 기업의 지배, 매스컴, 기술 등을 통해 전 세계에 걸쳐 단일한 소비자 정체성을 부과하려 한다. 이런 과정은 비서구인들의 정체성의 상실을 초래한다.[27] 지구화는 경제적 문제일 뿐 아니라 지구적 차원의 인종차별을 만들어내 인종적 분열을 초래한다. 점점 더 확대되는 것은 경제적 양극화, 폭력, 정치적 불안정 등이다.[28]

　지구화된 문화는 특정문화, 즉 북미문화다. 다른 모든 문화는 인류학이나 관광사업의 대상이 되었다. 1980년대 후반부터 경제발전과 사회구조의 변화에 따라 새로운 소비 패턴이 나타났다. 사람들은 '명품 현상'에서 알 수 있는 것처럼 상품 자체를 소비하는 것이 아니

---

[26] T. Adorno, *The Culture Industry*, 90-91.
[27] *Called to One Hope*, 40.
[28] 위의 책, 50.

라 그 상징, 기호, 이미지 또는 분위기를 소비한다. 그들은 자신을 생산자나 노동자보다는 소비자로 여긴다. 1993년 문민정부의 출범은 대중문화의 쾌락주의적 경향을 낳았다. 이것은 문화의 탈정치화와 긴밀하게 연결되어 있다. 그러나 우리나라의 대중문화는 재벌의 경제논리뿐 아니라 신자유주의적 지구자본주의에 의해 영향을 받았다. 우리 사회의 물적 토대는 자본주의적이지만 우리 사회는 1990년대에 포스트모던 경향에 의해 강한 영향을 받았다. 이것은 제3세계 지식인들로 하여금 국가, 대륙, 지구 문화를 이해하기 위해 이전보다 더 주의를 요구한다. 그 이유는 부분적으로는 지구화된 문화 또는 미국 문화가 전 세계를 지배하기 때문이요, 부분적으로는 그들 자신의 경제적 기초와 문화적 상황 사이에 차이가 있을 수 있기 때문이다. 이런 상황하에서 민중의 권력과 문화산업의 자본의 권력 사이에 대중문화와 지구문화를 장악하기 위한 갈등이 있었다.

이런 갈등에서 중요한 영향을 주는 것 가운데 하나가 언론이다. 언론의 두 가지 주요한 기능은 시장의 기능과 이데올로기적 기능이다. 양자는 서로 밀접하게 연결되어 있다. 서구에서 언론은 자기 시민을 설득하기 위해 "동의를 제조"한다. 서구에 의존적인 국가들과 관련한 이슈에 대해서 서방 언론은 테러 행위를 합리화하거나 "테러 행위의 문화"를 만들어낸다.[29] 촘스키의 동의 제조 논제는 울리히 두크로에 의해 다음과 같이 요약되었다. "오늘날 신자유주의적 시장사회에서 언론은 경제와 국가의 지배 이익을 지지하기 위해서 동원하는데만 봉사해야 한다."[30]

---

[29] N. Chomsky, *Necessary Illusions: Thought Control in Democratic Society* (London: Pluto Press, 1989), 15.

[30] U. Duchrow, *Alternatives to Global Capitalism*, 116.

산업화와 자본주의가 초래한 것은 비서구인의 정체성의 왜곡이나 파괴와 지역공동체와 문화의 파괴였다. 지구화와 신자유주의는 지구적 차원에 소비자 정체성을 심고, 시장의 우상을 확고하게 뿌리내리게 함으로써 이것을 보다 가속화하고 심화했다. 지구화와 신자유주의는 가난한 자들을 더욱 가난하게 만들어서 그들의 존재 자체를 의사결정 과정이나 의제 설정 과정에서 배제시켰다. 사회보장제도를 불필요한 것으로 여김으로써 저들의 생존권을 박탈했다. 생태계도 생존의 위협을 받고 있다. 이런 과정을 합리화하는 막강한 무기의 하나가 언론이다. 언론은 이데올로기적으로 동의를 제조하고, 테러 행위로서의 문화를 통해 지배 그룹의 이익을 지지한다. 따라서 지구화 시대 우리는 가난한 자들의 절규가 더 이상 들리지 않고, 오직 지배자의 소리만 들리는 미래가 닫힌 사회에 살게 되었다.

(3) 정보사회

현재 진행되는 정보혁명은 산업혁명과 질적으로 다르기보다는 지금까지 진행되던 것을 더 가속화했다고 보는 것이 옳을 것이다. 정보혁명은 인간을 포함한 모든 것을 사회적 조작을 위한 원료로 이해한다. 인간은 유전자 복제를 통해서 생물학적 생명을 포함하여 모든 것을 인간의 목적을 위해 암호화하고 프로그램화하고 재프로그램화할 수 있게 되었다. 이제 인간은 생명 코드에 대한 지식을 통해 자연의 불규칙성이나 부정확한 정보로 인해 초래된 문제들을 해결하기 위해 자연을 재창조할 수 있게 되었다. 유기체와 기술로 만든 것 사이의 구별이, 자연과 기술 사이의 구별이 모호해지기 시작했다. 정신과 육체, 문화와 자연의 구별이라는 이분법이 극복된 것이다. 정보혁명이 산업혁명과 구별되는 점은 생태학적 또는 통전적 사고를 이 세상 모든 것을 식민화하고 정복하기 위해 사용하는 데 있다. 이런 문제에 대해 농업혁명 시대를 이상적으로 여기는 것은 문제가 있다. 농업혁명 시대에 인류 사회는 자원의 통제나 소유권과 관련한 갈등, 그로 인한 전쟁 그리고 그 결과 초래한 환경 파괴와 사회적 붕괴를 경험했다. 북미 자유무역협정이 발효된 지 두 시간 후에 선포된 치아파스 반란은 한 마디로 지난 40여 년간 그들에게 강요된 '발전' '큰 경제'가, 500년 식민주의가 실패했음을 선언하는 것이다. 그들은 더 큰 복지 혜택이나 다른 어떤 것을 요구한 것이 아니라 그들 자신이 스스로 살아갈 권리를 회복하기 위해 나섰다. 생태혁명은 파괴성이 없이 생산하는 사회일 뿐 아니라, 파괴성이 없이 재생산하는 사회를 지향한다.[31]

2. 생명선교의 신학적 방향

1) 세계관의 전환

생명선교는 세계관의 변화를 전제로 한다. 이러한 세계관의 변화는 다양한 방식으로 접근된다.

첫째, 서구의 기계적 세계관을 넘어서서 아프리카의 생명 관점을 수용하는 생명중심적 세계관이다.[32] 기계적 우주관은 만물을 생명이

---

[31] Larry Rasmussen, *Earth Community Earth Ethics* (Maryknoll, New York: Orbis Books, 1998), 68-74.

[32] Harvey Sindima, "Community of Life: Ecological Theology in African Perspective," in Charles Birch, William Eakin, Jay B. McDaniel (eds.), *Liberating Life: Contemporary Approaches to Ecological Theology* (Maryknoll, New York: Orbis

없는 상품으로 여겨 과학적으로 이해해야 하고, 인간의 목적을 위해 사용해야 한다고 본다. 사회는 마치 거대한 기계로서 사람과 자연을 대상화한다. 사람은 원자와 같은 개인으로서 기능과 실리에 의해서 만 평가된다. 인간은 자연을 순수한 '타자'로서 인간에게 복종시키고 조작되어야 할 물질에 불과하여 도구적 가치만 지닌 것으로 여긴다. 이와 같은 기계론적 세계관은 진보 신화에 집착한다. 산업기술을 통한 진보는 인간과 자원을 착취하고 생태학적 균형에 손상을 가하며, 그 균형에 의존하는 생물의 생명을 위협한다. 이렇게 해서 진보, 과학, 기술의 동맹은 사회적, 생태학적, 영적 파산에 도달한다.

반면에 아프리카인들의 생명관은 전혀 다른 세계관을 보여준다. 생명은 세계, 인간, 자연, 신성의 해석을 위한 기본 틀을 제공한다. 생명의 풍성함은 생명이 결속되었음을 깨달을 때 실현될 수 있다. 모든 생명은 신적 생명과 내적으로 결합되었다는 인식은 인간이 모든 피조물을 돌봐야 한다는 과제로 연결된다. 거꾸로 인간이 자신을 이해하고 정체성을 획득하는 길은 생명이라는 전체 틀 속에서뿐이다. 모든 생명이 서로에게 결합된 생명의 공동체에서 모든 사람은 다른 사람들에 대해 책임을 져야 한다. 이러한 생명의 공동체에서 정의는 다른 사람들과 다른 생명이 우리 자신의 일부이고 우리는 그들의 일부임을 깨닫고, 생명의 그물망에서 모든 생명이 함께 사는 길을 찾는 것이다.

둘째, 아메리카 인디언들은 지구생명공동체의 생존을 위해서는 서구의 시간 중심의 세계관에서 자신들의 공간 중심의 세계관으로의 변화를 요청한다.[33] 인디언 신학자 조지 팅커는 인디언, 원주민을

____

Books, 1991), 142-146.

제4세계 사람들이라고 표현한다. 이들은 제3세계 사람들과 기아, 가난, 억압을 공유한다. 하지만 차이점은 식민주의가 더욱 심화되고 감춰진 형태로 진행되며, 특히 자신들의 영성과 문화적 특성이 무시되고 있다는 데 있다. 조지 팅거는 해방신학자들도 인디언들이나 원주민들을 계급적 인간으로 환원시킴으로써 그들의 문화적 통전성과 민족적 의제를 침식하고 있다고 비판했다. 생산수단을 가난한 자들에게 주는 것은 가난한 자들로 하여금 인디언들이나 원주민들과 자연의 자원을 착취하게 만든다. 결국 해방신학자들이나 사회주의 운동가들도 인디언들이나 원주민들에게 가하는 것이 일종의 문화적 학살의 연속이다. 팅커는 이러한 차이의 근원에는 시간 중심의 세계관과 공간 중심의 세계관의 차이가 있다고 보았다. 서구신학은—사회주의나 해방신학을 포함해서—역사를 일직선적 시간과정으로 본다. 이러한 시간적 세계관이 신학에 적용되면 복음을 먼저 들은 사람들이 복음을 나중에 들은 사람들에게 완전한 해석을 주며, 후자는 전자에 항상 의존해야 한다. 이때 문제는 역사를 통한 헤게모니적 궤도라는 가정이 다양한 인류 문화가 지닌 문화적 특징들을 인지하지 못하는 데 있다. 즉 먼저 복음을 받은 서구 기독교인들이 좋은 의도를 갖고 민중의 고난에 대한 해결책으로서 프로그램을 제안했다. 그렇지만 서구 기독교인의 프로그램도 다양한 가능성을 인정하지 않는 배타적 프로그램(발전, 진보, 서구 신학도 같은 지위를 지님)이라는 점에서는 서구 식민지 정복자들의 일방적 결정과 궤를 같이 한다는 비판

---

33 George Tinker, "The Full Circle of Liberation: An American Indian Theology of Place," in David G. Hallman (ed.), *Ecotheology: Voices from South and North* (Geneva, Maryknoll, New York: WCC Publications, Orbis Books, 1995), 218-224.

을 받을 수밖에 없다.

이에 반해 미국 원주민, 인디언 신학은 하나님 자신을 피조물, 공간, 장소에 계시하시는 분으로 이해하고, 하나님에 대한 영적 체험과 실천을 논의하려 한다. 이 신학의 출발점은 모든 존재가 영적이라는 사실을 받아들이는 데 있다. 바꿔 말하면 이들 신학이 공간을 중심에 두는 것은 인디언의 영성과 존재 자체가 땅에 깊이 뿌리박고 있음을 의미한다. 원주민은 피조물을 가족으로 부르며, 모든 생명이 상호의존하고 서로 연결되어 있다고 여긴다. 이와 같이 만물이 서로 의존하고 있다면 소유권을 말한다는 것은 잘못이다. 왜냐하면 생명은 선물이기 때문이다. 땅은 하나님께 속하기 때문이다(시 24:1). 유럽의 기독론이 오직 인간 구원만을 위한 하나님의 사랑을 강조하는 데 반해, 원주민 신학이 강조하는 창조 보전(Integrity of Creation)은 인간이 피조물과 더불어 조화와 균형을 유지하며 살려는 신앙선언으로 이해된다.

이러한 조화는 생명의 원에서의 삶으로 표현된다.[34] 아메리카 인디언 존재의 상징도 원이다. 원 안에 있는 가족, 부족, 모든 피조물은 처음도 끝도 없는 원 안에서 동등한 가치를 지닌다. 이러한 원에서 인간은 피조물에 대해 지녔던 우월성이나 지배적 지위를 상실한다. 그렇지만 피조물에 대한 존중이 오히려 정의를 성취한다는 점에서 인디언 신학은 서구 신학을 갱신하고 구원할 수 있다고 주장한다. 따라서 서구의 개인주의, 시간성, 역사, 진보, 발전 패러다임은 인디언과 원주민이 지닌 생명의 상호관련성과 상호성이라는 생명의 공동

---

34 Stan McKay, "An Aboriginal Perspective on the Integrity of Creation," in D. G. Hallman (ed.), *Ecotheology: Voices from South and North*, 214-217.

체 패러다임에 자리를 양보해야 한다.

셋째, 여성생태학적 관점이다.[35] 서구 발전 패러다임의 문제는 자연을 착취하지만 자연 자원의 회복에 무관심하고, 인간 사이의 정의를 증진시키는 데 관심이 없다는 것에 있다. 바꿔 말하면 이 패러다임은 가부장적인 프로젝트로서 경제 성장(발전)을 위해 민중과 여성, 피조물을 희생시킨다. 이 패러다임의 내용은 우주적 위계구조와 젠더 위계구조 사이에 밀접한 관계를 지닌 플라톤의 이원론적 세계관(영과 물질, 영혼과 몸, 남성과 여성, 인간과 동물, 남성-이성, 영혼, 여성-물질, 정열)에 잘 나타나 있다. 또 사유화와 금융화는 민중, 여성과 피조물에 큰 짐을 부과하고 있다. 시장지향적 산업경제는 상당한 양의 에너지를 필요로 하는 생산물을 만들어내고 있다. 그래서 이 경제체제가 유지되려면 댐이 계속 건설되어야 하고, 핵발전소들이 증설되어야 한다. 이로써 생태계, 민중, 여성의 삶을 악화시킨다. 한마디로 현대 생태계의 위기의 뿌리는 고대 가부장 문화에 있지만, 현대의 심각한 위기는 산업화와 식민주의로 촉발되었다.

그러나 인도의 칩코 운동은 하나의 대안을 보여주는 사례다. 히말라야 부족여성운동인 칩코 운동은 나무를 베지 못하도록 지역여성들이 나무를 안고 나무 베기에 저항했다. 이로써 농민/부족여성은 가난한 자들의 생존을 위한 고난의 삶을 살 뿐 아니라 지구생명공동체의 생명을 지키기 위한 창조적 활동에도 적극적으로 참여하고 있음을 알 수 있다. 여성생태학적 관점은 생명은 하나님의 선물로서 모든 것 안에 존재한다고 믿는다. 여성생태신학적 비전은 인간 중심적

---

35 Aruna Gnanadason, "Women, Economy and Ecology," 170-84; Rosemary R. Ruether, "Eco-feminism and Theology," in David G. Hallman (ed.), *Ecotheology: Voices from South and North*, 199-204.

관점을 거부하고, 하나님의 선물로서의 모든 피조물에 대한 존중을 인정한다. 계약신학과 그리스도의 몸으로서의 우주가 이에 대해 중요한 신학적 자원이다.

2) 지구화 시대 생명교회

가난한 자들은 스스로를 지탱할 수 없고, 사회도 국가도 세계도 그들을 돌보기는커녕 기억조차 하지 않는다면, 그들의 일용할 양식과 마실 물, 오늘 머물 집은 누가 마련하는가? 가난한 자들은 이제 빈곤을 넘어 사회적/지구적 배제를 넘어서서 죽음으로 내몰리고 있다. 오늘의 세계 체제는 바로 소수의 부자를 만들어주는 대가로 다수의 가난한 자들을 죽음으로 몰아가는, 가난한 자들과 총성 없는 전쟁을 치르는 죽임의 세력이다.

세계교회협의회의 총무인 콘라드 라이저는 1998년에 열렸던 WCC의 8차 총회에서 세계 지배를 목표로 하는 지구화의 비전과 모든 피조물을 위한 지속가능한 생명의 공동체를 목표로 하는 그리스도인들의 세계에 대한 비전 사이에 갈등이 있음을 회고하면서, 대화와 연대를 대안적 생명문화의 중심적인 징표들로 제시했다. 그는 이 세상의 지구화의 한 가지 특징을 폐쇄성이라고 했다. 즉 가난한 자들의 안전이나 존재의 기초를 찾을 수 있는 빈 공간이 없으며, '역사의 종말'을 주장함으로써 열린 미래, 근본적인 변화의 가능성 또는 특별한 역사나 기억의 가치를 부정한다고 했다. 이와 같이 '닫힌 공간'과 '역사의 사라짐'을 그는 죽음의 상징들이라고 했다. 그리스도인들에게 세계(*oikoumene*)는 모든 생명이 자기 삶을 펼쳐나가도록 하나님에 의해 지음 받은 삶의 공간으로서의 세계라고 했다.[36] 하나님 나라는 이 세상에서 배제된 가난한 자들이 하나님이 주신 생명을 충만하게 누릴 공간을 열어야 한다는 것과 이런 미래가 우리 앞에 약속되어 있다는 비전을 준다.

이렇게 두 가지 비전이 갈등하고 있을 때 신학의 임무는 무엇인가? 하나님 나라를 위해, 죽임으로 내몰리고 있는 가난한 자들을 위해 생명의 공간을 창출해야 할 것이다. 라스무센은 이사시-디아즈와 타랑고를 인용하면서 공간으로서의 신학을 제시했다.[37] 마틴 로브라는 생명신학을 "협의회적 공간", "사람들이 서로 관계를 맺을 수 있고 상호 작용할 수 있는, 수렴의 영역과 성령의 내주하시는 징표를 확인하는 열린 공간" 그리고 "민중의 이야기, 탄식, 찬양" 등 "생명을 향한 다양한 목소리의 외침"의 공간이라고 했다.[38] 즉 신학은 소수의 가진 자를 위해 다수를 생명에서 배제시키는 세계의 지배를 거부하고, 하나님의 의의 다스리심, 하나님 나라를 향해 가난한 자들에게 생명의 공간을 열어야 한다.

그런데 가난한 자들의 생명의 공간을 창출하는 신학은 지구화와 어떤 관계가 있는가? 세계를 향한 두 가지 비전은 사실 두 가지 경제라고 할 수 있다. 소수의 부의 축적과 풍요를 보장하기 위해 다수가 희생되는 세상의 경제와 하나님 나라라는 온 피조물의 생명을 포괄하는 하나님의 살림살이, 생명공동체이다. 하나님의 살림살이에서

---

36 Konrad Raiser, "Opening Space for a Culture of Dialogue and Solidarity: The Missionary Objectives of the WCC in an age of globalization and religious plurality," in *International Review of Mission*, vol. 88, no. 350 (July 1999).

37 Larry Rasmussen, "Theology of Life and Ecumenical Ethics," in David G. Hallman, (ed.) *Ecotheology: Voices from South and North* (Geneva, Maryknoll, New York: WCC Publications, Orbis Books, 1995), 112.

38 Martin Robra, "Theology of Life - Justice, Peace, Creation: an Ecumenical Study," in *The Ecumenical Review*, No. 48, (January 1996), 29-30.

볼 때 현재의 경제 체계는 단지 생태계의 하부구조에 불과하다는 것을 알 수 있다.[39] 우리가 현재 아는 경제학과는 다른 하나님의 경제학이 있다는 것이다. 더글라스 믹스는 하나님의 경제학을 다음과 같이 제시하고 있다.[40]

경제(economy)는 그리스어 오이코노미아(*oikonomia*)에서 왔는데 이는 집(*oikos*)과 법(*nomos*)의 합성어다. 오이코노미아는 '집의 법/관리', 또는 '인간의 살림살이', '피조물의 살림살이'다. 하나님의 경제는 피조세계의 생명을 위한 하나님의 생명, 일과 고난이다. 올바른 경제의 기준은 피조물 공동체의 생명과 미래에 대한 섬김 여부다. 그런데 시장에 의해 지배 관계가 제거된다는 자유주의자들의 주장은 오히려 시장을 통해 지배 관계를 만들고, 무산자를 사회적으로 종속시킴으로써 거짓으로 드러났다. 또 경제학의 주요 근거인 희소성은 자원의 희소성이 아니라 자원에 대한 접근수단의 부족에 기인한다. 문제는 희소성이 아니라 하나님의 의의 실현 여부다. 하나님의 의가 생명의 원천이기 때문이다. 하나님은 연약한 식구의 생명을 돌보는 경제인, 집안의 가장이요, 머슴이다. 하나님의 경제는 하나님의 의를 펼치는 것으로 무의 권능인 죽음과 투쟁을 벌이는 생명의 경제다. 하나님의 경제는 사회의 찌꺼기 같은 자들을 하나님의 가족이 되게 함으로써 하나님 나라를 이룬다.

가난한 자들의 생명을 지키는 것은 더 이상 세상의 경제가 아니라 하나님의 살림살이에서 가능하고, 참 경제인이신 하나님에 의해서

---

39 Lukas Vischer, "How Sustainable Is the Present Project of World Trade?," in Julio de Santa Ana (ed.), *Sustainability and Globalization* (Geneva: WCC Publications, 1998), 42.

40 M. Dougls Meeks, *God the Economist: The Doctrine of God and Political Economy*, 홍근수·이승무 옮김, 『하느님의 경제학: 신론과 정치경제학』(서울: 한울, 1998).

만 가능하다. 그리스도인들은 하나님을 하나님의 집안의 가장으로
보아야 하며 하나님의 언어가 경제적이라는 것과 그리스도인의 선
교과제들인 가난한 자를 살림(economy), 생태계의 보존(ecology),
교회의 일치와 연합(ecumenism)이 모두 동일한 어원을 근거로 하고
있음을, 서로 밀접한 관련이 있음을 알아야 한다. 그럴 때 그리스도
인들은 "성령 안에서의 정의와 평화와 기쁨"(롬 14:17)인 하나님 나라
를 이루고, 죽어가는 생명을 하나님의 생명으로 살리는 일에 기여할
것이다. 그리고 가난한자들은 이 일을 위해 하나님께서 선택하신 동
역자들이라는 점도 우리는 기억해야 한다.

그러므로 지구화 시대에 요청되는 교회상은 안식일, 안식년, 희년
공동체요, 지구화의 희생자들인 가난한 자들을 살리고, 생존을 위협
받는 생태계를 보존하기 위해 대안적 경제를 제시하며, 그렇게 살림
살이를 사는 나눔의 공동체다. 지구생명공동체의 살림살이를 돌보
는 교회는 성서의 안식일, 안식년, 희년 전통을 몸으로 살되, 먼저 초
대 교회처럼 그리스도인들 사이에 이런 나눔과 섬김의 공동체를 이
뤄야 하고, 생태계를 보전하는 청지기 직분을 감당해야 한다. 이것은
지역교회가 지역문화를 되살리고 활성화해 지역사회의 다양한 공동
체 또는 시민·사회단체들과 연대와 협력을 통해 이뤄가야 한다. 또
지역을 넘어서 국가 간, 대륙 간, 지구적인 연결망을 통해 대안적인
경제 제도를 만들어가는 데 협력해야 한다.

또 교회는 시민·사회운동 단체들로부터 배울 것이 있다. 시민·
사회단체들은 의사소통 방식이 쌍방통행이고, 의사결정 방식이 상
향식이며, 공동체 구성원 간의 관계가 그물망으로 연결되어 있거나
그런 방향을 지향하고 있다. 그런데 한국교회는 대체로 의사소통 방
식이 일방적이며, 의사결정 방식이 하향식이고, 구성원 사이의 관계

가 피라미드 형태로 되어 있다. 교회가 섬김과 나눔의 공동체라면 그리고 시민·사회단체들과 연대와 협력을 하려면 이런 변화를 과감히 수용해야 한다. 특히 인터넷이 대중적으로 보급되고 상당수의 교회가 홈페이지를 갖고 있고, 젊은 세대가 차지하는 비중을 생각할 때 이런 변화는 교회의 미래와 직결된다고 해도 과언이 아니다.

그런데 생명교회의 신학적 기초는 삼위일체 하나님의 사랑의 사귐에 있다. 삼위일체 하나님의 위격과 관계는 분리할 수 없을 만큼 긴밀한 관련이 있다. 이 둘 사이의 관계를 이어주는 것이 페리코레시스(*perichoresis*)로서 성부, 성자, 성령의 역동적이고 상호내주(mutual indwelling)와 존재론적 상호순환을 의미한다.[41] 삼위일체가 코이노니아와 관련해 갖는 특징은 하나님의 상호순환적 사랑에 기초한 아가페와 상호순환적 자유에 기초한 양방향적 의사소통이 있다.[42] 아가페는 자기를 내어주는 사랑이기에 다른 사람의 치유와 회복, 성장을 향해 나아간다. 몰트만은 삼위일체적 사랑을 상호순환적 사랑이라고 부른다. 성부, 성자, 성령은 상호순환적 사랑을 통해 상호 양보와 상호 내주가 이뤄진다. 이러한 사랑은 교회 안에서 이뤄져야 할, 세상을 섬길 때 나타나야 할 사랑의 원형이다. 그런데 삼위일체 하나님의 상호순환적 사랑은 또한 자유와 불가분의 관계가 있다. 그런데 자유는 참된 사랑의 토대 위에서만 가능하다. 그래서 자유는 사랑을 통해 참된 진리에 도달한다고 몰트만이 말한다. 이러한 사랑과 자유가 교회 안에서는 양방향적 의사소통을 통해 이뤄지도록 해야 한다.

---

[41] 위르겐 몰트만, 김균진 역, 『삼위일체와 하나님의 나라』(서울: 대한기독교출판사, 1993), 206-213.

[42] 이규민, "친교와 참여(코이노니아)와 생명목회: 코이노니아 특성에 기초한 생명목회," 예장총회산하연구단체협의회 편, 『하나님 나라와 생명목회』(서울: 한국장로교출판사, 2008), 370-374.

바꿔 말하면 삼위일체론에 기초한 교회는 하나님의 상호순환적 사랑에 기초한 아가페 공동체로 치유와 해방이 교회 안팎에서 일어나고, 상호순환적 자유에 기초한 양방향적 의사소통이 목회자와 평신도 사이에, 남자와 여자 사이에, 성인과 어린이 사이에, 한국인과 외국인 사이에, 부자와 가난한 자 사이에 일어나야 한다.

그런데 몰트만은 삼위일체 하나님이 하나님의 주권보다 우선하다면서 하나님의 주권은 밖을 향한 삼위일체 하나님의 활동뿐 아니라 안을 향한 삼위일체 하나님의 활동을 통해 구현된다고 말한다.[43] 밖을 향한 삼위일체 하나님의 활동은 아버지와 아들이 하나인 것처럼 믿는 자들도 하나가 되게 해달라는 예수의 기도(요 17:21), 유대인과 헬라인, 종과 자유인, 남자와 여자로 갈라진 공동체의 분열 극복(갈 3:28), 자기를 내어줌의 경제(행 4:32) 그리고 만유의 주로 만유 안에 계심(고전 15:28)으로 완성되어간다.[44] 이러한 밖을 향한 삼위일체 하나님의 활동은 안을 향한 삼위일체 하나님의 활동에 의존한다. 바꿔 말하면 내적 삼위일체 하나님은 바깥으로 향해 열려 있어 인간과 피조물을 신적 사귐으로 들어오도록 초대한다. 그러므로 삼위일체 하나님의 사귐은 삼위일체 하나님의 이미지와 형상으로 사회를 개선하고 세우기를 꿈꾸는 교회공동체의 원형이 되며, 정의롭고 평등한 사회조직을 위한 모델이 될 수 있다.[45] 교회는 신앙공동체 안에서의 사귐뿐 아니라 이웃과 사귐, 피조물과의 사귐도 중시하는데 이러한 사귐은 삼위일체 하나님의 사랑의 사귐에 근거하고 있다고 보

---

[43] 몰트만, 위의 책, 119.

[44] Leonardo Boff, trans. by Paul Burns, *Trinity and Society* (Maryknoll, New York: Orbis Books, 1988), 148.

[45] 위의 책, 6-7, 11.

아야 한다. 삼위일체 하나님의 사귐에 근거한 교회의 삶과 활동은 실용적 사고의 일면성을 극복하고, 실천을 행동주의로부터 해방시키며, 지배로 인도하는 거짓 지식을 사귐으로 인도하는 참된 인식으로 대체할 수 있다.[46]

참된 교회는 하나님과 화해하고, 피조물과 화해한 공동체일 뿐 아니라 삼위일체 하나님의 사귐을 근거로 하며, 거기에 참여하는 공동체여야 한다. 이처럼 생명교회의 신학적 기초는 삼위일체 하나님의 사랑의 사귐이다. 생명선교는 죽임의 세력에 의해 파괴되거나 상처받은 인간들과 피조물을 치유하고, 하나님의 형상을 회복하여 삼위일체 하나님의 사랑의 사귐에로 이끄는 활동이다.

그런데 생명교회의 신학적 기초는 삼위일체 하나님뿐 아니라 생태신학에서도 찾아야 한다. 그동안 기독교는 구속신학에 대한 강조가 지나쳐서 창조신학의 중요성을 간과해왔다. 그 결과 성서의 창조 이야기가 자연의 신성함을 파괴하고, 인간의 존재론적 우월성을 강조함으로써 환경파괴의 정신적 토대를 기독교가 놓았다는 비난까지 들었다. 그러나 성서의 창조 이야기는 인간만이 아니라 피조물에게도 깊은 관심을 가질 뿐 아니라 인간을 피조물의 청지기로 그리고 있다. 청지기의 역할은 지배와 착취가 아니라 사랑과 돌봄이다. 인간과 침팬지의 DNA가 2%의 차이가 있는 것처럼 인간과 피조물 사이에는 작은 차이만 있다고 성서는 말한다. 인간뿐 아니라 피조물에 대해서도 하나님은 보시기에 좋았다고 하신다. 인간은 다른 동물처럼 여섯째 날에 창조되었고, 흙으로 창조되어 흙으로 돌아가게 되었다. 다만 하나님의 생기가 들어간 것과 하나님의 형상대로 지음 받은 것이 차

---

46 몰트만, 『삼위일체와 하나님의 나라』, 21.

이일 뿐이다. 노아의 방주는 인간 구원의 방주일 뿐 아니라 피조물 구원의 방주였다. 창조의 완성은 인간이 아니라 안식일이다. 이는 하나님을 찬양하는 것이 창조의 목적이요, 인간과 피조물 모두의 목적임을 명심하라는 말씀이다. 달리 말하면 인간이 피조물의 청지기로서 피조물을 돌보면서 경제 행위를 할 때 일정한 한계가 있다는 말씀이다. 안식일에 이어서 안식년, 희년이 제정된 것에서 알 수 있는 것처럼 인간의 경제는 무한성장을 지향하거나 다른 사람이나 피조물의 희생 위에서 이뤄져서는 안 된다는 말씀이다. 하나님은 초월적 하나님만이 아니라 성육신처럼 이 땅에 우리와 함께하시는 하나님이시다.

어떤 학자들은 지구를, 우주를 하나님의 몸으로 보기도 한다. 예수 그리스도는 이 땅에 인간만이 아니라 피조물의 구원을 위해서도 오셨다. 마구간에 나신 것을 피조물의 구원을 위한 예수 그리스도로 이해해야 한다. 성령 하나님은 세계를 창조하시고 피조물에게 생명과 생기를 주시며, 인간의 죄로 말미암아 피조물과 더불어 고통을 당하신다(롬 8:18-39). 여기서 녹색교회가 나온다. 녹색교회는 "우주를 사랑하시고 구원하시는 하나님 신앙에 기초하여 교회의 생태학적 책임을 자각하고 우주적 평화를 실현하기 위해 노력하는 생태학적 신앙공동체"[47]이다.

---

[47] 조용훈, "교회와 환경운동," 예장총회산하연구단체협의회 편, 『하나님 나라와 생명목회』, 183.

3. 생명선교의 과제

1) 살림의 경제 만들기

1925년 스톡홀름에서 개최된 생활과 노동(Life and Work) 세계대회의 제1분과는 '교회와 경제적, 공업적 문제'를 다루며 소유의 문제, 기업 내 협동, 어린이 노동, 실업 문제 등을 다뤘다. 1937년 옥스퍼드에서 "교회, 공동체와 국가"라는 주제로 열린 생활과 노동 세계대회는 경제활동을 그리스도의 심판 아래 둠으로써 스톡홀름 대회가 경제 문제를 개인의 책임으로 본 관점으로부터 발전했다. 옥스퍼드 대회는 부의 획득의 급증, 사회적 불평등, 경제력을 소유한 자/기관들의 공동체에 대한 무책임, 실업 등의 문제를 제기하며 자본주의를 비판했다.[48]

세계교회협의회의 창립총회(1948년)는 자본주의와 사회주의를 비판하며, 정의와 자유를 모두 포함하는 새로운 해결책의 틀로 책임사회를 제시했다. 1966년 제네바에서 "우리 시대 기술혁명과 사회혁명 가운데 그리스도인"이라는 주제로 열린 세계교회협의회의 교회와 사회 세계대회는 교회가 '발전'으로부터 오는 도전을 인식하고, 이에 대한 대응으로 교회발전참여위원회(the Commission on the Churches' Participation in Development)를 1970년에 조직했다. 교회발전참여위원회는 교회와 사회 분과와 함께 1978년에 취리히에서 "정치

---

[48] WCC, *Christian Faith and the World Economy Today: A Study Document from the WCC* (Geneva: WCC Publications, 1992), 11; Bas de Gaay Fortman & Berma Klein Goldewijk, *God and the Goods: Global Economy in a Civilizational Perspectives* (Geneva: WCC Publications), 25-29.

경제, 윤리와 신학: 몇 가지 현대적 도전들"이라는 주제로 대회를 개최했다. 이 대회의 목적은 1975년 나이로비 총회 이후 사회적 비전으로 제기된 정의롭고 참여적이며 지속가능한 사회(a just, participatory and sustainable society)의 구체적 내용을 규명하기 위한 것으로, 사회·경제적 문제를 다루는 중요한 대회였다. 이 대회 결과 경제학자, 사회학자, 정치학자, 신학자 등으로 구성된 경제문제 자문그룹(an Advisory Group on Economic Matters)을 조직했다. 경제문제 자문그룹은 발전에 깊은 관심을 갖고 있는데 발전에 대한 접근방식은 민중의 발전을 구원의 복음에 핵심적 부분으로 보고, 교회가 가난한 자와 억압받는 자들에 대해 특별한 책임을 갖고 있으며, 발전은 본질상 모든 세계와 관련되면서도 다양성을 인정하는 에큐메니칼적 특성을 지닌 것으로 이해하는 것이었다. 이 그룹은 사회정의와 경제성장, 자립을 상호연결된 것으로 이해했다.[49]

경제문제 자문그룹은 현 국제경제질서가 빈부 양극화에서 보는 것처럼 지속적인 불의에 기반하고 있음을 비판하면서 대안적 경제 패러다임을 모색했다. 이 그룹은 기존 정치경제 패러다임이 역사적 차원을 제대로 성찰하지 못하고, 환원주의적 접근방식을 사용하며, 관심 영역을 너무 좁게 해석하고 있다고 비판했다. 소수의 부의 증가가 목적이 아니라 민중의 생명과 가치를 소중하게 여기는 방향으로 사회를 재구조화하는 것을 경제의 목적으로 삼아야 한다. 그러나 새로운 국제경제질서(New International Economic Order)는 서구 강대국가들에 의해 거부되었다. 시장 중심의 경제와 사회를 주창하는 강

---

[49] Compiled by Catherine Mulholland, *Ecumenical Reflections on Political Economy* (Geneva: WCC Publications, 1988), 1-4.

대국가들은 경제정책이 시장논리를 따라 입안되어야지 정의와 관련하여 수립되어서는 안 된다고 주장한다. 지구상에 만연한 기아를 극복하기 위해서는 세계경제질서가 바뀌어야 하고, 국내 정치와 경제적·사회적 변화가 수반되어야 한다. 국내 경제 변화는 국가 발전의 틀을 국가 엘리트와 다국적 기업에 맞추는 대신에 노동자와 농민에게 맞춰야 하며, 고용구조의 변화, 장기 목표가 모든 사람을 위한 국제무역이 되어야 한다.[50]

1983년 밴쿠버 총회 이후 세계교회협의회는 정의, 평화, 창조 보전(Justice, Peace and the Integrity of Creation)을 사회적 비전으로 제시했다. 1990년 서울에서 열린 정의, 평화, 창조 보전 세계대회는 경제적 이슈를 중요한 의제로 다뤘다. 1991년 캔버라 총회는 소득, 지식, 권력, 부의 분배가 국제적으로 불평등하게 지속되고 있으며, 피조물에 대한 무책임한 착취가 계속되고 있음을 비판하고, 시장경제가 개혁되어야 함을 주장했다.

소비에트 연방 해체와 동구권 사회주의의 붕괴 이후 동서 간 이데올로기 분쟁이 남북 간 경제적 갈등으로 전환되면서 전 지구는 하나의 단일 시장으로 변했다. 한편으로는 빈부 격차가 이전보다 더 심해지고, 사회적/지구적 양극화가 심화되고, 다른 한편으로 생태계의 파괴가 급속도로 진행되었다. 신자유주의적 지구화 시대의 가난의 특징은 빈곤의 세계화, 빈곤의 여성화, 빈곤으로부터 사회적 배제/전 지구적 배제다.[51] 이러한 배제는 이웃의 배제일 뿐 아니라 하나님

---

50 위의 책, 6-16.
51 황홍렬, "지구화 시대 시민·사회운동과 기독교 선교," 기독교종합연구원 외, 『지구화시대 제3세계의 현실과 신학』(서울: 한들출판사/한일장신대학교출판부, 2004), 224-230.

을 경제 영역에서 배제하는 맘몬 우상숭배 행위이다.

이제 세계교회들은 경제 문제를 신앙의 문제로, 신학적 도전으로 받아들이게 되었다. 1997년 헝가리 데브레첸에서 열린 세계개혁교회연맹 제23차 총회는 "경제 불의와 생태계 파괴에 대한 인식, 교육, 고백신앙적 과정"에 헌신할 것을 선언했다. 독일의 나치 정권이 거짓 메시야주의를 들고 나왔을 때 고백교회가 '바르멘 선언'을 통해 예수 그리스도의 주 되심을 선언했던 것처럼, 전 지구적으로 시장경제를 통한 맘몬 우상숭배가 만연할 때 개혁교회들은 하나님의 주권이 경제계와 생태계에도 미치고 있음을 고백했다. 1998년 WCC 하라레 총회는 세계화/지구화의 도전을 중요한 과제로 설정하고, 그 대응책을 마련하고자 했다. 총회는 최빈국들이 서구 국가들과 채권자들에게 진 빚의 굴레를 현대의 새로운 노예제라고 비판하고, 오직 안식일 -희년 명령을 실천할 때만이 우리가 하나님께로 돌아가고 희망 가운데 기뻐할 수 있음을 밝혔다. 그리고 지구화의 논리는 다양성 안에서 공동체의 대안적 삶의 방식에 의해 도전받아야 할 필요가 있다고 했다.[52] 세계개혁교회연맹과 세계교회협의회가 공동으로 개최한 방콕 심포지엄(1999년)은 아시아의 경제 위기의 원인을 진단하고 여러 가지 권고안을 세계은행, 국제금융기구, 세계무역기구, 서방교회 등에게 보냈다.

2001년 부다페스트협의회는 동구권 사회주의 붕괴 이후 10년을 평가하는 회의로서 시장경제의 도입이 경제성장을 가져오기를 기대했지만 사회 해체를 초래했다고 비판했다. "맘몬을 섬기지 말고 하나

---

[52] Diane Kessler (ed.), *Together on the Way: Official Report of the Eighth Assembly of the World Council of Churches* (Geneva: WCC Publications, 1999), 179, 183.

님을 섬기라"는 보고서는 국제경제기구들의 압력으로 정부가 사회 복지 비용을 삭감하면서 '전 지구적' 자본을 끌어들이기 위해 애를 씀으로써 가난한 자들에 대한 적절한 보호나 지원을 없애고, 범죄적이며 투기적 행위에 문을 활짝 열어놓는데, 이는 맘몬 숭배 행위이기 때문에 하나님을 섬기라고 권고하고 있다.[53] 2001년 피지협의회는 태평양 지역의 상황과 문화를 강조하면서, 세계화/지구화의 대안을 제시하는 "희망의 섬"이라는 보고서를 제출했다. 2002년 네덜란드 쇠스터베르크 협의회는 지구자본에 관심을 기울였다. 이는 지구자본주의와 신자유주의에서 국제금융기구들이 중요한 역할을 하기 때문이다. 2003년 부에노스아이레스 협의회는 남미 상황을 분석하고 대안을 제시한 "해결책을 찾아 앞으로 나아가자 - 개신교회는 '참을 만큼 참았다'고 말한다"라는 문서에서 자유시장 지구화에 대한 반대 운동이 일어나 세계사회포럼이 시작되었고, 교회에서도 이에 대한 대안을 마련해야 한다고 했다.

세계교회협의회는 2002년 이후 여러 차례 세계은행과 국제금융기구와 만나 전 지구적 빈곤과의 싸움, 유엔 밀레니엄 개발 목표의 중요성에서 공통점을 확인한 반면에, 빈곤에 대한 대안이 성장이라는 것이 이 두 국제금융기구의 변하지 않는 관점임도 확인했다. 2004년 가나에서 열린 세계개혁교회연맹 제24차 총회는 세계경제와 생태계 정의를 위해 계약을 맺기로 하여 "아크라 신앙고백"을 했다.[54]

---

[53] "Serve God, not Mammon," Message from the Joint Consultation on Globalization in Central and Eastern Europe: Responses to the Ecological, Economic and Social Consequences, June, 24-28, 2001, Budapest.

[54] 박성원, "신자유주의 지구화와 세계교회의 대응,"「2006 기독교사회포럼 자료집」(2006년 4월 16일), 36-38. 박성원은 아크라 고백의 의의를 교리가 아니라 삶의 문제를 고백의 주제로 삼은 점, 이웃의 고통을 나의 고통으로 안는 신앙고백, 일치와 정의가 만나

2006년 브라질 포르토 알레그레에서 개최된 세계교회협의회의 제9차 총회는 인간과 생태계를 경제의 중심에 두는 대안적 지구화를 모색하는 아가페로의 부름(Alternative Globalization Addressing People and the Earth: AGAPE)을 채택했다.[55] 이 문서는 오랜 과정과 다양한 지역교회의 의견을 수렴한 중요한 문서로서 아가페의 도전, 아가페 생명경제를 위한 탄원, 정의로운 무역, 정의로운 금융, 변혁적 행동과 대안들을 제시하며, 이런 문서를 채택하게 된 에큐메니칼 여정의 흐름을 보여줬다는 데 큰 의의가 있다. 그렇지만 품위 있는 일자리, 해방된 노동, 민중의 살림살이를 6장 마지막 부분에서 소개하고 있지만 별도의 장으로서 노동이나 생산을 다루고 있지 않은 점이 단점으로 보인다. 이에 대해 우리나라의 생명농업의 여러 사례[56]와 이주노동자 선교와 이주민 선교[57] 등이 대안으로 제시될 수 있다고 생각한다.

2) 살림의 문화 만들기

살림의 문화의 특징은 노동자의 존엄성을 인식하고 그것을 지키려 한다는 것이다. 서구인들은 "땅을 정복하라. 모든 생물을 다스리라"(창 1:28)는 하나님의 말씀을 근대문명의 맥락에서 해석하여 식민

는 현장, 남반부 교회의 신학적 입장이 세계교회의 고백에 중요한 역할을 한 것으로 지적했다.

[55] 세계교회협의회, 김승환 옮김, 『경제세계화와 아가페(AGAPE) 운동』(서울: 한국기독교교회협의회, 한국기독교생명농업포럼, 2007).

[56] 아시아기독교협의회, 한국기독교생명농업포럼, 「제1회 아시아 기독교생명농업포럼 평가 자료집」(2006년 11월).

[57] 황홍렬, "고용허가제 이후 이주민 선교의 과제와 전망," 장신대, 『선교와 신학』 제21집 (2008), 221-265.

지 약탈과 피조물의 파괴를 초래했다. 그러나 이런 오해는 성육신의 신비와 창조신학을 제대로 이해하지 못한 결과다. 창조와 구원을 연결지어야 한다. 인간은 하나님의 피조물에 대한 청지기로서 노동과 돌봄이 인간으로 하여금 인간되게 함을 깨달아야 한다. 그러나 노동을 통한 진보는 창조와 균형을 이뤄야 한다.

산업화가 진행되면서 서구 교회는 노동자들의 아픔과 고통에 공감하며 산업화의 상처를 감싸지 못함으로써 노동자들은 교회를 떠났다. 19세기 서구 교회의 최대 스캔들은 노동계급의 상실이었다. 20세기 초까지 교회는 노동자들의 신뢰를 거의 상실했다. 노동자들 대다수가 교회와 성직자에 대해 적대감을 갖거나 부정적이었다.[58] 영국 쉐필드의 위컴 주교는 교회가 노동자들에게 말할 권리를 회복하기 위해서는 여러 세대 동안 침묵할 것을 요청했다.[59]

시장과 권력으로부터 배제된 자들의 정체성을 세우고 공동체를 이루게 하는 것이 살림 문화의 특성이다. 산업화 이후 신자유주의적 지구자본주의의 도래와 정보사회의 부상으로 국가권력으로부터 소외되고 시장에서 배제된 인류 대다수의 가난한 사람들은 시장과 권력을 쥐고 있는 지배자들이 부여한 부정적 이미지를 내면화함으로써 자신의 정체성을 왜곡하거나 부정한다. 그러나 성령님은 그들 안에 있는 하나님의 형상을 회복시키고 예수 그리스도 안에서 새 사람

---

[58] Wilbert R. Shenk, "The Culture of Modernity as a Missionary Challenge," in Charles Van Engen, Dean S. Gilliland, Paul Pierson (eds.), *The Good News of the Kingdom: Mission Theology for the Third Millenium* (Maryknoll, New York: Orbis Books, 1993), 194-195.

[59] E. Castro, "Your Kingdom Come: A Missionary Perspective," in WCC Commission on World Mission and Evangelism, *Your Kingdom Come: Mission Perspectives* (Geneva: WCC, 1980), 33.

이, 하나님의 자녀가 되게 하신다. 하나님의 나라가 다가온다는 소식이 그들에게 기쁜 소식으로 들리게 하는 것이 교회의 문화선교적 과제다. 하나님의 나라는 경제, 정치, 언론, 환경을 포함하는 모든 삶의 영역에 하나님의 주권을 세우고, 예수 그리스도의 주 되심을 선포하는 것이다. 자본주의, 지구화, 정보사회에서 작동하는 경제, 정치, 언론, 문화가 총체적으로 인간의 정체성을 왜곡하거나 부정하고, 공동체를 파괴하고 있지만, 그렇게 정체성을 왜곡하거나 부정하고 공동체를 파괴하는 죽임의 문화와 세력의 정체를 밝히고, 그들의 정체성을 세우고 공동체를 세우기 때문에 하나님의 나라는 그들에게 기쁜 소식이 된다.

죽임의 세상 속에서 희생자들을 돌보고 섬기는 것이 살림의 문화의 특징이다. 교회는 지구화나 정보사회의 부정적 충격을 최소화하고, 원주민, 농민, 비정규직 노동자, 이주노동자나 난민, 여성, 청년, 장애인, 실직·노숙인, 북한이탈주민 등 그 희생자들을 돌보며, 지구화나 정보사회로 하여금 인간과 피조물을 섬기기 위한 길을 찾도록 해야 한다.[60] 뿌리 뽑힌 사람들의 생존권을 강력하게 지지하며, 공동체가 그들을 환영하도록 해야 하며, 인권과 삶의 질의 개선을 위해 노력해야 한다. 이때 그리스도인들이나 교회는 자신과 다른 것, 익숙하지 않은 것을 배제시키려는 문화적 상황 속에서 하나님의 사랑으로 이질적이거나 낯선 것들을 수용하고, 언어와 문화, 가치관과 피부색 등이 다른 사람들과 대화를 할 줄 알아야 한다. 여기서 장애물은 정체성을 이용하여 권력을 획득하거나 경제적 이익을 보려는 '정체성의 정치'이다.[61] 인종차별은 백인들이 자신들을 강하게 결합시키

---

[60] *Called to One Hope*, 28.

고, 유색인종을 희생시켜 백인의 권력과 이익을 영속화하는 사례다. 반면에 아프리카의 '호의의 경제'(economy of affection)에서 타자를 수용할 때 모든 사람에게 혜택을 주게 된다. 이런 경제의 논리는 '내가 존재하기 때문에 네가 있고, 네가 존재하기 때문에 내가 존재한다'는 것이다. 각 사람은 타자를 받아들이고 긍정함으로써 풍요롭게 된다. 지역교회는 문화적으로 인종적으로 다른 사람들에 대한 두려움과 불안함을 극복해야 한다. 이런 두려움은 부분적으로는 무지에서 비롯되고, 부분적으로는 자신의 정체성을 지키는 데서 비롯된다.[62] 그러나 사도행전 10장에 나오는 베드로와 고넬료의 만남처럼 낯선 자, 타자가 하나님의 선교의 도구가 된다. 유대인 기독교인 중심의 교회가 이방인 기독교인 중심의 교회가 될 때 유대교의 문화나 관습을 부과해서는 안 된다는 예루살렘 공의회의 중요한 결정이 이런 만남으로부터 결정적 영향을 받았다. 지구화 시대 경제의 대안을 성서로부터 찾아야 한다. 성서의 안식일과 안식년과 희년을 지구화 시대에 맞게 새롭게 읽어야 한다. 안식일, 안식년, 희년은 모두 출애굽 경험에 근거를 두고 있다. 이스라엘 경제는 모두를 위한 풍요로운 경제를 지향하며, 빈부 차이가 극심한 바로 경제를 거부한다. 만나 경제는 "많이 거둔 자도 남지 않고 적게 거둔 자도 모자라지 않는 경제"(출 16:18)를 지향한다. 희년 경제는 정의를 결여한 종교는 거짓 종교임을 알려준다. 이스라엘 왕국의 멸망과 바벨론 포로기는 하나님과의 계약에 충실하지 못했기 때문이었다. '오병이어의 기적'은 만나 경제의 실현이요, 주의 기도 역시 안식일 경제, 희년 영성으로의 부르심

---

61 위의 책, 46.
62 위의 책, 57-58.

이다. 사도행전의 성령강림은 특별한 개인들의 영적 체험이 아니라 희년의 성취요, 하나님의 통치의 체험이다.

살림의 문화를 세우기 위해서는 대안적 매스컴의 역할이 매우 중요하다. 대안적 매스컴은 기존 매스컴이 상품화하는 여성이나 판에 박은 듯이 그리는 인종적 소수 그룹, 정체성이 파괴되거나 왜곡되거나 아예 다뤄지지 않는 가난하고 소외된 사람들의 목소리를 다른 사람들에게 들려줘야 한다. 그러기 위해서는 그들의 목소리를 차단하는 국가권력이나 시장의 부당한 권력 구조에 도전해야 한다.

3) 생명선교 과제의 세 가지 차원

생명선교는 피조물의 생명을 살리고 풍성하게 하는 하나님의 선교다. 생명선교의 주체는 삼위일체 하나님이시고, 목표는 피조물의 생명의 구원과 풍요로움(하나님 나라)이며, 교회는 그 동역자가 되어야 한다. 교회는 이러한 선교에 참여하기에 앞서서 먼저 하나님과의 올바른 관계를 형성하여 영적 쇄신을 이뤄야 한다. 그리고 교회는 피조물의 생명을 도둑질하는 강도나 절도에 대해 제대로 식별해 물리쳐야 한다. 피조물의 생명을 얻고 풍성하게 하기 위해 필요한 것은 치유와 화해와 통일, 봉사, 대안 경제체제 수립, 생명문화 건설, 올바른 교육 등이다. 피조물의 삶은 또한 경제, 살림살이와 밀접한 관련이 있다. 경제(*oikonomia*)는 집(*oikos*)과 법(*nomos*)의 합성어다. 경제는 집안 살림살이를 잘 관리하는 것이다. 결국 피조물의 생명을 회복하고 풍요롭게 하는 것은 경제를, 피조물의 살림살이를 하나님의 뜻대로 펼치는 것이다. 양식은 생명의 기초이고, 인간 존엄성은 생명의 선물이며, 정의는 생명의 규칙이며, 샬롬은 생명의 목표다.[63] 경제

(economy)를 바르게 하는 것은 생태계의 보존(ecology)과 밀접한 관련이 있고, 이 모든 것이 교회 일치와 연합(ecumenism)의 과제다.

지구화 시대 기독교 선교 과제는 세 가지 차원에서 제시할 수 있다.

첫째, 국제적 또는 지구적 차원에서 초국적 금융투기자본을 규제하고, 국제금융기구들을 개혁하며, 빈국의 외채를 탕감하고, 생물종 다양성을 지키고 생태계를 보존하는 데 협력하며, 전 지구적 차원에서 민주주의를 정착시키는 일이다.

둘째, 국가적 차원에서 지구화의 거센 파도를 막아 희생자들을 돌보고, 생태계를 보존하며, 대안적 경제를 만들어가며, 거기에 적합한 민주제도를 정착시키는 일이다.

셋째, 지역사회에서 지역사회의 가난한 자들을 돌보고, 지역문화를 살리고 지역공동체의 자립적이며 민주적인 살림살이를 만들어내며, 지역의 생태계를 보존하는 일이다. 이 세 가지 과제는 모두 지구적, 또는 국제적, 국가적, 지역 단위의 시민·사회운동 단체들과 연대하고 협력할 때만이 이룰 수 있는 일이다.

위의 세 가지 과제는 얼마나 여성과 가난한 자들이, 소수자들이 생명선교의 주체가 되는가, 이들에게 공감하는 그리스도인들과 시민·사회단체들이 세 과제를 시행하는 과정에서 얼마나 상호 배움과 상호변형을 이루는가 그리고 지역의 살림의 문화와 살림의 경제에 적합한 문화와 전통을 되살릴 수 있는가에 달려 있다. 이 과정에서 교회는 성서의 안식일, 안식년, 희년 전통을 지역사회와 국가와 지구의 대안경제 수립과 생태계 보존을 하는 데 기여해야 하고, 다른 문

---

63 S. Wesley Ariarajah, "Time for Fullness of Life for All," in *CTC Bulletin*, Vol. XVII, No. 1, January 2001, 7-10.

화와 종교 전통으로부터 성서와 교회를 어떻게 새롭게 볼 수 있는가
를 배울 수 있어야 한다.

나가는 말

이 글은 먼저 죽임의 세력들을 죽임의 경제와 죽임의 문화로 식별
했다. 죽임의 경제로서의 신자유주의적 지구자본주의는 제3세계의
퇴행과 한 국가 내 양극화와 전 지구적 양극화를 초래하고, 생태계를
파괴하고 있다. 최근에는 신자유주의적 지구화가 부메랑이 되어 글
로벌 금융경제의 심장부를 강타하고 있다. 인간의 정체성과 공동체
를 파괴하는 세력으로 산업화, 자본주의, 신자유주의적 지구화, 정보
화 등에 내재하고 있는 죽임의 문화를 규명하려 했다.

생명선교의 신학적 방향으로는 세계관의 전환을 제시했다. 서구
기계적 세계관에서 아프리카적 생명 중심적 세계관으로, 서구의 시
간 중심적 세계관에서 인디언의 공간 중심적 세계관으로, 가부장적
인간중심적 세계관에서 여성생태학적 세계관으로의 전환이 필요하
다. 생명선교를 해야 할 주체로서의 생명교회는 안식일, 안식년, 희
년 공동체로 삼위일체 하나님의 사랑의 사귐과 생태신학에 근거하
고 있다. 생명선교의 과제로는 인간의 경제와 생태계를 모두 살리는
살림의 경제를 건설하고, 인간의 정체성과 공동체를 회복시키는 살
림의 문화를 세워나가야 한다.

논문 출처

"21세기 선교의 새로운 패러다임," 부산장신대학교출판부, 「부산장신
    논총」 제15집(2015), 259-293.

"마태복음과 북한선교," 한국기독교통일연구소 편,『성경으로 읽는 북
    한 선교』(서울: 올리브나무, 2013), 331-364.

"한국교회의 선교역사," 한국선교신학회 엮음,『선교학개론』(서울: 대
    한기독교서회, 2013), 제6부 1장, 301-318.

"하나님 나라를 향한 교회의 문화선교적 과제," 예장총회교육자원부 편,
    『하나님의 나라와 문화』(서울: 한국장로교출판사, 2004). 318-
    334.

"WCC 의 선교이해: CWME 대회를 중심으로," 부산장신대학교, 「부산
    장신논총」 제12집(2012), 264-298.

"한반도에서 남북의 화해와 평화통일을 위한 한국교회의 평화선교 과
    제," 한국선교신학회 엮음, 「선교신학」 제32집(2013), 321-353.

"신자유주의적 지구화 시대의 생명선교," 참된평화를만드는사람들 편,
    『신자유주의 시대, 평화와 생명선교』(서울: 동연, 2009), 74-118.